世纪波
Century Wave

业务流程改进(BPI)项目管理最佳实践

六步成功实施跟进法

BEST PRACTICES FOR MANAGING BPI PROJECTS

Six Steps to Success

（修订版）

[美] 吉娜·阿比戴（Gina Abudi）
尤萨夫·阿比戴（Yusuf Abudi） 著
陈志强 吴小羊 译

電子工業出版社
Publishing House of Electronics Industry
北京·BEIJING

Gina Abudi and Yusuf Abudi: Best Practices for Managing BPI Projects: Six Steps to Success
ISBN: 978-1604270969

图书在版编目（CIP）数据

业务流程改进（BPI）项目管理最佳实践：六步成功实施跟进法 /（美）吉娜 •阿比戴（Gina Abudi），（美）尤萨夫 • 阿比戴（Yusuf Abudi）著；陈志强，吴小羊译. —修订本. —北京：电子工业出版社，2020.1

书名原文：Best Practices for Managing BPI Projects: Six Steps to Success

ISBN 978-7-121-37389-3

Ⅰ. ①业… Ⅱ. ①吉… ②尤… ③陈… ④吴… Ⅲ.①项目管理－业务流程 Ⅳ. ①F224.5

中国版本图书馆 CIP 数据核字(2019)第 262470 号

广告经营许可证号：京海工商广字第 0258 号

责任编辑：刘露明
文字编辑：刘淑敏
印　　刷：天津画中画印刷有限公司
装　　订：天津画中画印刷有限公司
出版发行：电子工业出版社
　　　　　北京市海淀区万寿路 173 信箱　　邮编 100036
开　　本：720×1000　1/16　印张：17.5　字数：250 千字
版　　次：2016 年 5 月第 1 版
　　　　　2020 年 1 月第 2 版
印　　次：2020 年 1 月第 1 次印刷
定　　价：78.00 元

凡所购买电子工业出版社图书有缺损问题，请向购买书店调换。若书店售缺，请与本社发行部联系，联系及邮购电话：（010）88254888，88258888。

质量投诉请发邮件至 zlts@phei.com.cn，盗版侵权举报请发邮件至 dbqq@phei.com.cn。

本书咨询联系方式：（010）88254199，sjb@phei.com.cn。

国内专家好评

“之前多次跟陈志强博士咨询探讨地产企业的流程管理，他丰富的实践经验和系统性的流程优化方法论给我和团队的工作带来很大的帮助。坊间项目管理和流程管理类的书籍可谓汗牛充栋，像这样的流程管理专家投入那么多宝贵的时间去翻译一本流程优化的书，这让人充满期待。

每个企业在这个移动互联网时代都主动或被动地推进战略变革和诸多的管理变革项目，项目的成功与否不在于你新设计的流程是否更好，而在于组织中人的意识和行为习惯是否能真正地改变，就像华为的 IPD、IFS 等项目都需要多年时间推动一样。

本书作者有非常丰富的流程改进项目实践经验，区别于以往只注重流程优化方法论、流程优化工具书，本书更关注人，对如何识别、影响、获取项目相关方的支持，如何依靠团队一步步扎实地推进项目，本书给出了很多具体的案例和方法，对于正在开展或即将开展企业流程变革的团队来说，非常值得学习借鉴。”

——万科集团流程与信息化部总监　张艳存

“陈志强博士翻译的《业务流程改进（BPI）项目管理最佳实践》非常实用，深入浅出地指导我们如何实施业务流程改进项目。通过众多实际发生的案例，展示了流程改进工作的精髓。在市场竞争越来越激烈的当下，有效的流程改进能帮助组织获得竞争优势，越来越多的公司和管理者都加大了这方面的支持和投入。但这也是一项非常重要的系统工程，通过本书的六步法，相信有更多的流程改进项目可以成功，组织和个人也将获得实际的收益。”

——阿里巴巴集团服务效能提升中心总监　文秀

“《业务流程改进（BPI）项目管理最佳实践》提供了清晰、完整的 BPI 方法框架，对人际关系的关注是企业成功导入 BPI 的前提，从而切实帮助企业提升运营效率和有效的运营风险管控。”

——腾讯企管通道分会会长　许国华

“本书涉及三个关键词：项目管理、流程管理与变革管理。这三项管理工作都会用到很多专业的管理工具、方法、手段和流程，企业业务流程改进从业人员必须熟悉并且善于使用这些管理技能，各级流程责任人也需要掌握这些管理技能，否则企业的业务流程管理与改进工作是很难获得成功的。”

——烽火通信运营管理部副总经理　胡云峰

“在国家倡导供给侧改革、促进提质增效的新阶段，应该让更广大的企业管理人员充分认识到流程是品质、效率、价值创造的直接载体，流程改进、优化能力是企业的核心能力之一，而流程改进类项目就是企业提升竞争力的直接手段。这类项目的实施过程，已经超出流程技术本身，更涉及知识、人员、文化、变革和业务战略落地，项目的成功概率直接决定竞争力提升的速度。本书以作者的实战经验为基础，充分融合了规范的项目管理方法论，使得最佳实践可借鉴、可复用，将助力从业者打开视野，建立工作框架，更加平稳、自信地应对挑战，提升任务有效性。”

——中粮集团标杆管理中心副主任　姜胜

译者序

越来越多的企业开始意识到，业务流程改进是一种竞争性策略，可以为企业构建战略优势。在当前商业环境下，竞争（甚至跨界竞争）越来越充分，有相当多的企业由于流程效率低下、决策缓慢、业务模式创新不足而失去市场和机会。能否形成以客户为中心的流程型组织，直接决定企业持续的生存和发展能力。

业务流程改进是一项变革行为，因为涉及众多的相关方，所以难度很大，通常以跨部门项目团队的方式来运作。在各类项目中，流程改进项目应该是最有挑战性的。我曾在华为负责全公司的流程优化管理工作，感同身受，从项目的策划、过程的管理到成果的验收，是一项系统性很强的工作，变革阻力客观存在，如果项目团队（尤其是项目经理）没有变革管理的能力，项目的效果一定会受到影响。

国内有一部分的企业已经尝试实施流程改进项目，尽管有些是 ERP、OA 等管理软件导入引发的流程改进，但实际效果并不明显。因为不少情况是，只是将现有的流程梳理出来，固化到系统中，或者在缺乏项目相关方的充分参与下，就将流程简单地改变了。过去没有上系统，流程的弊端没有暴露出来，现在一上系统，矛盾集中爆发。企业往往投入巨大的资金和资源上系统，但投资回报并不高。这主要的原因是，企业的流程变革能力不是短期就可以构建的，而是需要日积月累的流程持续改进来实现。目前，杰成咨询在给企业提供流程管理辅导服务的过程中，重心也是帮助企业培养这方面的能力。

本书为业务流程改进项目管理提供了最佳实践，侧重点不是流程技术，而是放在项目的运作指导上，尤其是关注流程改进过程中人的问题。业务流程改进不是简单地改流程，而是要让组织里的人参与和接受这种改变，并且在实际执行中按新的流程来运作，而不是退回到原来的做法。有些企业期望在很短时间内就将流程优化完成，这样的想法可以理解，但不现实，因为低估了流程改变过程中人的影响和作用。

这本书最有价值的是，为业务流程改进提供了项目策划、项目实施六步法、实施后的持续改进的系统方法论，实际上是将项目管理和变革管理的方法系统性地应用到了业务流程改进项目中，并充分考虑了流程改进项目的特性，具有很强的指导意义。书中为项目实施的六大步骤提供了大量的模板，可供读者方便使用。

本书的两位作者都拥有 20 多年的咨询实践经验，是资深的流程管理专家和项目管理专家。目前可以系统地指导流程改进项目运作的著作很少，希望这本书的出版，可以为促进企业流程改进管理水平的提高，做出一定的贡献。

本书的阅读对象是：业务流程改进项目赞助人（企业高层）、咨询顾问、流程改进推进管理人员（流程管理部门的人员）、流程改进项目经理（业务管理者）、流程改进项目组成员等，以及对流程改进感兴趣的相关从业人员。

感谢杰成咨询合伙人徐士余（Tony）的支持，他参与了部分书稿的审核和校对工作，并提出不少有价值的建议。

流程与变革管理专家、杰成咨询董事长　陈志强

译者简介

陈志强　杰成咨询董事长，管理工程学博士，中国流程管理领域极有影响力的专家，深圳市管理咨询行业协会副会长，清华大学企业高层班特聘专家，中粮集团标杆管理中心专家委员会成员。拥有20多年的流程管理和变革管理的实践经验。

曾担任华为公司质量部总监、审计部总监、流程管理部总监等职，并兼任华为ISO管理者代表、高级行政干部培训中心高级讲师。

参与过多个公司级流程变革项目，也领导过几十个跨部门流程改进项目。作为流程管理部第一任总监，建立了华为流程管理机制，将公司流程优化管理工作例行化。

进入咨询行业后，带领杰成团队为阿里巴巴、腾讯、网易、美的、海信、海康威视、蒙牛、中粮、中石油、中石化等众多知名大中型企业及细分行业的成长型企业提供专业的流程变革培训和咨询服务。基于公司战略和商业模式，帮助客户构建端到端的业务流程体系，提升组织的成长能力；并对企业关键流程实施优化和变革，改进流程绩效，打造流程型组织，以提升竞争优势。陈博士为中国企业流程管理意识和水平的提升做出了较大的贡献，在思想性、专业性和实用性方面受到众多企业的高度好评。

陈博士还领导杰成团队开发了国内首套具有自主知识产权的EPROS流程管理平台，帮助企业将流程作为公司的战略资产进行管理，例行化开展流程架构规划、流程设计、多管理体系融合、流程版本发布、员工赋能应用及流程持续优化等工作。

序

这是一本关于管理业务流程改进（Business Process Improvement, BPI）项目的书。但是，为什么要这样一本书?这类型项目与其他项目有什么不同呢?

BPI 项目与传统项目的第一个最大区别，也许是它常跨越组织的边界，不是按照垂直管理的组织结构，从董事会主席和首席执行官向下直到兼职员工，而是水平地跨越所有部门，从采购和产品开发到销售和市场营销以及客户服务，以至于越过内部组织的边界到外部相关方，如客户和供应商。

第二个最明显的区别是，BPI 项目一般都在“聚光灯”下，管理层和高管人员可见。如果该项目不成功（未能交付预期的结果），可能严重危害业务，而损失的责任落在项目经理身上。

第三个重要的区别是，顾名思义，BPI 项目涉及某些形式的变化，并且大多数员工抵制他们工作的变化，担心他们将不能适应变化，或最糟糕的情况是，他们会发现自己被自动化的流程或更好的或不同技能的员工取代。

第四个区别是，尽管大多数项目都有明确的开始和结束，而流程改进项目在持续的基础上进行监控、度量以及持续改进。需要项目经理和持续改进团队的持续参与。

除了包括规划、进度计划和预算等传统项目管理的技能，管理 BPI 项目的挑战在于，对 BPI 项目与什么相关以及很强的领导力和沟通能力上的基本认识理解。BPI 项目的复杂性在于建立项目的人际关系，需要让范围广泛而不同的经常利益冲突的相关方认可接受，需要促进跨文化利益和关系的合作，造就了 BPI 项目与大多数其他项目的不同。除了传统项目管理所需的基本技能，BPI 项目经理将需要：① 理解和应用 BPI 的基本原则；② 理解和应用变革管理的原则；③ 知道如何构建和展示 BPI 项目的商业计划；④ 促进和管理相关方分析；⑤ 明晰项目范围边界；⑥ 管理解决冲突。

本书作者是两位在这一领域的知名专家。对于任何对 BPI 项目感兴趣的项目经理或已在参与管理项目的人来说，这是一本必备书。它建立在传统项目管理的原则之上，并扩展和应用这些原则到 BPI 项目，以简易的循序渐进方式，提供了管理 BPI 项目所需的基本原理、工具和技巧。

西莉亚·沃尔夫（Celia Wolf）

前　言

市面上有很多项目管理的书，也有很多业务流程的书，但没有一本管理业务流程改进项目的最佳实践指南，当然也没有这样侧重于项目中人的方面问题的书。BPI 项目也许对项目经理来说最具挑战性的项目。本书给出了管理 BPI 项目的六步成功之法。

这本书可以是项目经理或项目组长循序渐进、有效和成功管理 BPI 项目的指南。这本书并不是要讨论 PMI 出版的 PMBOK®（项目管理知识体系指南），也不是 PMP®（项目管理专业人员)认证考试的学习指南。读者不必是 PMP®认证人员，只要有一定程度的项目管理经验，想提高技能和学习一些技巧和窍门，减少管理 BPI 项目中的障碍或减轻压力即可使用本书。例如项目章程范围说明书——对例行管理项目的人来说似乎没有必要，而在本书中也有一些这方面的内容，为读者进修提供一些新思路。

这本书提供了以下最佳实践和流程：

- 建立项目人际关系，获得认可和支持。
- 让相关方参与整个 BPI 项目中。
- 生成当前（As-is）流程文档，评估“可能”（Could-be）流程和设计未来（To-be）流程。
- 获取和利用经验总结的同时，按标准评价项目成功。

此外，为了保持相关方和团队参与，本书关注所需的人际技能，即使面对逆境和挑战。

当项目经理花时间与项目赞助人合作，提前有效地计划 BPI 项目，以及在整个项目里定期让相关方参与和沟通时，就会总体上增加BPI 项目的成功率。毕竟，成功是每个项目经理的目标。我想要强调的是，从项目一开始与赞助人合作进行 BPI 项目规划尤为关键，因为该级别的领导支持至关重要。有些公司相信，除非真正在做项目上的具体任务，否则什么都没完成，提早规划等于务虚。而作者可以告诉的是，在团队开始项目相关的工作任务之前，我们已经投入了很多时间与大量客户讨论提前规划的收益。

通过与各种客户的工作，我们发现 BPI 项目经常失败在于客户随时忽视相关方的参与，没有保证他们在整个 BPI 项目的参与。即使项目经理按时和在预算内完成 BPI 项目，如果相关方不满意最终结果，该项目也不成功。项目团队不可能在真空中，或只与组织里的几个人重新设计流程，或开发新的流程。让 BPI 项目所影响的组织里各层级的不同人员参与，而不是仅仅停留在管理层，这对于项目团队至关重要。

本书将更注重 BPI 项目管理的关键技能或软技能，同时触及工作的技术方面。我们会发现，具有较强人际能力的项目经理能培养良好的关系，能够更好地让关键相关方参与 BPI 项目中。最成功的项目经理有能力影响和与整个组织——在所有层级有效地沟通。他们理解其他人在完成工作时所面临的困难，并能够调整 BPI 项目针对这些困难。真的，我们见过一些顶尖的项目经理，其人际能力远胜项目管理的技术能力。这些项目经理知道如何引导和影响别人来完成该项目的技术方面，而他们侧重于让人们参与。

本书读者

本书目标读者为项目或项目群经理、流程改进专家、业务分析员、业务产品线经理或业务单元部门经理。制造专业和六西格玛专家经常在组织里改进流程，也能发现本书中的价值。项目管理和流程改进的学生将会发现在课程内外，本书都是极好的财富。在较小组织或在自己工作领域内领导流程改进计划的个体工作者也将从本书获益——帮助他们有效地管理这些举措。此外，全球或国有企业的高管或其他领导人将会发现本书有益于理解和沟通，促进例行评估组织内部流程的重要性，确保在充满竞争和全球化的市场里持续成功。只有当高管和领导们理解管理 BPI 项目的复杂性，才能够更好地支持 BPI 项目团队。这种支持也是 BPI 项目团队成功的关键。

每一章都分享了各种 BPI 项目成功和挑战的故事。读完本书后，希望无论项目复杂与否，读者能减轻管理 BPI 项目都会遇到的压力，从而感觉良好，信心倍增。

内容概述

本书各个章节相互关联。前几章是概述章节，为第 4~9 章的深入讨论六步法的详细内容打下基础。应按顺序阅读各章。第 10 章给出如何确保在组织里持续评估流程，第 11~12 章包含了领导 BPI 项目基础之上的，也是项目经理所必需的人的技能。

第 1 章　业务流程改进项目管理简介

本章将是 BPI 项目的简介——主要是理解涉及这类举措的挑战和如何确保与组织里其他可能同时发生的事情相匹配。在本章中我们还将探讨以往 BPI 项目的经历如何影响当前的 BPI 项目，以及项目经理需要如何管理这些往事。

第 2 章　项目的初步计划

本章将专注于要启动 BPI 项目时，如何开发高级别的项目计划和计划的内容模块。重要的是项目经理在早期阶段与项目赞助人的合作，建立必不可少的强有力的工作关系。本章以致全书都将分享如何建立和保持工作关系的提示和最佳实践。

第 3 章 BPI 的项目管理方法

本章将总览管理 BPI 项目的六步法。随着展开项目计划的各个模块，这一章的重点将是与相关方一道工作，激励项目团队参与、开发变革管理的框架工作。本章还将讨论使用技术，有效地管理复杂的 BPI 项目和更有效地管理与相关方的互动和沟通。

第 4 章 理解项目和建立人际关系

本章的重点是为 BPI 项目建立人际关系的重要性。从为项目建立人际关系各种方式，到如何确保例行的、一致的、适用于相关方的沟通，读者将学习如何在整个项目生命周期，都保持组织内的员工参与和致力于项目。

第 5 章 分析当前的业务流程

本章将包括收集数据、分析和验证当前业务流程的最佳实践。快赢的意义在于保持相关方参与和受到鼓舞，以及如何展示当前 BPI 项目所发现的问题以便赞助人审视。

第 6 章 业务流程重新设计

重新设计业务流程在本章中讨论。需要从各位员工的信息输入来保证开发最佳的可能流程。为确保有效，这里分享了各种方式重新设计流程，以及如何有效引导画流程图工作坊。展现给读者各种方式，缩减可能的流程方案，开发可行的替代方案，以便关键相关方来评审优化的或新的流程，以及开发和定稿未来流程的最佳实践。

第 7 章　实施重新设计的流程

本章重点在于处理与实施重新设计的业务流程相关的风险与挑战。将详细讨论有效使用试点组来测试重新设计的流程，以及如何使用子团队，确保试点组在成功实施过程中得到必要的支持。

第 8 章　全面推行重新设计的流程

当项目经理准备带领最终流程全面推行，基于流程正在推出的复杂性，到位的变更管理计划至关重要。除了变更管理计划，本章将涵盖围绕新流程的沟通，以及培训的重要性。

第 9 章　评估 BPI 项目成功

本章将重点评价 BPI 项目成功，专门针对发布的新流程是否实现最初设定完成的目标。本章将给出 BPI 项目评估的最佳实践，翔实地基于设定的度量指标以及相关方期望，而不是简单地问问相关方新流程的实施情况。

第 10 章　持续评估的最佳实践

优良的组织不断地评估它们的业务流程。本章让读者理解在组织里建立和促进持续改进的文化的意义和收益，以及如何建立跨职能团队和有效地参与其中。

第 11 章　变革管理中人的问题

项目经理经常会计划如何管理项目中的变更，但忽视考虑人的方面的变革。本章给出了管理人的方面变革的最佳实践。这包括理解影响个人和工作相关的冲击，将如何影响个人感知以及对变革的反应。本章也分享了让整个组织里相关方参与支持的最佳实践。

第 12 章　管理虚拟化、多元化的流程改进团队

在当今世界，大多数项目经理将领导虚拟或远程项目团队工作。这对已有挑战的 BPI 项目增加了额外的复杂性。本章将关注多元化的项目团队，以及确保当成员不在一处时团队的有效性的最佳实践。

总之，这本书是读者未来多年的宝贵财富。无论举措大小或复杂，项目经理以及相关人士都将能提升管理 BPI 项目的知识、舒适、信心和专业性。

目　录

第 1 章

业务流程改进项目管理简介

我们的客户常常提起在有效管理业务流程改进（Business Process Improvement，BPI）项目上备受挑战。项目经理并不是为项目的规模大小感到烦恼，而是担忧项目在公司内很可能被众所周知，并引发争议。我们客户的一位高级项目经理，有着 30 年的项目经验，他跟我们说："每次知道要做项目的时候都会心里发怵，因为我知道又要花很大功夫来安抚各位相关方（Stakeholders），还要保证每个团队成员参与进来。"另一位客户还提出："我经手的项目中最难管的就是 BPI 项目了，在 BPI 项目上，我感觉我所有的项目管理经验都不够用似的。"

本书的目的就在于指导水平不尽相同的项目经理更加有效和高效地完成 BPI 项目，而不用经受沮丧和压力的双重打击。本书并不会详细讲述流程符号和画流程图或是其他业务流程管理技术层面的东西，这些应该交给项目团队里的专家。相反，我们写这本书主要是为了帮助正在做项目的项目经理，通过学习最佳实践来管理 BPI 项目，支持他们提高有效管控项目的水平。

借鉴本书最佳实践的步骤，从开始项目之前的建立人际关系，到项目实施后的评估衡量，就能从总体上提高 BPI 项目整体成功率，处理好变革对员工的影响，激励和促使各种项目团队的参与。项目经理处理好项目中人的问题的能力，无论是帮助项目相关方拥抱变化，还是让虚拟或远程的团队参与并激励他们达成项目目标，对于 BPI 项目的成功来说都是绝对必要的。很多好的项目经理知道如何从技术上管理项目，直率地说，这只是项目经理角色中较为简单的部分。要领导好 BPI 项目，项目经理所要面对的挑战很可能是如何影响周围的人来帮助达成目标。正因为如此，本书会侧重于实施 BPI 项目所必须掌握的过程、程序和重要的领导技能，以提高 BPI 项目成功的概率，并且全都是必要的最佳实践，使项目经理能够得心应手和充满自信地管理这些充满挑战的项目。

先让我们来定义本书里所用到的两个术语。

项目：项目有确切的起始和结束日期。项目的目标可能是研发新产品和新服务，或者改进公司内部流程，也可能是为了举办年度客户答谢活动而启动的一个项目。

流程：流程是持续进行的运作。流程有以下特点：

- 有起点和终点。
- 有明确的流程用户。
- 有控制流程的业务规则。
- 和业务内的其他流程互相关联。

接下来让我们来看看一个流程变成项目的例子。

人力资源部门有一个培训付款开票流程，当外部培训供应商开具发票并经人力资源部门验证后，才能向财务部门申请向培训供应商付款，该主要流程如图 1.1 所示。

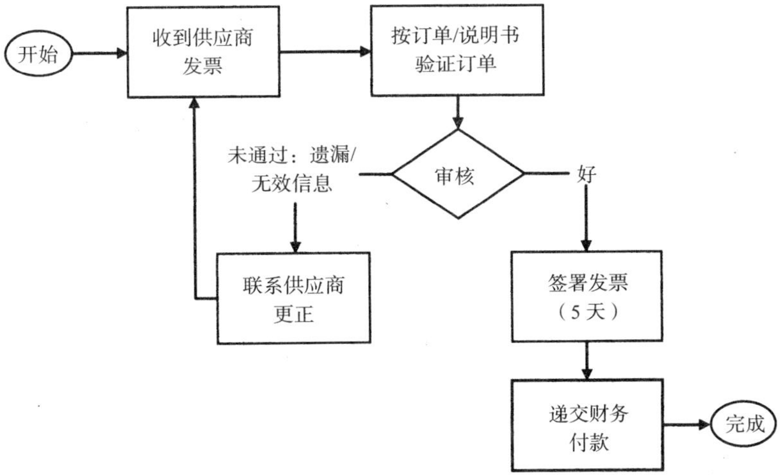

图 1.1　开票、订单验证和付款流程

从图 1.1 我们可以看到，当收到供应商提供的发票后，部门需要按照当时的培训订单合约或说明书等验证审核发票信息，如果审核通过，则在 5 天内确认发票并提交财务启动付款程序。如果审核不通过，则需要与供应商沟通发票内容，如发票金额、服务内容等信息，并要求其更新发票内容，重新开具发票。

现在我们假设人力资源部门想改变他们目前的开票验证流程，就需要启动一个 BPI 项目以评估分析当前流程，优化实施新流程。在这个例子里新流程的目标是将开票验证周期从 5 天缩短为 3 天（从接到供应商发票起，到将发票提交财务付款部门）。

当人力资源完成该 BPI 项目后，就可以按照新的开票验证流程运行了。

很多项目经理常以为如果项目是一个高级别项目赞助人（High-Level Project Sponsor）发起的，那这个项目就能成功，实际上并非如此。虽然高管或者高级领导的支持对每个 BPI 项目都至关重要，但是仅仅依靠他们并不够。如果一个 BPI 项目得到了领导层的全力支持，员工（非领导层相关方）不支持的话，那么它也是注定要失败的。毕竟，这些员工受到 BPI 项目的冲击最大，而且无论改变了什么，他们的工作还是得继续，所以他们的支持也是必需的。因此，单靠组织本身是不足以发起或者成功完成一个 BPI 项目的，必须依靠组织里的人才能有效地实现项目成功。

一家国有制造业客户，第一次 BPI 项目失败了，但在尝试第二次时依然没有把造成上次失败的两个主要错误纳入考虑中：

- 没有让那些真正执行流程的人（这个流程的最直接相关方）参与到 BPI 项目中来，这样就导致流程执行者无法适应优化后的流程，甚至使他们花费了比原来更长的时间来完成任务。
- 在业务旺季的时候开展 BPI 项目，很多项目成员由于业务工作太忙无暇参与项目，导致项目进展延期。

此外，该项目安排的项目经理只关注他自己工厂的相关方而没有关注公司其他地方的制造工厂，因此他也没有机会明白适合一处并不一定适合其他地方。

第二次尝试还是失败了，现在他们正在计划着第三次尝试，真是可怕！一名新的项目经理来主导该项目，在项目正式开始前，她的首项任务是了解所有地方所有相关方的情况，以此来建立人际关系，为项目的顺利进行铺平道路。她深知除非能做到有所不同，不然这第三次尝试也只能以失败告终。建立关系的第一步便是认识之前所犯的错误，还要说清楚这次会有什么不同。

▶ 评估业务流程的意义

业务流程管理的重点在于通过改善组织内工作机制来改善组织绩效。它关注的是公司日常工作中的流程，包括如何销售、如何制造和采购，还有如何在提供服务后向客户收款等。关注流程管理的人会定期评估完成工作的方式，并思考有没有改进的空间，也就是如何以更少的时间和资源完成工作，更有效果和更有效率。他们寻找方法，强化流程，提高客户服务和满意度，增加收入，提高收益，并降低成本。

但公司评估业务流程往往在业务出现问题之后进行，比如说，关键客户的流失，或发现产品和服务不再满足顾客需求、市场份额下降，又或者产品的生产方式一直没有变化，导致生产线无利可图等。他们所缺少的是对业务流程进行持续评估的习惯。如果公司能对业务流程进行例行评估，那么当它进行正式的 BPI 项目的时候，就会有更多的人参与进来，调整自身以适应改变，使公司内部形成进行例行改变的文化。BPI 项目可能带来很多改变，它不仅要求员工改变工作方式，甚至改变公司经营方向，还要求整个组织支持客户和员工的变化，以及组织运行所需的技术和其他系统的变化。当 BPI 项目涉及公司内部不同的分支或者职能部门的时候，尤其是在兼并的组织或是在全球各地都有办事处的公司，公司文化的变革就会凸显出来。但改变公司文化并不是一件容易的事，若无周全计划，肯定难以完成。为了使规模较大的 BPI 项目能长期保持高效运作，而且保持凝聚力，公司必须考虑如何整合内部文化，以发挥其对 BPI 项目的积极作用。

从某个方面来说，内部文化的变革对每个公司都是必要的。公司可能扩大或者缩小规模，发布新产品或服务并停止旧产品的销售，或者领导层、董事会发生了变动，还有市场上出现新竞争对手，这些变化迫使他们不得不改变工作、思考的方式以符合顾客的需要，而且这种变化可能对许多相关方造成极大影响。因此，处理好 BPI 项目中的变化并不仅仅意味着要处理好看得见的变化，还要处理好项目相关方的心理变化。

在第 10 章会有实例说明可以通过对业务流程进行常规评估来促进组织内部形成持续改进的文化。

▶ 员工过往 BPI 项目经历的影响

在开始 BPI 项目的时候我们要注意，不能孤立地评估或看待一个项目。没有一个项目是从一张白纸开始的，每个参与或受到 BPI 项目影响的人都会受到自己以往参与 BPI 项目经历的影响，而且这些项目并不全都成功。曾经参与过失败的 BPI 项目的人可能对项目完全不看好，或认为没有什么不同，这些心态也需要项目经理进行管理。

我们参与 BPI 项目的经历会影响我们对未来项目的看法。如果之前的结果不尽如人意，那我们也不会期待这次会有什么好结果。我们关注的这次又会出什么错，它对我们个人又有什么影响。项目经理必须理解并处理好员工的这种想法，才能保证 BPI 项目的成功进行。

参与公司内部项目的经历

对员工参与以往 BPI 项目的经历进行调查是开展 BPI 项目的第一步。如果公司能从以往的项目中得到经验教训，他们就能更好地对现有项目进行准备。可以考虑和参与过以往 BPI 项目的员工进行谈话，了解他们对于现有项目的看法，如如何完成项目，接下来的项目又有什么需要改进的地方等。毫无疑问，他们肯定有满肚子话要说。这些收集到的信息就可以用在现有的项目上，好让项目经理吸取以往的经验教训，避免重蹈覆辙。通过谈话，项目经理还可以知道哪些人是支持这个项目的，哪些人是反对的，这样才能对症下药，对不同的人采取不同的沟通策略，这对项目的计划工作很重要。了解员工以往参与 BPI 项目经历的内容有：

- 是否成功达成项目目标。
- 是否成功让项目相关方都参与到项目中来。
- 是否让员工参与和沟通更具高效性和连贯性。
- 与相关方的沟通途径。

- 是否在 BPI 项目实施后继续跟进。

项目经理要对那些发表评论的人进行跟进，无论他们的评论是好是坏。要找到他们并不难，尤其是那些持消极意见的人。那些持积极意见的人可以成为支持、推动新项目前进的有力力量，但项目经理应该更关注那些持消极意见的人，查清原因，让他们能适应和接受这个项目。

项目经理对以往公司内的 BPI 项目的调查会收获颇丰，无论这些项目是成功了、失败了还是在开始前就夭折了。还有一个好处就是，他能和项目相关方发展感情，建立信任。因此，在还没调查以往的 BPI 项目之前，是不能随意开始一个新的项目的。只有通过考察，项目经理才能学到很多有利经验来改进现有项目，使之更受支持和欢迎。

参与公司外部项目的经历

了解员工在公司以外参与 BPI 项目的经历更困难，但这些经历会影响他们对现有项目的期望，也决定了他们的态度是支持还是反对。

如果项目经理（或者项目团队成员）感觉到某些参与者对项目满不在乎，或是发表不赞同的言论，那他们就该进行深层次的调查，来了解是不是他们在公司以外参与 BPI 项目的经历影响了他们对现有项目的看法，有时候最直接的方法反而是最好的。在了解了他们持反对意见的根本原因之后，项目经理才能找到切入点，把他们从反对者变成支持者。

我之前和一家咨询公司的 CTO（首席技术官）共事，帮他开发计划，评估技术的决策流程，包括如何选择技术和怎么执行。开展这个项目必须有资金支持，因此他想得到 CFO（首席财务官）的支持。但是 CFO 表示坚决反对，他反而觉得 CTO 应该减少公司内的技术运用。当然，提议一部分是为了保证提高对公司内部技术运用的决策质量，CTO 也觉得自己已经跟 CFO 解释得很充分了，在高管领导会议上也解释得很清楚了。他不明白为什么 CFO 会有这样的忧虑。有一次他和 CFO 边喝咖啡边聊天的时候，他发现 CFO 在之前的公司也有参与过类似的 BPI 项目，结果是需要越来越多的技术投入。考虑到公司现在的财政状况，CFO 希望确保公司的钱能花在提高科技运用的效率上，从而减少总体的技术成本。在这次喝咖啡的谈话中，CTO 向他保证他会把重点放在这上面，减少总的技术工具成本。这次谈话给了 CFO 机会解释他的担忧，CTO 才能找出相应对策，把他从反对者转化为支持者。

▶ 公司内部其他正在进行的项目的影响

除了在公司内外曾经参与 BPI 项目的经历，公司内部正在进行的其他项目也会影响员工的支持态度。项目经理在准备一个 BPI 项目的时候，也要考虑到与此同时公司内部有什么其他项目在进行，它们会不会对自己的项目造成影响。这种影响可能是多方面的，包括调查和谈话得不到足够的回应，在文档化当前流程或设计新流程时没有得到支持，没有足够的资金保证，还有项目相关方或项目团队成员有退出等。

一家制药企业准备开展一个 BPI 项目，来改变他们吸引合作伙伴参与药物研究的方式。这个项目的项目经理在开始项目的时候并不了解公司内部正在进行的其他项目的情况，因为其他项目的项目经理并没有向她提供这方面的资料，而且她本人也没问起。很快她就了解到，因为有其他项目的进行，比如两个部门的整合和新产品的发布，团队里的很多成员很难全身心投入项目中，很多项目相关方也因此感到压力很大，透不过气，现在再继续这个项目很明显时机不合适。虽然这个项目对公司来说很重要，但是从策略上说，它还稍逊于此时正在进行的其他项目。为了确保这个 BPI 项目能成功完成，项目经理说服项目赞助人把开始时间延迟，直到其他项目结束。她利用这段时间和项目相关方探讨有关项目提议的事，这样在项目开始时，相关人员能很好地参与进来。

有经验的项目经理会有意识地注意公司内正在进行或者将要开展的其他项目。不管是不是 BPI 项目，它们不仅仅影响了团队成员能否全身心投入或员工能否参与，还会影响项目的规划和预期结果。在上述案例中，因为牵涉很多员工，所以两个部门的整合会影响正在计划中的 BPI 项目。在两个部门融合完成后，任何受原本的 BPI 项目影响而改变的流程都要重新接受评估。因此，在部门整合完成之前强行实施项目是毫无意义的。

▶ 评估业务流程的收益和挑战

我们在本书里会对 BPI 项目的收益和风险进行深入讨论。下一章所要介绍的详细程序和最佳实践也能增加项目经理成功完成 BPI 项目的可能性。

但是首先，我们需要统一业务流程术语，业务流程就是为了满足客户对于产品或服务的需求而开展的一系列活动或任务。如开票回款、员工招聘、产品开发，以及产品交付等。通过业务流程运作可以满足客户需求，并实现组织目标。表 1.1 列出了业务流程的类型。

表 1.1 业务流程的类型

流程类型	示　　例
管理流程	影响公司整体发展和决策的流程，如战略管理、公司治理、股东关系等流程
运营流程	包括产品开发、营销和交付等核心业务流程，这些流程定义了我们如何开发出满足客户需求的产品，并将其推向市场或交付给客户的过程
支撑流程	为保证核心业务流程运行的支撑类流程，包括客户技术支持、员工招聘等

本书会把重点放在运营流程和支撑流程上，因为这些通常是项目经理所领导的 BPI 项目类型。

我们来看看图 1.2，这是一个业务流程的例子，画出了培训研讨会报名的流程。这个图从个人访问网站寻找目标研讨会开始，到报名参加研讨会再到离开网站结束，指导个人能正确操作和成功报名。

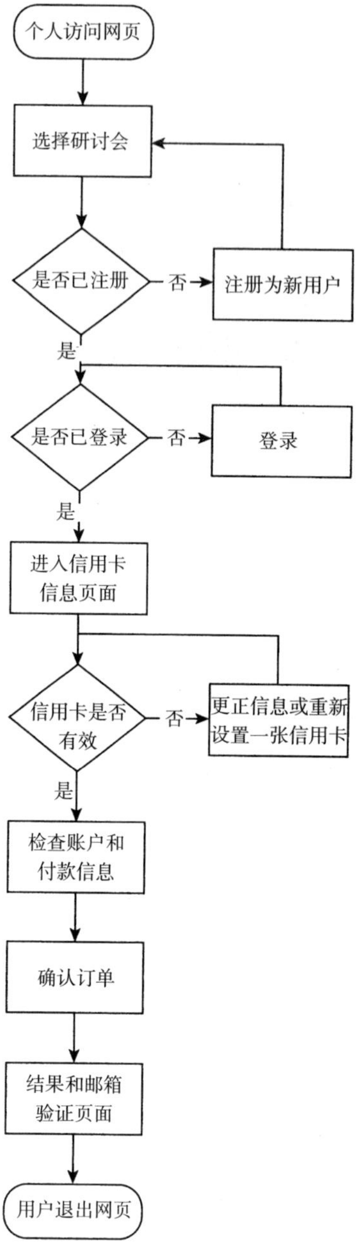

图 1.2　培训研讨会注册流程

图 1.3 画出了业务流程的输入（Inputs）和输出（Output），还有流程的影响者，如使能器（Enablers），以及业务规则或指引（Rules/Guides）等。

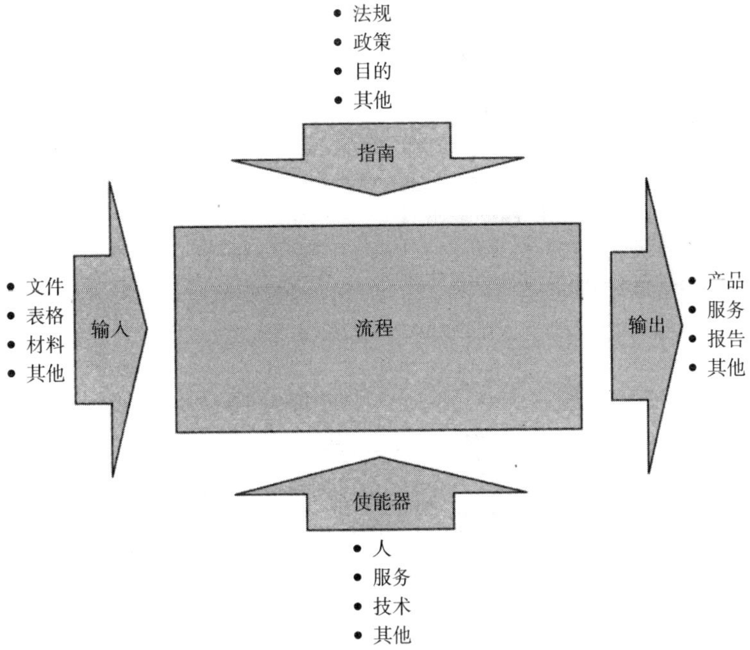

图 1.3　流程的输入输出示例

图 1.3 包括：

- 流程的输入，如表格、文件和同意意见（有时候输入也可以包括原材料，如当流程涉及产品制造的时候）。
- 推动流程进行的各种政策和程序（Policies and Procedures）。
- 员工参与流程的角色定位、责任及技术的运用。
- 流程的输出，如报告、产品、服务和其他交付件（Deliverables）。

本书在接下来的章节会继续讨论完成一个 BPI 项目的步骤，包括从对当前流程的分析、改进流程的初始选项路径设计，到未来流程的改进。

当一个组织花时间来评估业务流程，并让所有员工都参与进来的时候，它就能得到表 1.2 所列出的收益。

表 1.2 评估业务流程的组织和个人收益

组织收益	个人（员工）收益
• 增加整体效率 • 提升客户满意度 • 增加营业额和利润 • 减少成本 • 提升竞争力/竞争优势 • 提高市场份额/市场定位 • 加快新产品和服务上市 • 角色和职责与战略目标的匹配	• 增加员工业务的参与度 • 提升技能、知识和业务才干 • 提升解决问题和决策能力 • 提升完成工作效率 • 增加成为精英的机会

通常，当项目经理想到 BPI 项目的时候，他们脑海里浮现的首先就是改进组织内的效率。没错，BPI 项目确实能提高效率。但是更重要的是，它可以，也应该是用在增加公司收益上面。因为 BPI 项目主要是关注如何降低成本和高效地开展工作，我们反而忘了它也可以用来增加公司收益。如果项目经理能清楚地说明增加收益是 BPI 项目的最终目标的话，他们就很有可能得到更多人的拥护和参与，在争取领导层支持的时候尤其如此。若 BPI 项目能得到基层员工的支持，他们就会不断地做出努力推进项目，增加公司收益，这样要得到领导层的支持自然不在话下。要记住，没有什么比基层员工的积极响应更能引起领导层的参与热情。

评估业务流程会给公司带来一定好处，但这还不足以推动公司的发展，因为在这个过程中可能遇到很多风险和挑战。但如果一个公司连战胜挑战的自信都没有，那么它的业务流程水平也难以提升。挑战，或害怕潜在挑战的心态，必须被处理，因为它不仅会影响公司让顾客满意的程度，还会使公司不敢与时俱进，进而导致尖端人才的流失。因此，我们要处理好这种心态，促进公司的发展。

与公司的战略目标相符合

任何 BPI 项目必须与公司的战略目标相符合，这对其他项目也适用。成功的 BPI 项目，必定是与公司的长期战略目标相联系的。经常有人认为，如果要做到这一点，项目肯定要声势浩大，还要投入很多人力物力，这种想法是不对的。加特纳公司指出："到 2015 年，70%的流程改进项目都只带来提升性而不是改造性的改进。"提升性进步对于长期的业务成功来说是很重要的，它把 BPI 项目分割成块，方便项目的进行，也更容易得到公司内各个方面的支持。另外，公司注重提升性进步的话，也更可能对业务流程进行高频率的反思和回顾。

表 1.3 提供了一些 BPI 项目和为什么要在公司内开展这些项目（特别是它们与公司长期战略目标的联系）的实例。表 1.3 里的每个实例都与公司的一个或多个战略目标相联系。在表 1.4 中，我们能更深入地了解其中的一个实例。

表 1.3　BPI 项目与公司的战略目标相符合的实例

BPI 项目	与组织长期战略目标相联系
评估一家国有制造型企业的生产流程	• 利用所安装的生产设备来提高生产效率 • 加快新产品的上市时间，提高竞争力 • 通过加快新产品的上市时间来增加收益
评估一家软件开发公司的项目管理	• 面对两个新竞争对手的出现，缩短游戏软件的上市时间来提高收入 • 通过加快新产品的上市时间来增加收益
一家公关公司并购营销公司后，优化开发整合两个业务部门的流程	• 提高工作的质量和效率，以应对增长的客户群 • 裁减冗员 • 裁员后可以降低成本
评估新员工入职管理的流程和程序，开发新员工入职程序	• 减少职员的更新率，留住尖端人才 • 提高新员工的工作效率（缩短他们适应新工作的时间）

续表

BPI 项目	与组织长期战略目标相联系
审查财务付款流程	• 缩短收集客户账单时间 • 加快现金周转速度

表 1.4　BPI 项目与战略目标相符合的实例和衡量

BPI 项目	与组织长期战略目标相联系	衡量目标
评估新员工入职管理的流程和程序，开发新员工入职程序	• 减少职员的更新率，留住尖端人才 • 提高新员工的工作效率	• 首年目标是将工作一至两年的员工年流失率从 30%减少到 10% • 把新员工适应新工作的时间从 45 天缩短到 30 天

在表 1.4 中，我们可以设想新员工更快地为公司做出贡献，因此提高新员工的工作效率最终可以增加公司收益。随着时间的推移，公司也可以对项目的成功与否或投资回报率做出相应的评估。通过评估，项目赞助人和项目经理就能确保他们运用合适的人力资源，做出的计划都能与项目的目标相符合，而且能获得较高的投资回报率，这样就能保证项目的成功。

BPI 项目与其他项目的对比

下面所列出的都是对 BPI 项目很重要的因素：

- BPI 项目总是涉及一定程度上的变革。
- BPI 项目要求公司内的员工广泛参与。
- BPI 项目对项目管理和领导才能有很高要求，特别是变革管理，要推进项目还要有人际交往的能力，这些对一个 BPI 项目来说至关重要。

BPI 项目对项目经理来说是最具挑战性的，也最经常造成他们的焦虑和沮丧。只要是项目，都会有风险，但 BPI 项目带来的挑战是最多的，因为它要达成的目标是给公司带来循序渐进的改变。它们吸引的目光最多，但在最开始得到的支持最少。

项目最开始的时候项目经理要建立起宽广的人际关系网，但其实他们应该花更多时间在项目本身，帮项目建立起关系网。因为 BPI 项目涉及变革，而人们又很难接受和适应变革。要建立人际关系网，或是得到参与人员全身心投入的承诺和支持并不容易，这对很多公司来说几乎是不可能的。因为除非见到成果，不然很多领导人都不相信有这么一个项目存在。这种根据项目相关方的实际情况帮项目建立关系网的能力，对于一个 BPI 项目的项目经理来说是十分必要的。本书会在接下来和你一起详细探索。

指导委员会简介

指导委员会是 BPI 项目经理的顾问团队，也是帮 BPI 项目获得支持的一个重要助力。指导委员会能指导项目获取资源和预算，帮助项目经理做出决策及调和业务单元之间的矛盾，同时也能保证项目和公司的程序、政策和长期发展目标相符合。公司里的各层级人员都可以成为指导委员会的委员，包括：

- 项目赞助人。
- 公司的领导层。
- 受到 BPI 项目影响的业务部门的资深经理。
- 提供技术支持的专家。

我们可以把指导委员会看成项目赞助人的延伸部分。我们会在第 2 章继续讨论如何构建和利用好指导委员会。

BPI 项目有具体的步骤，或者组成部分，我们必须根据这些步骤开展项目，保证项目的成功，达到预期目标。图 1.4 所示的六个步骤全书都将有详细的讨论。

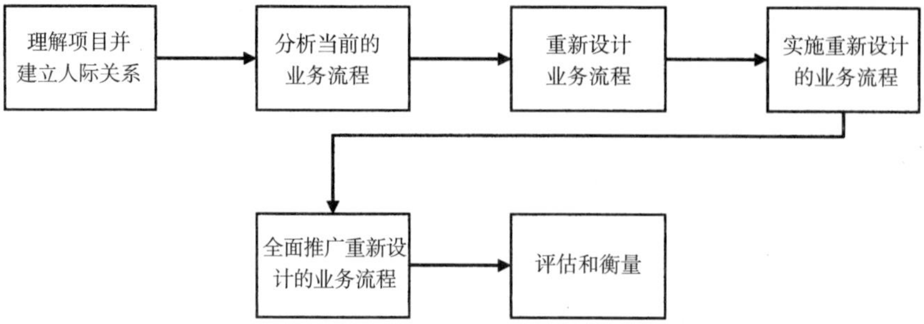

图 1.4　BPI 项目的六个步骤

理解人们对变革的看法

第 11 章会深入探讨变革中人的问题。简单来说，我们要明白 BPI 项目会给公司带来变化，进而影响员工。虽然有些看起来是很小的变动，比如填写的电子表格有所改动，但在有些人看来可能就不是小事了。工作场所或个人生活的变化也可能导致人们对这种改变的看法发生变化。

人力资源总监正在准备进行一个项目，目的是改变半年度的绩效评估流程和程序。她和三个部门的主管进行了谈话，这三个主管在去年就收到要求要对组织半年度的绩效评估流程和程序做出改变。其中两个主管听到项目要开始了都很兴奋，但是第三个主管告诉她他不支持这个项目，而且不怕高管知道。他是项目进行的关键人物，因为他的部门员工最多。人力资源总监深感震惊。因为就是这个主管一直催她改变绩效评估的流程。通过与他深入交谈，她了解到原来现在这个主管有太多的事情要处理，他不想再给自己添加压力。人力资源总监需要与相关方深入沟通和分担工作才能获得有效支持。

虽然个人原因影响了员工的情况不常出现，但是我们也要记住工作场所之外的事也会影响员工对变化的接受度。

我之前与一家中型服务型组织的项目经理共事，他负责的项目涉及改变数据记录部门员工输入客户信息的方式。这个部门共有 8 名员工，全部都有 10 多年的工作经验。在现有的情况下，输入每名客户的信息要花 12 分钟，而项目目标是要减少到 8 分钟。他们的工作效率提高后，会被安排额外的工作而不是有人被解雇。我的工作是帮助项目经理让这个项目成功落地。据领导层所说，这"根本没什么难度"，因为这能提高他们的工作能力和减少他们的工作时间，有谁会不支持？但是这 8 个员工非常担心，比如担心自己会不会丢了饭碗？能不能学会新的流程？有没有人给他们指导？要是犯错了怎么办？之后项目经理和这 8 个员工开了会，告诉他们会有人指导他们怎么提高效率，减少工作时间，还向他们保证没有人会因此被解雇，他们听了都没有什么反对意见。但是项目进行到一半的时候，突然有一个员工打起了退堂鼓，甚至一直跟别人说这个项目肯定会失败，他们会丢了工作。幸好项目经理之前就跟他们每个人关系不错，因此及时发现了这个情况。通过与这名员工谈话，经理知道了是因为个人原因她才这么没有安全感。经过几次谈话，她终于改变了想法，重新对项目恢复了信心。

我们在之前也提过，越是复杂的 BPI 项目，就越是要求公司的文化有所改变。举个例子，如果两个公司要整合的话，就需要重新评估它们的运作流程，裁减冗员，这就要求两个公司都在一定程度上改变自己公司的文化，但是这需要一定的时间，因此我们在项目一开始就要考虑怎么着手改变，并考虑下面几个问题：

（1）除正式领导外，谁是关键人物？

在很多公司中，都有这么一些虽非领导却很有影响力的人，在人们遇到问题，需要专业意见或需要人帮忙做决策的时候，就会找这些人帮忙。如果这些人支持 BPI 项目的话，他们周围的人也会受到影响跟着支持。NRG 公司在 2011 年做过一个调查，它调查了 907 位人力资源、组织发展和职场学习的从业者和领导，发现80%的人承认会受到这类人的影响，因为他们的支持而接受公司的变革。如果项目经理能把这些人纳为己用，对项目带来的积极影响是无法想象的。

（2）组织里有什么业务规则（很可能更重要的是认可和理解变革的政策和决策程序）和潜规则?

那些在员工内部具有影响力的人或许能帮助项目经理更好地了解公司里的潜规则。假设公司在给客户打折的时候是有一定的程序的，但有时候因为某些特殊原因，员工可以不完全遵守这些程序，也不会被记录在案，但在分析现有流程的时候还是需要对此加以了解的。

（3）公司是怎么沟通的，包括部门内部的沟通、部门之间的沟通、与客户的沟通、自上而下的沟通、自下而上的沟通?

虽然有正式的沟通方式，但非正式方式在公司内更为多样和普遍，对员工参与BPI项目的影响也更大，因此我们要利用好这些非正式沟通。

这三个问题能让项目经理对公司文化有更为深入的了解，帮助他们认识到这些正式和非正式程序都影响公司的工作、沟通、问题的解决和决策，让他们能吸引更多的员工参与到项目中，并保证项目满足员工的需求，另外，也让他们明白怎么设计新流程才能获得员工的支持。因此，在研究现有流程时，项目经理必须把这些也纳入考虑中。

BPI项目会遇到的挑战

业务流程评估的挑战主要集中在沟通和领导方面。沟通包括在项目开始前应为它建好人际关系，如果沟通不好，项目就不能获得员工的支持，也就注定要失败。因为沟通对项目的成败如此重要，所以本书在各个章节都会对如何有效沟通进行讨论。

一家医疗保险公司因为其新产品或新服务上市时间太晚，或者没有收到预期的收益，所以准备对其业务流程进行评估。但是在项目开始时沟通工作并没有做好，大家都以为公司准备裁员。事实上，项目的目的是要改进新产品和新服务的研发、上市和销售，让客户的需求能得到满足。就是这么一个误会，让员工怠工了3天，因为他们的精力都花在了讨论谁什么时候要丢饭碗了。

公司如果没有向员工讲清业务流程评估及进行评估的背后原因，也会给项目带来困难。员工若不能做到以下几点，就不能全身心地投入项目中，为之出力：

- 知道开展 BPI 项目的原因。
- 知道 BPI 项目会对自己的工作造成什么影响。
- 知道自己该如何参与到项目中。
- 有足够的时间调整自己来适应项目。
- 相信自己的意见和建议能得到重视。

如果每年都在员工参与的战略规划会议上评估业务流程，公司内部就能形成一种文化常态，也就能减少项目会遇到的挑战。在第 10 章，我们会进一步讨论如何在公司内部形成持续改进的文化，来保证项目的顺利进行。

缺少领导层的支持也是项目经理经常遇到的挑战。有些项目是基层员工发起的，并没有得到高层的支持，这通常是因为员工想要提高工作效率，更好地完成工作。这种情况在那些被迫裁员、剩下的员工不得不完成更多工作的部门尤为常见，而且这些项目通常都不能得到领导层的支持，大多数原因是他们看不到问题的存在，觉得没必要进行改变。而那些剩下来的员工通常都要超负荷工作，但这并没有触动领导层。缺少领导层支持的 BPI 项目总是会遇到各种各样的问题，包括无法吸引那些富有影响力的人的加入、缺少资金支持等。为了让领导层了解到确实有进行 BPI 项目的必要，基层员工的努力必不可少。我们要知道，领导层关注的是开展 BPI 项目对公司有什么影响，比如说，项目完成后能不能：

- 把制造新产品的时间从 18 周减少到 12 周？

- 一年内让公司的收入增长 10%?
- 6 个月内让大客户从 10 个增加到 15 个?
- 两年内让公司运营成本降低 25%?

如果员工肯花时间向领导层解释清楚他们自发的 BPI 项目能给公司带来多大的收益，他们就能得到领导层的大力支持。但员工在解释过程中必须把重点放在领导层最在乎的方面，包括增加收入、减少开销、符合公司的长远利益，还有其他有关财务价值层面能动摇领导层的因素。

员工能得到什么

公司要成功完成一个 BPI 项目，仅仅关注员工的接受程度是不够的，还要关注项目能给员工带来的收益，也就是员工能得到什么。虽然大家都知道项目有利于公司的发展，但是他们更关注这能给个人带来什么好处，所以我们要把项目和员工的个人利益紧紧联系在一起。表 1.5 提供了几个例子。

表 1.5　BPI 项目给员工的收益示例

BPI 项目可能实现的员工收益	
能力或潜能：	
学习新技能，增长知识，培养对业务的敏锐度	参与公司的重塑
能深入进行工作流程和程序的设计，能深入了解如何高效完成任务	通过参与 BPI 项目对公司有更深入的了解
能创造额外的机会来推动职业和个人的成长	参与影响公司长期战略的行动

另外，如果项目经理知道某个部门的员工遇到什么困难或者要达成什么目标的话，他在项目过程中就要努力帮助他们应对挑战和达成目标。让参与项目的个人知道他们参与项目的收益，是吸引他们全身心投入项目的最好方法。在第 2 章讲到怎样在公司内部建立关系的时候我们会对此进行更为深入的讨论。

第 2 章

项目的初步计划

项目的初步计划阶段总是被一笔带过，虽然有时候是因为上层领导施压，但更常见的是，项目经理没有明确计划就匆匆开展项目。其实，他们应该把充足的时间花在项目的初步计划上，项目遇到的问题才会更少，更可能成功。

我们之前有一个客户，要求我们领导一个 BPI 项目。此项目牵涉公司所有的部门，会给公司的运作带来巨大改变。我们想和公司的 CEO 讨论初步计划，但他说我们应该把重点放在实际行动上而不是纸上谈兵，计划对于他来说就意味着务虚。我们花了很长时间解释才让他明白，没有经过详细计划就贸然开展项目有多么冒险，公司里的部门可能不愿意参加项目，我们也可能了解不到他们的想法。

虽然现在对于该花多少时间在初步计划上并没有一个确切的数字，但是表 2.1 提供的建议时间能帮助项目经理决定该花多长时间才能增加项目成功的概率。

表 2.1　项目初步计划所花时长考虑因素

BPI 项目的复杂程度	BPI 项目的复杂程度决定了初步计划阶段该花多长时间，项目影响的公司职能越多，项目经理花在计划上的时间就要越多。第 3 章会就项目复杂程度进行更加深入的讨论
项目相关方的数量和他们的职位	BPI 项目影响的相关方越多，项目经理花在与他们接触的时间就要越多。如果相关方属于不同部门，就要花额外的时间来确保距离较远的相关方能了解项目
BPI 项目团队成员的职位	项目团队成员是在同一部门还是不同部门？如果所属的是不同部门，项目经理就要花时间让他们互相了解，建立感情，这样团队才能高效运作。最好是能做到让远程的团队成员也能亲自参加项目开工会
公司上一个项目的完成情况	公司上一个项目的完成情况如何？项目相关方都参与进去了吗？他们的想法、意见有没有受到重视？上一个项目的成果还在吗？还是公司又回到了老路子上了？项目经理必须借鉴上一个项目的情况，避免重蹈覆辙
公司内同时进行的其他项目	公司内正在同时进行的其他项目会影响这个项目吗？比如资源、预算，还有项目相关方能否全身心投入
领导层对提议的支持力度	是领导层发起的这个提议吗？他们持支持还是反对意见？项目得到的支持越多，将来得到资源和预算的投资的可能性也就越大。若没能得到领导层的支持，那项目将寸步难行，也很难成功
BPI 项目的风险	这个项目的风险有多大？如果这个项目牵涉的人数量庞大，项目经理就要花更多的时间在应对风险的计划上

并不是所有的项目团队成员都能参与初步计划。如果是在开始阶段之后项目团队才接到任务，他们就该找同事了解情况，这不仅能为项目经理制订计划提供多样化的建议，还能为项目的进行建立良好人际关系。

艾莉森（Allison）接到了一个 BPI 项目，这个项目对公司里的一个业务部门会有影响。由于难以敲定成员，在项目早期计划完成后项目团队才接到任务。艾莉森根据以往的经验，知道自己需要听取别人的意见来完善计划，只靠她自己是不行的，因为她并不是什么都懂。于是她与公司内其他几个项目经理，还有据她所知会受到项目影响的人进行了交谈。她询问了他们对于这个项目的意见，有什么优点和缺点。这让她能更好地准备初步计划，准备好应对风险与挑战。

开发初步的高层级项目计划模块

项目初步计划至少要包括以下几个方面：

- 项目章程（Project Charter）和商业计划（Business Case）。
- 范围说明书（Scope Statement）。
- 初步高层级预算。
- 项目的初步进度安排。
- 初步风险识别。

这要求项目经理对项目的理解非常透彻。为什么要开展这个项目？这个 BPI 项目准备达成什么目标？项目是怎么与公司的长期战略目标相符合的？项目经理又是否知道这个项目有什么前景？项目经理在推销项目之前，自己要对项目有充分的了解，不然他就无法说服项目相关方，就不能做好完善的计划。在讨论的时候，大家肯定会提出很多问题和担忧，项目经理必须给出令人满意的回答。若有无法回答的问题，项目经理要把问题记下并请教他人。

在准备项目的时候，项目经理要对项目做出大概的描述，重点要放在项目可能遇到的困难及其解决办法上。开展 BPI 项目的目的是让公司有所改变，这种改变可能是为了应对新的竞争对手，想通过项目让产品能够更快地进入市场；或者整合两个部门，裁减冗员来提高公司运作效率。我们会在第 3 章讨论关于对项目的理解。总之，在项目计划阶段，项目经理要多花点时间与项目赞助人交谈，加深对项目的了解。

与项目赞助人的合作

我们先来给出项目赞助人的定义，使得我们能有共同理解。项目赞助人

（Sponsor）就是为项目提供执行支持的人。他们确保了项目的资金、资源和人员支持，为项目的进行扫清障碍。在 BPI 项目计划的早期阶段和项目赞助人进行密切合作是非常必要的，这能确保项目经理清楚地理解赞助人对项目的需求，赞助人也能知道如何支持项目经理（理解项目经理的需求）。千万别想当然，以为赞助人会很了解自己该做什么。

一个项目经理与大学宿管处长一起开展项目，改变分配学生宿舍的流程。处长把项目任务书交给项目经理，然后就外出度假了！项目经理手上除这个项目任务书外一无所有，既没有资源上的支持，又找不到人解答他心中关于项目的疑问，他甚至还发现项目相关方都不知道有这么一个项目要开展！事实上，在他们看来并没有什么需要改变的。更麻烦的是，项目经理无法让这些相关方帮他整理现有的宿舍分配文件，很多人都回答“我也不知道是怎么分配的”。

项目经理在与项目赞助人的前几次见面时，就应该告诉他项目需要什么才能成功完成。这包括要求赞助人：

- 参加项目开工会并分享项目愿景。
- 为项目分配充足的资金和资源。
- 为项目扫清障碍，如解决疑难问题，获取各方面的支持。

项目经理要利用这段时间了解项目赞助人的意图。为了有效和成功管理项目，图 2.1 的检查表列出了项目经理可以向赞助人获取的信息。

□	为什么要启动这个项目？
□	关键相关方（也就是项目最终结果影响到的、需要项目经理照顾好的人）有哪些？
□	项目是如何与公司的长期战略目标相符合的？
□	赞助人以及其他领导人对于项目有什么看法？
□	赞助人认为有可能出现什么困难？为什么？
□	赞助人认为有可能出现什么风险？为什么？
□	假设现在是项目快要结束的时候，你会从别人那里听到什么话，表示他们相信这个项目是成功的？
□	项目经理还要找高层领导中的哪些人帮忙？

图 2.1　检查表

图 2.1 中的问题不仅可以让项目经理对赞助人的意图有所了解，知道他想要达成的目标，还可以使项目经理站在赞助人的角度看待风险和挑战。项目经理对项目了解得越多，项目就越容易进行，他也越容易说服相关方和团队成员加入项目中来。除此之外，项目经理了解这些信息还有助于初步计划的拟订。

项目赞助人经常是一些领导者，他们的人脉资源遍布全公司。优秀的项目赞助人都与公司的高层领导和执行经理有着密切的关系，也正是这些关系能助项目经理一臂之力。这些关系保证了公司上下对项目的支持，保证了项目的资金和人员投入，也避免了相关方之间可能产生的矛盾。但有时候项目经理不能直接接触公司的最高层，特别是在大公司里，这时他可以通过其他领导来接触，比如他的上司或者更高一层的领导。

要知道，并不是所有项目经理都是公司的高层领导。

萨曼莎得知她要开展的部门级 BPI 项目的赞助人是一个部门经理的时候很吃惊。这是她第一次与中层经理合作，她也想表现出对他的尊重。但是问题是这个经理比负责该部门的行政领导低了 3 级，所以她担心如果出现了问题，他的能力会很有限，而且萨曼莎知道这个部门并没有参与到项目中。但是她需要部门员工的支持，同时又不确定这个经理能给她多少帮助，特别是当时又有流言说这个部门经理的上司并不怎么重视这个项目，这让她很苦恼。

如果项目赞助人与高层的人没有接触，那么项目经理就要另找方法接触比赞助人职位更高的人，为项目争取更高层次的支持。当然，这个要小心处理，不能因此破坏了与赞助人之间的感情。图 2.1 所列出的最后一个问题“项目经理还要找高层领导中的哪些人帮忙”问的就是项目经理该如何主动地接触高层的人，来获取有关项目的更多信息。

为了与项目赞助人更好地合作，项目经理必须做到像对待项目团队成员和相关方那样，让赞助人也参与到项目中来，其中第一步当然是与他建立牢固的工作伙伴关系。图 2.1 就为项目经理与赞助人的谈话提供了话题。下面是一些让赞助人参与到项目中来的具体例子：

- 让赞助人站在领导层和项目与公司战略的联系的角度阐述项目，帮助项目成功启动。
- 邀请赞助人参与一些重要的项目团队会议，比如讨论要达成的一定目标或讨论某个关键问题的会议。
- 项目经理要增强自身能力，充满自信，这样才能领导项目团队取得成功。项目经理不仅要向赞助人呈现问题，还要说出自己对于解决问题的看法。
- 在问题出现之前或出现时要及时向赞助人反映。
- 理解赞助人对于项目的期望和看法。
- 每隔一段时间就要向赞助人报告项目进度，提供项目更新的信息。
- 项目有了进展要及时与赞助人分享，有问题的时候也要及时反映，这样赞助人才不会猝不及防。

项目经理与赞助人合作得越密切，项目团队所能得到的认可和承诺也就越多。

指导委员会

还记得第 1 章我们说过的指导委员会吗？我们现在就来谈谈这个。指导委员会应在项目初期就建立起来，项目赞助人也应该参与，他可以向项目经理推荐委员会的人选。有些组织把指导委员会定位为赞助人群体，负责确保项目需要的资源都得以到位。

> 一家零售公司每年都会成立一个指导委员会，成员是高层领导和部门主管，每年更换一次成员。这个委员会负责挑选与公司长期战略目标相符合的项目来优先执行。

指导委员会能为项目经理提供BPI项目具体内容，比如各阶段的具体目标，其与公司长期战略目标相符合。但是委员会关注的并不是项目的计划细节，而是项目的大局。委员会要确保有合适的部门和人员参与项目，并且这些部门的主管都能为项目出力，保证项目能成功进行。这些部门都会受到项目的影响，所以它们最好在项目开始的时候就能参与进来。

战胜挑战和获取高层领导支持

项目进行过程中会出现各种各样的问题，但是有些问题需要在项目开始前优先处理。我们在第1章简单地提过一个特殊而重要的挑战，就是获得高层领导的支持。这是项目计划所要克服的第一个挑战。赞助人当然可以作为一个着手点，但是赞助人支持这个项目并不意味着其他高层也会支持。而且，我们之前也说过，如果赞助人不是高层领导，项目经理就要通过其他方法来寻求高层领导的支持，但也不能因此而忽视了赞助人。

假设你的项目赞助人是一家公司的运营主管，这家公司是为其他公司提供培训项目的。赞助人想改善为客户安排培训项目的流程，让客户能够提前三周半安排培训项目的时间，这对于降低讲师预定成本及节约打印材料很重要，因为目前90%的情况下，培训时间表都是在合同签订后的一周半完成的。这对财务总监来说是个好消息，因为他一直想降低成本。而你，作为项目经理，认为需要的支持你都已经得到了。但是在与销售主管的谈话中你得知，他并不支持这个项目。他说如果项目启动，实施了新流程，他就会流失25%的客户，也就不能达到销售额目标。他想劝服高层领导放弃这个项目，还告诉你执行总裁也站在他这边，因为今年的销售额目标很高，他也不想有其他因素影响销售额。所以现在的问题是，如果你不能赢得销售主管的支持，这个项目就无法成功。

项目经理最该做的事情是，在项目初期的讨论中就向赞助人问清楚高层领导中哪些人支持这个项目，哪些人反对。如果赞助人也不确定，或是回答并不是所有人都支持的话，你就要进一步问清楚下面的问题：

- 为什么这个领导不支持?
- 这个 BPI 项目对每个领导分别会产生什么影响?影响是积极的还是消极的? 如果是消极的，那么领导担心的问题是什么?
- 这个 BPI 项目对于领导处理现有的问题是起到帮助作用还是阻碍作用?
- 这个项目可以帮助哪些部门完成他们的长期或短期目标?

要问赞助人这些问题并不简单，因为这看起来好像项目经理在对别人的私事还有高层之间的敏感话题穷追不舍。但是，这些问题的答案很重要，它能帮助项目经理想出获得高层支持的办法。高层领导的支持能帮助项目经理克服他在项目过程中遇到的许多问题，包括：

- 无法从业务线经理（Business Line Managers）处获得资源支持。
- 缺少时间来与项目相关方沟通，向他们普及项目的信息。
- 缺少预算。
- 无法得到克服困难和解决问题的保障。

有了高层领导的支持，其他人也会受到影响，从而支持项目或为项目出力。但是要保证赞助人和重要高层一直支持项目，还需要指导委员会的力量加以协助。

在公司内建立并保持良好人际关系的重要性

杰克逊是一位项目经理，他一加入新公司就开始广交朋友，不仅在项目管理办公室内打好关系，在整个公司也是朋友众多。他经常向素不相识的同事介绍自己，去旁听各部门例会，有时还邀请同事一起去喝咖啡或吃午餐。在谈话时，他会说自己的事，但更重要的是他乐于聆听别人的兴趣爱好，通过这个来增进彼此的了解。他还会跟别人说起他工作上遇到的挑战以及精彩之处。杰克逊有一个同事，是在公司工作了 5 年的项目经理，他问杰克逊这是在干什么，杰克逊说，通过花时间与别人交谈和建立人际关系，他所负责的项目的成功率提高了两倍有余，其中一个最难以完成的项目也得到了众多支持，因为他很了解项目相关方遇到的挑战和他们的诉求。

精明的项目经理都知道，只要肯花时间在建立人际关系上，项目成功率就能大大提高。这对于 BPI 项目来说更是真理，因为 BPI 项目对相关方的认可和承诺要求很高。如果项目经理在组织内和各相关方建立起良好的人际关系，那么下面所列的事情就很容易做到了：

- 获得资源和人力投入。
- BPI 项目获得更多响应，比如调查访谈的回应和现有项目的记录。
- 解决项目相关方或团队成员之间的矛盾。
- 其他人也会帮忙为项目争取资金或资源。

就像杰克逊一样，成了别人的朋友，要找他们帮忙就容易得多，这就是人际关系的真谛。回想一下你自身的经历，你不也是更乐意帮助那些花时间了解你的人吗？这是人类的天性。

表 2.2 提供了一些关于在公司内建立人际关系的建议。最重要的是你自己要感觉自然舒适，不用花太多时间，每周 30 分钟就足够了。

表 2.2 建立人际关系的途径

邀请同事去喝咖啡或共进午餐	询问他人的成功经历或目前的困难
说些有关自己的事，可以是成功经历、面临的困难、人生目标等	如果可以的话，尽可能参加不同部门的会议，了解他们的工作
去食堂吃饭，早上站在咖啡机或饮水机旁与同事聊天	每天离开你的办公区域几分钟，和在走廊里遇到的同事闲聊片刻
同事在赶任务时主动帮忙	多人合作时，主动分担不属于自己工作范畴的任务

项目章程和商业计划的撰写

项目章程的发布意味着项目的正式开始，这通常是由赞助人来完成的，有时候也可以由指导委员会来完成。

可惜的是，并不是所有的组织都能利用好章程，有些甚至是由项目经理代替赞助人来写的。写项目章程的目的，是让大家对项目的要求达成一致，它是项目初步计划的第一份重要文件。

表 2.3 列出了项目章程中提供的相关信息。

表 2.3　项目章程的组成部分

章程组成部分	解　　释
项目经理的权限等级	项目经理的责任是什么？他有权力挑选和管理项目团队成员吗?他要不要负责保证和挑选外部供应商？他有权直接管理资金，还是每次使用资金都得经过批准?
商业计划	为什么要开展这个项目？是为了减少开支、加快新产品的上市时间，还是裁减冗员？要解释清楚开展这个项目的目的和原因
项目描述	在这个部分要用两三个简短的句子描述项目。例如，通过加强跨部门流程的内部沟通，改善组织内部的信息传递。如果可以的话，还要加上具体的高层级的项目任务
项目目标与成功标准	提出高层次的项目目标及衡量项目成功与否的标准。例如，在一年内完成项目，或预算不能超出某个具体数字。在上一部分项目描述中的例子也可以用在这里，如项目开展后，部门之间能通过多种方式来更好地传递信息
预期风险	启动项目预计将会遇到的风险，其中包括难以说服相关方，项目要占用一部分员工，或项目时间有限。公司的 BPI 项目所遇到的困难都是相似的，如果员工一直反对改变的话，那让他们接受改变就会成为挑战
部门参与度	在很多 BPI 项目一开始的时候，我们就能知道需要哪些人的参与。比如，如果项目目的是评估应收账款流程的话，那么会计部门就要参与项目。部门的参与可能包括提供当前流程的信息，参与设计新流程和对其进行测试等

续表

章程组成部分	解　　释
项目的收益和其对业务的影响	把我们期待项目会带来的收益和其对业务的影响写在这个部分里，要写得具体，保证每个目标都是可衡量的。例如，改进应收款的回款，新流程投入使用的 6 个月内要把回款时间从 45 天减少到 30 天
项目里程碑事件	里程碑事件就是项目进行过程中发生的大事。对于 BPI 项目来说，里程碑事件可能是现有流程的记录完成，新流程的稻草模型设计，或相关方面谈的结束
项目开支	如果可以的话，在这个部分写上项目各个部分的预算。比如，5 000 美元用于相关方面谈，50 000 美元用于聘请外部承包商来完成流程的记录

接下来的 3 个图都是项目章程的部分展示。若要下载一份完整的章程，请登录 Web Added Value™（WAV）资源下载中心（www.jrosspub.com/wav）。

因为项目经理收到的章程通常是不完美的，因此他必须问赞助人问题，以此来开展对话。

假设在图 2.2 中，项目经理的问题是"会计对这个项目提议有了解吗"。根据图中给出的例子，会计还有其他两个项目要参与，所以必须让他知道还有另一个项目正在进行，更要花时间与他建立关系，认可项目并助力。

项目描述
记录人力资源部批准培训公司提供的账单的当前流程，并设计新流程，使检查和批准账单时间从多于 5 天缩短到少于 3 天
项目目标和成功标准
• 记录当前流程 • 为付款程序设计新流程 • 在 6 个月内完成项目 • 项目在 10 000～15 000 美元的预算内进行
预期困难
• 会计部门还有其他两个项目要参与，可能对本项目造成影响（影响到 6 个月内完成计划的目标） • 现有流程的正式文档可能呈现其他问题，需要本项目处理

图 2.2　项目章程模块节选

在图 2.3 中，项目经理继续询问更多细节，比如赞助人所说的"需求数据"是什么意思？项目经理当然可以自己做假设，或去询问之前两个部门的参与者，但是直接询问赞助人显然是最好的办法。

功能性组织或业务部门	
组织或部门名称	参与程度
会计/金融部	• 提供数据 • 协助记录当前流程和未来流程 • 明白现有处理收款方式的不足及其对部门的影响
人力资源部	• 提供数据 • 协助记录当前流程和未来流程 • 明白处理账单可能遇到的挑战

图 2.3　项目章程模块节选——相关方

在图 2.4 中，项目经理会询问更多关于自身的权限等级的细节。

项目经理权限等级
• 挑选项目团队成员 • 管理项目资金 • 决定面谈的相关方

图 2.4　项目章程模块节选——项目经理权限

项目经理掌握的信息越多，他就越容易做好自己的角色，越容易让相关方和团队成员参与进来。比如说，“控制预算”是什么意思？意思是项目经理可以自行适度使用，还是使用资金必须得到批准？

项目赞助人经常以备忘录或邮件的形式把项目章程发给项目经理，项目经理就要把这些整理成一份正式的文件。项目经理可以利用赞助人提供的书面信息及谈话中得到的其他信息来完善章程，直到双方都满意为止。其中项目经理最需要论证的就是商业计划，解释清楚为什么要开展这个 BPI 项目。只有当项目经理自己清楚这个项目如何与公司的战略目标相匹配时，他才能让相关方明白这个项目的重要性，以及它为什么需要大家的参与。

有些公司直接用商业计划来代替项目章程。其实两种文件都可以使用，我们可以在项目章程敲定后从中提取信息来放进商业计划里。对于 BPI 项目来说，商业计划应关注某些需要改进的流程。图 2.5 提供了一张商业计划工作表的模板（templates），对各方面进行了简单的描述。在 J.Ross 网站上也可以下载到这张模板。

本书作者之一吉娜（Gina），倾向于等到项目任务书和范围说明确定了之后再来写商业计划。因为她认为写商业计划要用到这两者中的信息，也体现了她对这个项目的总体期望，必须花多点精力在这上面，保证项目和公司的长期战略相符合。这对于相关方和团队成员来说都是非常重要的。

BPI 项目商业计划	
项目名称：	项目经理：
项目关注的流程： （在这个部分写上将要创建的、改进的或更新的流程或流程组，如要更新的流程可能是一个求职跟踪系统的部署）	
要解决的问题： （在这个部分要具体解释为什么要开展项目，项目要解决的是什么问题，如把求职跟踪系统从现有的手动变为自动招聘职员）	
未来流程绩效的衡量标准： 衡量标准可能包括：费用减少，收入增多，上市时间加快，工作流程改进，返工减少，还有吸引人才，能跟踪有潜力的员工，面试效率提高等	
怎么从现有流程到达未来流程： 在这个部分要考虑到完成 BPI 项目每个阶段目标的时间和努力，如分析现有流程的时间和努力，重新设计流程的时间及努力，进行流程试运行，以及推广到全公司的时间和努力	

图 2.5　BPI 项目商业计划

在商业计划中还要写上项目对公司业务和客户的影响，而且项目经理要把重点放在项目开展的财政方面的原因，如收入减少，开销增多，利润下降或客户流失严重等。这些都展现了开展项目的必要性和迫切性。

一家软件开发公司的项目经理的任务是领导一个流程改进项目。于是她联系上了几位相关方，想向他们获取有关信息。但是当相关方问她项目具体做什么时，她无言以对，只能回答“项目是要改进流程的”。有一个相关方问到为什么要在公司内开展这个项目，因为他们觉得没什么需要改进的，一切都很好，项目经理也回答不了。项目经理在沟通的时候对项目表现出不明确，所以让很多相关方都对项目望而却步，在起始阶段也产生了很多问题。这时她才学会，要取得别人认可和承诺来帮助项目成功，她得向他们解释清楚项目原因才行。

在写 BPI 项目章程的时候可以按照下面的最佳实践步骤：

（1）通过赞助人的邮件、面谈甚至在走廊上闲聊的时候，项目经理都能得到信息，要把这些信息写进章程的模板里。

（2）项目经理要根据自己对项目提议和公司的认识，尽可能完善章程。这将在与赞助人面谈中有效地推敲验证。

（3）项目经理要安排与赞助人进行面谈，来了解项目细节以完善章程。

（4）项目经理要用面谈得到的具体信息来完善章程

（5）若有更多问题，项目经理应该安排第二次面谈，完全了解项目和充分的细节，进行项目计划。

（6）章程完成后，项目经理要告知并将其让赞助人签名，表示章程正式完成，可以开始 BPI 项目的计划。

作为最佳实践，项目经理要把章程写得具体可行，才能继续完成其他项目文件。在整个项目实施过程中，项目经理和团队成员都将参考这份章程。

成功的标准

衡量项目是否成功的标准应该是面向客户和面向公司需求的。

表 2.4 举了一些可以作为衡量标准的例子。项目经理在与赞助人的第一次面谈中就要讨论衡量标准。这些标准要与公司的长期发展战略相匹配，如公司一直无法吸引客户购买另外的产品和服务，可能提议对销售和营销流程重新进行审视，来吸引已有客户、增加公司利润，并将其作为长期战略目标。

表 2.4　BPI 衡量项目成功的标准

面向客户	面向公司
• 客户满意度	• 资源利用率
• 服务质量	• 生产线利用率
• 产品上市时间	• 单位开发成本

续表

面向客户	面向公司
• 客户订单准确度	• 员工数量
• 客户销售额	• 减少费用

但是不能以为“我们想增加对现有客户的销售额”这句话就能作为衡量标准了。项目经理对于项目成功与否的看法可能与赞助人或相关方不同，比如，“我们想增加对现有客户的销售额”这句话，有经验的项目经理就会继续细化目标（项目收益），比如，我们想把销售额在前 3 个月增加 5%，接下来 6 个月增加 8%，一年内增加 15%，与此同时销售和营销的有效性也要提高。衡量标准具体化能让项目经理更清楚项目进行过程中会遇到什么困难，阻碍他们达成目标。比如说，在思考怎样增加销售的时候，可以考虑下面的问题：

- 新产品和新服务够不够丰富？对客户有没有吸引力？
- 在吸引现有客户的同时，有没有其他流程来保证新产品和新服务的销售？
- 现行的营销策略是什么？营销频率是多少？
- 有对客户做过调查来提高市场定位准确度吗？
- 现在有什么流程来吸引客户购买另外的产品和服务？
- 销售人员在推销新产品、新服务和吸引客户购买已有产品及服务之间如何做好平衡？

如果知道了完成目标会遇到什么预期困难，项目经理就能更好地做出准备，从而成功达成项目目标。这是风险计划的一部分，我们会在第 3 章深入讨论。

准备初步的项目文件

在项目经理与赞助人进行面谈、收集和利用信息完成项目章程之后，就可以开始其他项目文件的准备了：

- 项目范围说明书。
- 预算。
- 进度安排。

项目范围说明书

项目范围说明书是仅次于项目章程的重要文件，我们可以把它看成建立在项目章程基础上的对项目的文字描述。它描述了：

- 项目的范围（要做什么）。
- 此范围内的主要交付件。
- 有关项目的假设（或事实），以及开展项目的制约因素（影响到项目成功的限制条件）。
- 项目经理、赞助人和相关方认为会出现的其他风险、问题或对项目的担忧。

项目范围说明书写得清楚的话，连在项目开展到一半的时候加入的成员，通过阅读范围说明书，也会知道项目要做什么以及为什么要这么做；同时，它也让项目经理可以更好地管理相关方，保证项目不会超出限定的范围。此外，当相关方提出变更的时候，范围说明书也可以成为讨论变更是否可行的参考。

保罗领导的BPI项目无比复杂，这个项目关系到好几个业务部门。现在项目进入了一个关键时期，他要与重要相关方见面讨论未来流程的初稿。在开会的那天早上，保罗得知原来的赞助人已离职，会有另一个领导人来代替他，而且也会出席下午的会议。保罗这时做了一个聪明的决定，他马上与这个新赞助人取得联系，并向他简单介绍了项目，展示了任务书和范围说明书等文件来给自己的项目争取支持。这个举动很重要，因为保罗知道下午参加会议的每个人都有自己的想法，他们会在会议上争论，所以向赞助人简单介绍项目可以让他下午不会一头雾水。

写项目范围说明书的时候，项目经理要明白相关方的需求、目的以及他们对项目的期望。

表2.5列出了项目范围说明书的重要组成部分。

表2.5 项目范围说明书的关键组成部分

范围说明书组成部分	解 释
项目阐述	这个部分包括为什么要开展BPI项目——要解决什么问题或迎合什么业务需要？可以在这里重述章程中的商业计划部分，再加上更多细节
项目描述和交付件	应根据项目章程中的项目描述来写这个部分的内容。在相关方反对项目经理开展项目的时候，这个部分就很有参考价值，包括：客户对象是谁？最终交付件是什么？项目的开始和完成时间？项目交付件要运用在哪里？基于项目章程里的项目目标（或成功标准）的信息构建这部分内容
项目制约因素（Constraint）	这个部分描述了项目现有的或潜在的制约因素，这些经常是与相关方参与度、项目资源、预算和时间安排相联系的。当然在这里可以借鉴项目章程中的预期风险部分，但是章程必须是赞助人确认过的。在项目早期规划阶段确定的额外制约因素也可以加在这里
项目假设（Assumptions）	这个部分描述项目的实际情况，包括：分配资源、运用资金、会适当给员工进行培训以及有时会借助外援等

接下来三个图是项目范围说明书的选择性组成部分。可以在J.Ross网站上下载一份完整的项目范围说明书。

图2.6列出了关于项目阐述以及项目描述和交付件的更多细节。

这些信息都要靠项目经理主动与赞助人面谈，要求更多具体细节才能得到的。项目经理得到的信息越多，项目成功的可能性就越大。

项目阐述
开展 BPI 项目的目的是解决以下问题： • 人力资源部从外部培训供应商处收到账单后的处理时间过长 • 供应商等客户满意度下降 现有的账单付款处理时间是 35 ~ 38 天，但是供应商的资金周转周期是 30 天。去年就有超过一半的供应商抱怨这件事情。因此，改进后的流程中，人力资源部检查和批准账单的时间应该从现在的超过 5 天减少到不到 3 天。
项目描述和交付件
项目从 20××年 1 月××日开始，持续时间为 6 个月。在 20××年 6 月××日之前预期会有下列交付件： • 改进后的流程或新流程让公司能在收到账单后的 30 天内付款给培训公司，人力资源部要在收到账单后的 3 天内完成检查和批准账单。 • 项目的预算要限制在 15 000 美元以内。 项目涉及的重要相关方、客户包括： • 人力资源部。 • 财务部门。 • 培训供应商。 项目要求完成以下任务： • 编制当前的人力资源部的付款流程，找到流程中的差距，或造成付款延迟的麻烦因素。 • 对培训供应商进行调查，了解他们的想法。 • 审视与培训供应商签订的合同，确定在账单付款上要给他们何种程度的保证。 • 为人力资源部的付款流程设计新流程或改进当前的流程。 • 测试新流程。 • 最终敲定和开始新流程。

图 2.6　项目范围说明书组成部分细节

图 2.7 是一些开展项目的潜在制约因素。看过章程之后我们不难发现，这些潜在制约因素都是项目范围说明书中出现过的。

图 2.8 把项目预算 15 000 美元当成项目假设的一部分。

如果需要在项目计划十分完备之后，我们才能确定合适的预算，我们也可以简单地把它列入项目假设中。

项目潜在的制约因素
• 公司财务部门要兼顾其他两个项目，这两个项目预定会在 20××年 3 月结束，这可能影响项目的时间安排。 • 在分析当前的付款程序过程中会确定其他事项，可能影响项目的时间安排。 • 完成对供应商的调查后会确定其他可能影响客户满意度的事项。 • 人力资源部的年度会议会在 1 月中旬进行，可能影响他们参与项目的时间。

图 2.7　项目范围说明书组成部分详解——项目潜在的制约因素

项目假设
• 15 000 美元足以实现提议，因为大部分工作都能在公司内完成，对外援的需要很少。 • 为了解决上面提到的制约因素，可以适当延长项目时间。 • 项目赞助人会通过寻求他人支持来为项目做出贡献。

图 2.8　项目范围说明书组成部分详解——可用项目假设

项目假设和制约因素都是根据赞助人和重要相关方的看法或是他们对项目的反应而写出来的，比如，有一个客户经常对所有的 BPI 项目预先设定预算。别人提过：现在还没有对项目有充分的了解，盲目设定预算可能对项目造成阻碍，但他从不听。为了不惹怒他，别人就会把项目预算写进项目假设里，并在旁边写上“我们假设预算足以支持项目成功完成”。

为了做到最佳，项目经理应请没参与撰写的人看项目范围说明书，并问以下问题：

- 看的人明不明白为什么要开展这个 BPI 项目？（商业计划是不是简洁明了？）
- 项目成果的阐释足够清楚吗？
- 项目范围说明书里面有什么地方是看不懂的或觉得不清楚的吗？
- 看的人会不会觉得缺少某些能帮助他们理解的信息？

接下来要做的事就是根据这些反馈改进项目范围说明书，确定最终版本。

预算

预算可能是对整个 BPI 项目的整体估计，也可能是对每个部分进行分别估计，例如，访谈相关方的预算、记录当前流程的预算和初步设计新流程的预算等。在项目开始的时候就要估计预算的数目，或给出一个范围，如20 000~30 000 美元，而不是简单地说“大概 25 000 美元”。随着项目的进行、项目经理的认识不断加深，预算可能也会跟着上涨，但有时候也会出现章程里没说明预算，到后来才对项目进行深度调查，估计项目的预算并决定项目还要不要继续进行。

赞助人批给珍妮丝的项目预算是 45 000~65 000 美元，因为还没有对项目做仔细的调查研究，所以珍妮丝很担心预算会不够。赞助人说这个预算范围是执行委员会给出的，他们都有丰富的 BPI 项目经验，是不会出错的。但是，他也明白珍妮丝的担心，建议她先把分内事做好，如果觉得预算不够，可以写清楚商业计划，申请增加预算。

预算一旦确定了，就要把它作为比较项目进展和分析未来项目的基准线。基准线是通过批准的项目预算、时间安排或其他管理文件的第一版本，这些一旦确定了，要变更就必须通过正规程序，而不能随意改动。最初在文件里的基准线可以用来比较项目进展，为项目提供很多启示。

在大多数情况下都是高层领导决定项目预算然后告知项目经理，但是有时候项目预算是由项目经理决定的。

在我最近的一次 BPI 项目中，客户给项目的预算是 75 000 美元，委任我当项目经理。上任之后我就把这个预算列入了项目范围说明书中潜在制约因素或风险里。赞助人对我这个做法很是震惊，因为这个数字是之前的一个相似但规模较小的 BPI 项目的提议资金，他不确定项目能否得到更多的资金。我向他解释，项目还处于初步计划阶段，我们对项目还没有足够的了解，根本决定不了这个预算是不是足够，所以我才把它列进了潜在制约因素里，这样我才可以对怎么成功完成项目有更清楚的认识。当然，我会尽力把项目花费资金控制在这个范围里，但是，赞助人也要知道这个预算并不是百分百确定足够的，它可能影响项目开展的范围。

在理想情况下，应该对项目进行深入了解和借鉴以往类似项目的最后使用资金之后，才能给出项目的预算数目。项目经理也通常会在这时候发挥专业特长。但是如果项目经理没参与项目预算的决定，他就要向赞助人问清楚这个数目是怎么来的。然后，他还要根据现有的项目描述和以往经验，估计项目花费，看看预算是不是足够。

图 2.9 对给出的项目章程例子中的各个部分进行预算估计，包括与相关方的聚会（3 000 美元）、外包公司帮助文档化和参与设计新流程（5 000 美元），但是这些并不是项目的全部支出，项目过程中不可避免地会遇到各种问题，这些也需要有资金的支持才能解决。当然，随着项目范围的确定，在额外支出方面也要有所决定。

项目支出	
预期支出项目	**预期支出**
与相关方聚会	3 000 美元
外包公司帮助文档化和参与设计新流程	5 000 美元

图 2.9　项目范围说明书详解——项目支出预算

就算是给出的预算数目是最终版本，项目经理也要抽出时间对项目的支出进行估计，这是项目管理的最佳实践！只有这样才能在项目需要更多资金时据理力争，或根据预算适当缩小项目规模。

在 BPI 项日的初步计划阶段，项目经理要考虑以下内容对于项目来说是不是必要的：

- 执行项目任务时对外包公司的需求。
- 由于公司缺少甚至没有 BPI 项目的专业知识人员而寻求外部支持。
- 调查或面谈流程使用者的专业服务。
- 为了更好地开展或管理项目而进行的技术或工具方面的培训。
- 项目成果所要求的培训（新技术、新流程的使用）。
- 图形化当前流程和设计新流程的文档。
- 为了接触关键相关方、收集必要数据或召开团队会议而长途跋涉。

如果项目经理认为上面所列出的内容是必要的，他就要把这些内容随时更新进项目章程中。之后我们会详细讨论估算项目预算的方法。

进度安排

项目的进度安排包括任务内容、开始和结束日期、完成任务所用资源和项目里程碑。进度安排也像预算一样，应该成为基准线，好让项目的进度有所参照。

项目经理要记住这些文件都是项目进度的体现，应随着项目的推进而不断更新。但是项目章程应该是确定下来的，除非是特殊情况，否则都不能对其进行改动。

除非项目经理在已决定的项目结束时间前有充足的时间开发一份高层级的进度安排，否则他要把结束时间写进制约因素，或者在项目假设中写上可以适当延长项目的时间。要不然在项目假设中写“完成项目的时间充足”，或者在制约因素中写上“项目的时间是个潜在风险，项目可能晚于预期时间完成”。

除非真的有需要写出一份具体时间安排，比如说为了合同或满足法律法规的要求，否则项目经理可以在项目的进度安排上进行协商，毕竟商业计划中也有此类内容。我们会在第 3 章中详细讨论。

项目经理会利用项目范围说明书中的项目描述和成果中所说的高级别任务，还有项目章程中的里程碑事件来制定项目进度安排。最好的方式当然是项目经理和团队成员合作制定。但是有时候在初步计划阶段团队成员还未确定，因此项目经理就要靠自己了。项目经理也可以找同事（或者可能成为团队成员的员工）帮忙，请他们提供想法和反馈。

图 2.10 是根据之前提过的可下载的项目章程和范围说明书而制定的一个大纲格式的项目进度安排。

在项目团队第一次讨论项目的时候（也就是项目开工会——图 2.10 中的

主任务 VII)，这张进度安排就会变得更具体，每个主任务下都会增加次任务。这时候，进度安排上还会有项目的依靠资源、每个任务的资源分配、项目的结束时间和主要里程碑。

I 项目开始（20××年1月）
II. 项目章程完成
III. 撰写项目范围说明书
IV. 制定初步预算和进度安排
V. 思考项目的主要风险
VI. 选择项目团队成员
VII. 项目开工会
VIII.制定预算和进度安排（基准线）
IX. 与相关方谈话/收集数据
X. 审视现有的培训供应商合同
XI. 记录当前流程
XII. 相关方对于当前流程的反馈（确保准确性）
XIII. 调查培训供应商
XIV. 确定当前流程的归档（根据收到的反馈）
XV. 设计"可能"流程
XVI. 估计培训需要
XVII. 相关方对"可能"流程的反馈
XVIII. 选定"未来"流程
XIX. 测试"未来"流程
XX. 试行培训程序
XXI. 推广最终流程
XXII. 归纳学到的经验
XXIII. 评估新流程

图2.10 大纲式的初步进度安排

高层级的风险识别

识别 BPI 项目的风险对于项目管理来说很重要，能让项目经理准备好应对影响整个项目成功的各种风险。在公司中开展的 BPI 项目可能有一些共同的风险。

艾伦是一家中型制药公司的项目经理，他被选中领导新的项目来审视和改进现有的新产品上市的流程。他根据以往的经验，马上把以下内容列入了风险栏目里：

- 食品药品监督管理局（FDA）——符合 FDA 的要求和条例等。
- 预算——这家公司几乎每个项目都短缺资金。
- 时间安排——这家公司为了跟上竞争，给每个项目的期限都非常紧迫。
- 资源——最近公司裁员，项目人手可能不够。

虽然有些风险还是要他与团队成员一起应对，如资金短缺和时间紧迫等，但是 FDA 方面已不用担心，因为他之前就已经知道，通过给项目团队成员进行 FDA 的条例理解培训能有效应对 FDA 的风险。同时，他还任命了一名资深的团队成员与 FDA 进行沟通，如有问题也能指望高层领导的帮忙。

表 2.6 提供了一些问题示例帮助项目经理测定风险影响程序，也有一些可能的回答，以及这些回答的风险影响。

表 2.6　测定 BPI 项目风险的提问问题

要考虑的问题	可能的回答	风险影响程度		
		低	中	高
公司已成功完成多少个 BPI 项目了?	过去 10 年开展了 15 个 BPI 项目，只有 5 个成功了			×
相关方在之前的 BPI 项目过程中参与度怎么样?	在初步阶段热情参与，但是随着项目的进行越来越难保持这种热情		×	
之前的 BPI 项目复杂程度如何?	不算复杂（但是现在的项目将是高复杂度的）			×
团队成员之前有过 BPI 项目的经验吗?	经验丰富，每个成员至少有 3 年的经验	×		
领导层中有懂流程管理专业知识的吗?	没有或者非常少			×

我们来仔细看看其中一些问题和回答。如果之前的 BPI 项目复杂程度不高，但是现在要开展的项目复杂度高的话，就会增加风险。我们也可以假设

该公司缺少高复杂度的 BPI 项目的专家。如果我是项目经理，我会把这些归为高风险，但是我会深入了解有没有在其他公司经历过高复杂度的 BPI 项目的人。如果发现团队中大部分成员或相关方都有过这种经历，我会把它降低为中度风险。但是我不会考虑把它作为低风险，因为这家公司毕竟和其他公司还是有区别的——公司文化，风险的容忍度等都有不同。尽管团队成员在其他公司有参与高复杂度的项目经验，毕竟不是在这家公司。

我们再来看看这个问题：领导层中有懂流程管理专业知识的吗？领导支持是影响 BPI 项目成功与否的关键。如果领导层缺少流程管理的专业知识，那么这就会给项目的开展带来高风险。如果我是项目经理，我会担心高层领导是否真的理解了开展和领导 BPI 项目需要什么，也会担心我是否能获得需要的支持。

通过仔细思考这些问题后，项目经理就能做好更充足的准备来应对风险。理解前面会遇到什么之后，制订计划、管理风险就不难了。但是很可惜，项目经理通常都直接跳到怎么使项目完成，没有在理解需要处理什么问题上下功夫，也不能在当前 BPI 项目开始前规避所增加的风险。

让我们进一步看看本章提过的人力资源部付款流程的例子。图 2.11 列出了基于与赞助人的谈话、已知信息、潜在制约因素和以往经验之后得出的潜在风险。

例子：潜在的项目风险——初步列表

类别：资源相关

- 财务部门的支持：要兼顾其他两个项目，可能影响对本项目的支持。
- 人力资源部员工的支持：年度审核可能影响对项目的参与和贡献。

类别：进度相关

- 完成提议的时间紧迫。

类别：其他

- 流程正式文档化后发现存在其他问题（从而影响预算和时间安排）。
- 供应商的不满意可能不仅仅是在付款方面（因而会对整个项目造成影响）。

图 2.11　项目的潜在风险

这些风险在之前提过的可下载的项目范围说明书中都能找到。当然，项目正式开始之后还会出现其他风险需要识别。第 3 章会详细讨论风险规划。

▶ 项目经理要重点考虑的问题

BPI 项目经理会遇到的大挑战就是怎样高效地与相关方进行沟通，让他们参与项目。除此之外，在变革项目向前推进的同时保持业务正常进行，也会经常遇到挑战。因为公司的业务不可能因为要对流程进行评估和改进就完全暂停。在第 1 章我们简要介绍过项目经理要掌握的一些关键技能和软技能，其中领导力技能对 BPI 项目至关重要。

艾莉森在过去 5 年里都在领导一些复杂程度极高的 BPI 项目。在这些年里，她学到了必须让公司上下各个部门的人参与项目，从而增加项目的“黏力”。通过紧密地建立起人际关系，她与相关方共享项目信息，测试和利用新流程，帮助相关方接受和拥抱变化，并支持项目。现在，她领导的 BPI 项目不愁相关方不参与，因为大家都信任她！

建立人际关系的能力在帮助项目经理有效管理 BPI 项目的同时，也能达到以下效果：

- 获得资深领导或高层领导的支持。
- 相关方乐于提供资料，积极响应调查，在设计未来流程的时候积极发表意见。
- 相关方在对新流程的设计和评估上能发表真实想法，什么行什么不行。
- 把相关方从项目的 BPI 反对者转变为主动支持者。
- 通过让别人执行和完成符合项目目标的任务，使这些人参与到项目中来。

在流程改进中，与专业知识相比，让参与项目的人看到项目有成功的希望更为重要，这样他们才能心甘情愿地为项目贡献力量，不惧变革，而是拥抱变革。

大卫还记得他第一次参与 BPI 项目的经历，他是项目团队成员，项目的目的是让新的财务管理体系能顺利实行。就是在这个项目中，他知道了一个优秀的项目经理对项目来说是多么重要。当时财务部门沿用旧体系已超过 10 年，而新的体系与旧体系又有很大不同，完全改变了收款和付款的流程，这就要求他们对员工进行强化培训，确保员工可以适应和使用新流程。当项目经理被员工问到项目的时间安排和他们要接受何种培训的时候，项目经理只是回答他们要“调整自己”来适应项目。大卫知道这下项目糟了，相关方明显不高兴了！

我们之前也提过，就算项目得到了领导层的批准，有了执行上的赞助人，项目也开始往前推进，这并不意味着员工（相关方）会接受这个项目。项目经理必须向相关方“推销”这个项目，这要求项目经理自己要对项目有相当的了解，并能够让员工也了解项目，从而成为支持者。在大卫的故事中，项目经理该怎样向相关方推销，也就是让财务部门员工也参与项目呢？我们可以考虑下面的步骤，使相关方增加对项目的适应程度：

- 与整个财务部门开会，讨论新财务体系对业务的帮助，尤其是它能怎样帮助员工改进完成工作的方式（如缩短应收款和应付款的时间）。
- 与一个或几个相关方谈话，回答他们在群体会议上不好意思提出的问题。
- 突出转到新系统的过渡时间，进行培训确保新系统使用无忧。

很明显，项目经理引导讨论的能力对于完成任务来说很重要，同时还要理解变革对人的影响。第 3、8 和 12 章会重点关注变革管理以及变革中人的方面。项目经理只有在这些重点方面下足功夫，项目才能成功。

表 2.7 列出了成功管理 BPI 项目的各种关键技能或软技能。具有表中领导力技能的项目经理更可能领导项目不断成功，因为他们更关注 BPI 项目人的方面，而不仅仅是完成项目。这种领导力会增进人们的相互理解，也为项目团队做了示范，让他们知道怎么更好地与别人进行沟通。

表 2.7　BPI 项目经理需要掌握的关键技能或软技能

技　能	作　用
影响他人	影响他人是一项重要的沟通技能，因为项目经理总是跨部门工作的，项目团队的成员并不直接受他管理。项目经理若能影响他人，他就能为项目赢得更多支持
团队建设	团队建设能让所有人团结高效地工作，有助于达成项目目标
团队领导力	优秀的团队领导会带领团队通过四个阶段的团队开发，确保团队成员能凝聚成一个整体来实现目标。他们会花时间互相了解和理解与他人合作的方式。第 3 章会详细谈到团队开发所要经历的四个阶段，重点关注 BPI 项目经理要承担的责任
协商/冲突管理	每个项目团队与相关方之间都会有冲突，通过协商来化解冲突对于项目的顺利进行很关键。虽然并没有具体数字，但 BPI 项目常常会有更多相关方间的冲突，尤其是当相关方对项目没有归属感，或感觉对自己不利，以及担心变化时
引导	项目经理要引导项目成员在各种会议（包括新流程设计会议）上积极发言，也要主动与团队成员和相关方进行谈话。这种引导技能有助于解决冲突
沟通/展示	在公司内进行自上而下、自下而上和横向的沟通能为项目赢得更多的支持，吸纳更多的拥护者。这包括各种易于被他人接受的方式来沟通和展示的能力。第 4 章和第 8 章会详细讨论项目中的沟通问题
决策	BPI 项目在进行过程中会遇到各种各样的决策，有些是高层领导做的，有些是项目经理做的，有些则需要项目成员和相关方的参与。在团队协作环境下推动决策的能力能使相关方认可决策和做出承诺，为项目排除疑难并推动项目前进
驾驭政治（Navigating Politics）	驾驭政治对于任何项目来说都是必需的，对于管理 BPI 项目更为重要。有时项目经理可能发现有些相关方围绕项目经理和赞助人设绊或绕来绕去，因为他们不想参与项目，他们可能拒绝提供调查的反馈或使用新流程。因为政治也包括理解谁是公司中有影响力的人和谁能成事，项目经理理解和协商组织里的政治能力显著提高了项目参与和决策促成的效率

第 2 章的重点是为启动 BPI 项目而开发项目的初步计划。如果这些早期规划符合项目目标和相关方期望的话，它就能大大增加项目成功的概率。但是我们要知道，项目赞助人和相关方并不总是对项目充满热情和支持的，可

能项目是上级甚至董事会扔来的，认为赞助项目就是指派给他人就行了。所以，让赞助人和相关方参与就十分重要了，需要他们以各种形式支持项目，例如为项目清除障碍，保证项目的资源，并为项目寻找资金支持。

本章也提到了如何用好项目章程和范围说明书，这些对于项目经理来说都是最熟悉不过的了。但是，从全新的角度重新审视这些文件是很有意义的，希望这能给读者们带来一点启示，所提供的最佳实践能帮到读者们的项目。

当然，BPI 项目经理须有较强的软技能或关键技能。虽然管理项目是需要技术能力的，但作者认为，更重要的还是那些有助于建立关系、让相关方参与项目和与组织里不同角色的个人进行沟通的软技能。

第3章

BPI的项目管理方法

和其他项目一样，使用系统化的方法能够增加 BPI 项目的成功机会。第 3 章会重点讨论完成 BPI 项目的六步法，还有进一步对项目进行计划的各种建议。之后的章节会仔细分析每个步骤，让读者能熟练地运用六步法来进行 BPI 项目。

项目进行到这里还处于定义和计划阶段，这个阶段花的时间越多，之后花在解决问题上的时间就越少。

▶ 六步法概览

图 3.1 之前在第 1 章介绍过，这个就是管理 BPI 项目的六步法。

项目经理在按照这六步法来开展和控制项目的同时，也要确保项目团队里有在多个方面都有涉猎的综合性人才，包括：

- 画流程图，分析和设计流程方面的技能。
- 调查，访谈和团队引导的技能。

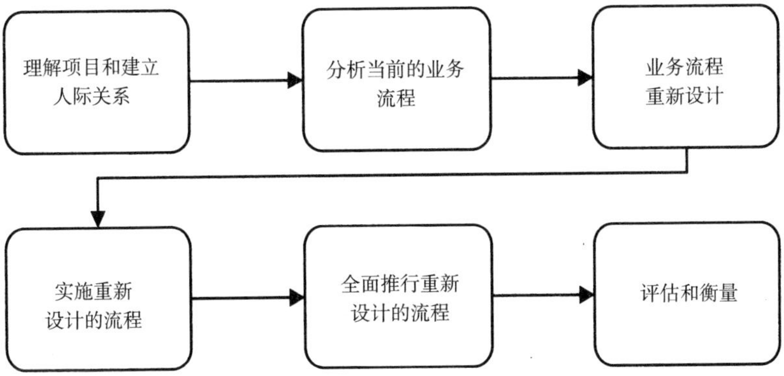

图 3.1 管理 BPI 项目的六步法

- 沟通和变革管理。
- 确保每个受 BPI 项目影响的部门会公平地介入。
- 在实施 BPI 项目过程中能提供培训的专家。

要记住，沟通和变革管理贯穿整个六步法，沟通和变革管理计划应该在项目早期就制订好，并随着项目的进行不断改进。

六步法为项目经理提供了更切实可行的 BPI 项目管理方法。虽然很多项目经理都想做甩手掌柜，但是在 BPI 项目里这是不可能的，项目经理若没有对项目进行时常监控和关注细节，项目就很可能偏离原来的目标。表 3.1 对每个阶段进行了简单介绍。

表 3.1 管理 BPI 项目六步法简介

步　骤	简单介绍
步骤一：理解项目和建立人际关系	在步骤一里要完成对项目计划的制订、微调和最终确定，还要正确挑选项目团队成员，以及开始建立人际关系
步骤二：分析当前的业务流程	步骤二关注的是需要改进的当前流程，可能之前已经有了流程文档，这时就需要重新审视一遍以求精确。若还没有当前文档，就要完成当前流程文档
步骤三：业务流程重新设计	步骤三关注的是流程的“可能”方案，设计各种可能的流程方案

续表

步　骤	简单介绍
步骤四：实施重新设计的流程	步骤四是设计出“未来”流程用于测试，需要一些“可能”方案，并开发出一个“未来”流程来满足 BPI 项目的所有目标。在向全公司推广重新设计的流程之前要借助试验团队对“未来”流程进行测试
步骤五：全面推行重新设计的流程	步骤五是全公司推广最终确定的流程，要准备好项目培训和新流程的记录文件。若公司规模较大，则新流程还要分阶段推广
步骤六：评估和衡量	步骤六是对最终确定的新流程进行评估和衡量：有没有达到预期目标？项目的效率怎么样？相关方在使用新流程吗？

图 3.1 和表 3.1 中的内容并不是什么惊天动地的秘密，它们就是管理好 BPI 项目必须做的事。作者们在他们领导的每个 BPI 项目里都运用了这六步法。六步法让项目的初始准备和计划变得有效率。与团队成员和相关方共享交流这六个步骤和每个步骤要做的事，能增强他们对项目的信心，并提供了完成项目的架构。

初步识别关键相关方

项目经理要在项目早期就识别出项目的关键相关方，项目赞助人、团队成员和受到项目影响的部门当然包括在内。在第 2 章提过的项目章程的例子中，项目涉及人力资源部处理发票的流程。在项目章程中，赞助人确定了两组关键相关方，就是应付会计部和人力资源部。但是，项目经理通常就在这儿停住了，没有继续深入考虑其他会受到项目影响的相关方，这是比较遗憾的一点。花时间找出所有潜在的相关方的意义在于，它能让项目经理得到必要的信息，以及获得相关方对 BPI 项目的认可和承诺。

杰克逊接到了一个 BPI 项目的任务，要改进公司活动策划团队选择活动来展示产品的流程。他在很早之间就意识到公司的活动策划部门会是关键相关方，但是他并没有就此打住，而是继续发掘，发现了公司的市场和销售部门也与项目密不可分。因此，他必须把产品的市场定位和销售也纳入考虑，而不能单独从活动策划的角度考虑该怎么选择活动。杰克逊知道，随着项目的进行，会有更多的相关方出现。

可以借助图 3.2 中的清单来考虑谁会是项目的相关方。

确定 BPI 项目相关方

考虑以下问题：	相关方（一组或一个都可）：
项目数据需要谁提供？	
改进流程会给谁带来最大好处？	
改进流程会对谁造成不好的影响？	
根据项目计划，谁需要改变工作方式？	
流程改进后是谁要适应并使用？	

图 3.2　确定 BPI 项目相关方的问题

这些问题也可以帮助项目经理确定相关方是项目的支持者还是反对者。支持者会很激动，他们会看到项目带来的好处；反对者则可能四处宣扬他们对项目的不支持，或是偷偷在项目过程中搞破坏。反对得越是明显的人，就越容易处理，反而是对那些不随便表达意见的人项目经理要多加注意。

一个相关方评估示例（见图 3.3）可以帮助项目经理确定潜在的反对者，以便思考怎么应对。

确认的相关方	项目会怎么影响他们?	他们对项目成功与否的影响程度（低，中，高）	他们为了适应改变要付出的努力程度（低、中、高）
人力资源部	他们要协助设计新流程和记录当前流程；要改变处理培训公司账单的方式	高——他们是当前流程的设计者，也是新流程的使用者	中——流程的改变并不是颠覆性的，但部门员工已使用当前的流程很长时间了； 人力资源部正在进行年度审核，可能影响员工的参与度
财务会计部门	他们要协助设计新流程和记录当前流程	高——必须在新流程如何运行上与他们达成共识	低——他们对项目本来就充满期待，因为延迟付款会拖累他们部门的工作进度； 其他两个项目也需要财务会计部门的支持，这可能影响本项目

图 3.3　相关方初步评估示例

图 3.3 举出了两个关键相关方，这在之前的章节也作为例子出现过，就是人力资源部和财务会计部门，两者都对 BPI 项目有举足轻重的影响，在项目早期就该把它们列入相关方中。但这个例子中所列出的信息只是初步信息，在项目经理和他的团队与相关方谈话之后，会有更多信息添加进来，原来的信息也可能发生变动。假设通常是基于：

- 参与过公司内开展的其他 BPI 项目的经历。
- 与其他同时进行的活动比起来，这个 BPI 项目的时间可控。
- 相关方的工作经验（相关方在公司内工作的时间越长，他们就越倾向于安于现状，不愿改变）。

根据项目经理本身的专业知识做出假设是完全可以接受的，但是要记住，必须通过与相关方的谈话和对 BPI 项目的深入探讨来检验这些设想的真实性。

在图 3.3 举出的例子中，我们可以假设人力资源部会不支持这种变动，因为他们在很久之前就开始使用当前的流程了。财务部门可能支持这个项目，因为延迟付款会拖累他们部门的工作进度。但是，在与相关方谈话之后，这两个设想可能都被证明并不正确。

要记得，相关方是项目的关键，他们直接影响项目的成功与否。成功完成项目的项目经理都是花时间详细了解相关方，让他们参与和成为项目的支持者。第 4 章会详细谈及怎么处理项目的支持者和反对者，其中包括在对相关方有更进一步的了解后，要对相关方评估表进行更新。

保罗从事流程改进这一工作已经超过 15 年了，他很明白，要想使项目获得成功，必须从一开始就对相关方有所了解，并在项目实施过程中和他们保持联系。他说："在我领导第一个 BPI 项目的时候，我以为有了一个高层领导当赞助人就万事大吉了。我也听到过有些相关方抱怨说他们并不是很开心，开展项目并不是个好主意，但这些都被我忽略了。毕竟这个项目是公司的首席技术官发起的，要成功完成应该不难。我真是错得离谱。抱怨项目的人越来越多，到最后几乎所有相关方都不支持这个项目，我也没法让他们为项目贡献力量和实施变更，所以项目失败了。他们从一开始就反对。董事会责怪首席技术官，而他又把火撒在我身上。我得到了教训！项目要成功，了解相关方是必需的，无论赞助人多么位高权重。”

选择相关方支持团队

相关方支持团队在项目经理和相关方之间搭起了桥梁，也为项目经理与数量庞大的相关方提供了沟通渠道。

相关方支持团队的组成成员必须多样化，而不能只是领导层的人，每个会受到项目影响（无论是好还是坏）的部门或业务单位都要有自己的代表。团队成员必须是项目的支持者，这样项目经理才能从他们那里知道项目对公司或他们的同事有什么积极影响。

黛娜最近很是忧心，因为她领导的 BPI 项目涉及 7 个部门、超过 100 名员工。另一位项目经理建议她挑选几个相关方组成相关方支持团队，这样可以把信息传递给其他相关方，也能把相关方的反馈传递给项目团队。这下黛娜就不用与这么多相关方沟通了，有了相关方支持团队的帮忙，她的工作一下子轻松了很多。

作为最佳实践，项目经理必须向相关方支持团队说明他们的责任，其中包括：

- 负责特定的相关方（如市场部门的代表负责向其他成员转达市场部门员工的意见）。
- 代表所有相关方参加相关方会议。
- 当项目团队需要听取专业意见时，他们要参与项目团队的会议。
- 利用正常的沟通方式向其他相关方传递项目信息和进度。

- 向项目经理和项目团队反馈其他相关方的意见。
- 帮助项目经理宣传项目会给个人带来的积极影响，把他们从反对者转化为支持者。

相关方团队能帮助项目经理把项目的反对者转化为支持者，或者让他们保持中立态度而不是阻挠项目的进行。通过参加项目团队会议和相关方会议，他们能最大限度地发挥出应有的作用。

开发项目初步需要的资源

在项目早期，项目经理就要与赞助人一起讨论，确定项目需要些什么资源。本章也提过项目团队需要的一些具体技能，包括设计流程、推动项目进行、沟通和变革管理技能等。项目经理要在公司里寻找拥有这些技能的人才，其中有些技能是比较重要的，如分析当前流程的技能，它在项目的开始阶段就比设计新流程的技能重要得多。

项目经理若提前考虑项目何时需要技能且需要的是哪种技能，他就能对资源做出合理配置。提前确定了什么时候需要资源，在需要的时候找人帮忙，这比从项目一开始就召集所有人要容易得多。举个例子，项目经理在项目一开始就向赞助人说明他需要 5 个拥有特殊技能的团队成员，项目正式开始后还要另外 5 个，这比从一开始就召集 10 个人但是让他们坐在那儿没事干要好得多。

我们回想一下第 2 章的项目例子（可在下载的项目章程和范围说明书里找到），要组建初期的项目团队，项目经理会要求：

- 人力资源部和财务会计部门的员工加入项目团队（两者都是理解和使用当前流程的专项专家）。
- 人力资源部和财务会计部门的管理团队（主管代表可以帮助解决团队成员间的矛盾，让部门员工全身心投入项目中，也可以帮助决策）。
- 有流程记录和分析的专业知识的成员。可能拥有这些知识的人都忙于参与其他项目，但是项目经理必须保证至少有一位这方面的专家能和上述的两个部门还有其他主管代表一起合作，充当项目的领头人角色。

- 有流程改进专业知识的成员。
- 能够开发和实施对培训供应商进行调查的成员。在这个例子里，项目经理负责调查供应商、收集更多信息，项目经理希望团队里有人可以管理这个过程。
- 有变革管理的能力和能在项目早期以及整个过程中帮助建立人际关系的成员。

当然项目也需要其他成员的参与，但是这些人在项目初始阶段是最重要的。项目经理最好能把项目的核心成员数量保持在 5～8 人，人太多不便于管理。在他们下面还要设置子团队领导来协助管理庞大的项目队伍。

有两个团队对 BPI 项目来说非常重要。

- **流程咨询团队**：团队成员是各个关联部门或业务单位的代表。这些人既可以组成项目的试验团队，也可以为项目经理和其他团队成员提供信息，向他们解释清楚项目某一方面的改变是怎么影响自己部门的。流程咨询团队可以不必参加项目的日常会议，但若是会议涉及他们的利益或需要他们的信息，就要邀请他们来参加。
- **检查点评审团队**：该团队成员在 BPI 项目的检查点，也就是每次在决定要不要继续进行的时候为决策提供建议。该团队成员与参与日常会议的团队成员分开，帮助检验项目质量，协助项目沟通和指出项目风险。他们也给予项目经理总体的指导。

这两个团队应该在项目初步阶段就建立起来，他们要参与项目的整个过程。

项目资源不仅是人力资源，还包括设备、工具、材料、物资和外部服务（项目顾问等）等资源。在寻找资源的时候，切记把下面几点纳入考虑：

- 需要的资源。
- 估计成本。
- 资源可获得性。
- 资源的质量。

人力资源是贯穿项目始终的。在项目的早期资源计划阶段，项目团队就要确定需要的资源，比如有些拥有特定专业知识的人只有在步骤三的头两个星期才需要。

组建最好的项目团队

理想的项目团队成员应包括拥有不同技能、经验、资格认证和专业领域的人才。

> 虽然与我们熟悉的同事和朋友共事比较容易，但是根据我 20 多年的经验，项目团队成员最好挑选那些不会完全同意附和项目经理的人。项目团队需要多样性，团队成员要有不同的技能、专业知识、各方面的经验和想法，这样才能大大增加 BPI 项目成功的可能性。

项目团队成员不一定都是项目的支持者。虽然这些反对者很棘手，但通常并非无理，恰恰也是这些人能为项目经理提供不同视角来审视项目，让项目经理思考怎么改进项目来获取更多的支持。

知道项目需要什么技能

要根据项目章程、范围说明书和项目初步进度安排来确定项目需要什么技能。如果项目需要引导访谈顺利进行，以便于记录整理当前流程，那么项目经理就要在公司内外寻找有此项能力的人加入团队。如果项目需要与外部培训公司沟通获取合同信息，那么就要有合同谈判方面的专家加入项目团队并与公司的法律部门密切合作。

项目初步进度安排列出了项目的主要任务，可以为项目团队成员指明大概的前进方向。如果项目中有应用程序开发的任务，那么当然就需要有应用程序员在项目团队里，负责主导应用程序开发的任务。

项目经理不仅要挑选特定的团队成员，还要仔细分配不同的技能等级。举个例子，如果 BPI 项目要收集全公司不同人员的反馈，就要求团队里有能与不同层次的相关方进行沟通的能力的成员，这时项目经理就要请能与公司内不同部门进行良好沟通而且参加过复杂度较高的项目的人帮忙，而不是找那些刚进公司不久什么经验都没有的人。而且如果项目要求的是虚拟化工作，那么项目经理就要找那些真正参与过虚拟化 BPI 项目的人。

记住，项目经理对项目所需要的技能、经验和团队成员参与项目的背景了解得越清楚，他所要花费的监管项目团队的精力也就越少，项目成功的可能性就越大。

用责任分配矩阵（Responsibility Assignment Matrix，RAM）来给团队成员分配任务比较合适。RAM 在项目章程中的术语可能是 RACI 网格，其中 R 表示责任者（负责完成任务的人），A 表示协助者（协助完成任务的人），C 表示顾问（提供输入或数据的人，这部分人可能是核心成员或相关方），I 表示通知者（时刻关注任务进度的人，这部分人可能是核心成员或相关方）。网上有很多 RAM 和 RACI 网格的例子，图 3.4 是其中一个。

任　务	团队成员					
	丽　莎	杰　克	乔	萨曼莎	萨　拉	艾莉森
10.0 审查现有合同	A	R	I	C	C	C
11.0 记录当前流程	I	A	A	R	C	C
13.0 调查培训公司	R	A	I	C	C	C

R：责任者　　A：协助者　　C：顾问　　I：通知者

图 3.4　责任分配矩阵例子

图 3.4 是在之前章节讨论过的项目例子的一个 RAM，即人力资源付款流程改进项目。在这个例子中，任务都与高层级的初步进度安排（见图 2.10）相匹配。我们可以看到，杰克负责审查现有合同。丽莎负责协助他，萨曼莎，

萨拉和艾莉森负责给他提供信息。杰克完成任务后要告知乔，乔就会把这个信息用于下个任务。

子小组的领导者也可以用 RAM 来分配子任务（主要任务的各个部分）。RAM 让项目经理能对每个成员的项目任务分配一目了然，项目经理可以一眼看出谁的任务要多于其他人，如果完成任务延迟则可能影响项目的进行。

▶ 项目开工会

项目开工会是让项目走上正轨的重要一步，这是项目成员相聚在一起联络感情和仔细了解项目的第一次机会，同时也是优化和开发项目计划内容的开始。

这次会议要达成以下几个目标：

- 项目成员在相互分享信息和各种活动中互相了解。
- 告诉项目成员项目信息，包括项目章程和与公司长期目标相符合的项目部分。
- 确定成员角色，分配成员任务，包括成员之间如何调节任务量和相互帮助。
- 为 BPI 项目的任务建立共同目标和通用方法。
- 设计流程以促进项目成员相互合作、解决问题和矛盾以及做出决策。
- 建立一起工作的团队准则。

表 3.2 列出了适合建立团队准则的一些场合，使得项目进行更加顺利。

表 3.2　团队准则的使用场合

建立团队准则的场合	与项目成员共同制定团队准则时要考虑的问题
团队的内部沟通（语音信箱、电子邮件、实时消息、电话会议、视频会议、	• 回复其他成员询问的时间 • 使用特定通信方式的场合（如需要快速回答的问题就通过实时消息，要解决问题时就开视频会议）

续表

建立团队准则的场合	与项目成员共同制定团队准则时要考虑的问题
项目门户网站等的使用）	• 使用各种沟通途径的最佳实践 • 沟通时机
团队的外部沟通	• 要与相关方和其他员工分享什么信息 • 什么时候告知他们信息 • 通过什么方式告知他们这些信息 • 谁负责传递信息，怎么保证传递信息的连贯性
团队会议	• 参加团队会议的要求 • 出勤状况要求 • 在交流想法和建议时，尊重他人意见 • 开会时个人要负责的部分（会议记录、时间控制和议程制定等）
决策、解决问题和团队冲突	• 制定决策、解决问题和内部团队冲突的程序 • 建立团队共识 • 升级解决问题的方法
任务和文件的交接	• 交接质量的要求 • 预留充足时间来了解他人传递的信息 • 建立检查和评估项目文件的程序 • 用项目门户网站来储存和分享信息
项目进度报告	• 团队状态报告的期望 • 适当的报告程序 • 上交报告的时机

赞助人和所有项目成员都必须参加项目开工会。如果有些成员是在之后才参加项目的（如开始培训的时候），也让他们参加开工会，宁早勿迟地参与项目。

在会议中，项目经理要提出一些重要的问题，来确保大家对 BPI 项目和怎么完成项目都有大概的了解：

- 项目成员对自己的任务是否了解？
- 项目成员准备怎么达成项目目标？他们要完成什么任务？

- 项目成员怎么知道自己已经成功完成任务了?
- 要达成项目目标，他们要使用什么技能、工具或资源?
- 项目任务的优先顺序是什么?

非现场会议的情形

虽然现有已经有许多先进的设备让我们可以随时随地虚拟开会，但是项目开工会还是应该按照传统的方式——到场面对面。这种面对面的开会方式能够促进项目成员之间建立深厚的感情，让他们团结一心，实现共同目标。

同时，面对面的会议也能提升到场成员的参与度。项目开工会要求所有成员都要积极参与，共同商量怎么制订计划、决定项目的流程和程序，让大家能用最佳实践和团结协作的方法。项目成员的参与度越高，他们对项目的认可和承诺也就越多。

在与赞助人讨论了项目及其预算之后，杰茜卡问赞助人是否愿意再拨出资金给要持续两天的项目现场会议。她的理由是，如果项目成员有时间能够互相了解，他们就能更快地凝聚成一支团队，也就意味着他们能更快地完成工作。杰茜卡提醒赞助人，上一个项目之所以启动那么困难，就是因为项目成员之间不能有效地合作。如果开的是虚拟会议，成员会很容易分心，就不能高效地做出决策甚至什么决策都做不出来。考虑到项目时间紧迫，而且她之前经历的项目情况，赞助人同意了她召开面对面的开工会的请求。

面对面开工会可以对项目产生影响，甚至直接影响项目的成败。这种方式开会的好处有：

- 项目成员之间建立更深厚的感情，让他们更快地凝聚成一支团队。
- 项目成员更容易确定如何完成项目目标和怎么高效合作，这就意味着他们能更快开展工作。

- 确保大家都对项目有一定的了解，如项目的任务、范围、目标及怎样与公司的长期目标相符合等。一起开会的时候，项目成员更容易提出问题，项目经理也更容易知道还有哪个成员对项目不甚了解。

制定议程

项目经理可以根据成员的建议制定开工会议程。首次会议至少要持续半天，较复杂的项目则需要更长的时间。项目经理应该给点时间让项目成员互相了解，如在会议开始前一晚召集项目成员共进晚餐及参加一些让他们增进了解的活动。第二天的会议就可以把重点放在项目本身，当然还可以增加一些其他活动。

项目经理可以根据图 3.5 的检查清单来确保会议覆盖了一些重要议题。

主　题		是否需要成员决策
□	BPI 项目介绍：项目章程、初步范围说明书、项目目标、关键相关方及怎样与公司的长期战略相符合	否
□	项目团队要承担的角色和责任	是
□	制定项目的准则和基本原则；制定解决问题、解决冲突、做出决策、相互交流工作和责任及团队之间如何合作的程序	是
□	团队建设活动	否
□	团队的项目培训	否
□	项目阶段性会议的进度安排	是
□	成员提问环节	否

图 3.5　项目开工会的重要主题检查表

项目经理最好能与部分成员一起制定项目会议议程，这不仅表明权力下移，还可以吸收不同意见，让成员对会议更感兴趣。要记住，给他们机会参与决策和贡献自己的力量，他们就会奋不顾身地投入项目中。

可下载的文件中提供了项目会议议程的例子。在这个例子中，项目成员在会议的前一晚就参加了聚会，对彼此有一定的了解；第二天会议的主题就是项目及项目团队的建设；第三天早上项目成员就在各自的办公室开始了工作。这只是许多例子中的一个，项目经理可用它来引导项目的开工会。

为保证后续 BPI 项目团队会议符合目标，参考下面的最佳实践：

- 如有需要，每隔两个月就要重温一次项目开工会时制定的准则和基本原则，避免项目偏离原来的目标。
- 对于持续时间长或复杂度高的项目，每隔两个月就要确认项目成员对项目目标依旧十分清楚。
- 制定所有项目会议的具体议程，包括主题、讨论时间及需要做出的决策等。
- 把做出的决策和未解决的问题等写进会议记录和待办事项（也称为行动日志）中。
- 用“停车场”（Parking Lot）清单来记录参会人员提出的议程中没有的事项，等到下次会议再做决定、交给小组委员会解决或者会议后再做跟进。
- 会议过程中要回顾上次会议的报告，以明确项目的进度，找出潜在问题。
- 设置计时员，保证会议的顺利进行和议程上的项目都能覆盖到。
- 在会议结束之前可以考虑用轮询（Round Robin）的方法让每个人发表一下自己的意见（轮询也就是让主持人在会议室里走一圈，询问每个成员有没有想要补充的信息）。
- 在会议结束前，根据这次会议的进度确定下次会议的议程草稿。

开展团队建设活动

在团队成立初期就开展团队建设活动有助于项目成员之间培养感情、促进合作和建立对彼此的信任。没有什么比分享个人趣事更能促进友谊了。团队建设活动有很多种，读者们可以在 J.Ross（www.jrosspub.com/wav）网站上找到。这些活动的目的是使性格内向和外向的人都能参与进来互相认识。

项目经理可以在项目一开始就把没有共事过的人两两组成一组，并让他们想出两人之间的四五个共同点。这些共同点不应是他们在同一家公司上班或头发都是棕色的等，而应该是他们去过同一个地方度假、儿子的年龄一样等。完成任务后就换搭档再来一次。另一个可以增进成员间感情的活动是让他们填一张调查表，表上的问题是“你上一次度假去了哪儿？”“你有多少个孩子？”“你在哪个州（或国家）出生？”“你平常最喜欢做什么？”等，统计答案并画出表格，然后让成员们互相介绍，看看上面的答案会是谁回答的。

这些活动并不是只可以用在开工会上，而是可以时不时地开展，特别是成员很长时间不在一起工作之后，要把这些活动纳入日常会议的事项中。项目经理还可以委任一些团队成员来负责开展这些团队建设活动。

团队建设的四个阶段

图 3.6 展示了团队建设的四个阶段，这是布鲁斯·韦恩·塔科曼（Bruce Wayne Tuckman）在 1965 年提出的。

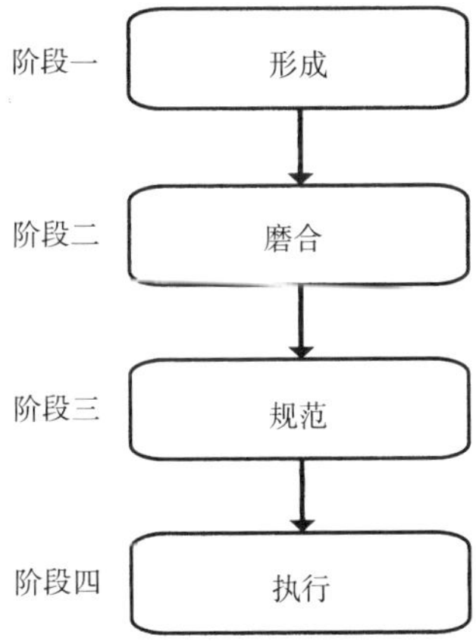

图 3.6　团队建设的四个阶段

这个理论被称为塔克曼团队进化理论（Tuckman's Stages），是在他对团队动态（Team Dynamics）的调查基础上形成的。这个理论时至今日有效，其后有人根据这个理论建立了团队模型，称所有团队都要经过这四个阶段才能达到最高点，即成员凝聚成一个团队，高效地完成任务，而不是各自为政、自扫门前雪。

布鲁斯·韦恩·塔科曼和玛莉·安·詹森（Mary Ann Jensen）在 1977 年提出第五个阶段，即团队完成项目继续进行下一项工作。本书会重点关注前四个阶段，它们会影响 BPI 项目的成败。表 3.3 对每个阶段和项目经理在此阶段的作用进行了简单介绍。

表 3.3 团队建设四个阶段的简介

阶　段	简　介	项目经理的作用
1	这个阶段项目团队刚刚形成，团队成员对彼此还不了解，也不知道自己在项目中该做什么工作	项目经理必须向他们阐明项目目标，为他们指明方向。在这个阶段项目经理要密切关注团队的工作
2	在这个阶段，团队成员努力寻找自己在项目中的定位和权利，大家在不断地磨合，寻找最佳合作方式，因此意见不同也是常有的事	项目经理在这个阶段可以让成员们互相倾听、互相理解并尊重差异。项目经理继续关注团队的进展
3	在这个阶段，团队成员开始明白了如何高效合作，他们学会了如何对待差异和互相倾听，也建立起了相互的信任	项目经理在这个阶段可以不用参与团队的日常工作，因为这时候运作方式已经是团队而不是零散的个人。当然，项目经理也要通过日常会议来进行监督，保证项目不会偏离原来的目标、团队成员集中精力完成任务
4	在这个阶段，项目团队继续保持高效运转，坚定地朝着项目目标前进，齐心协力解决困难，互相扶持	项目经理在这个阶段是项目团队与赞助人之间的桥梁，促进决策的执行，确保项目团队能达到预期目标

项目经理越早帮助项目团队度过前三个阶段，BPI 项目能达成的任务就越多。团队建设活动可以帮助团队顺利度过阶段一。确保在开工会上用了充足的时间制定准则和基本原则，说明处理冲突、管理问题和决策的基本程序，

团队就能顺利通过阶段二。

变更管理框架

对于 BPI 项目来说，变更是家常便饭。只要项目的交付物、时间安排、要求、资源、预算或质量要求等发生变更，项目就要随之而变。如扩展了项目范围（如开发的软件增加库存追踪的功能）可能影响以下方面：

- 时间安排（增加功能和测试软件需要更多时间，项目时间延长）。
- 资源数量（需要额外的资源）。
- 预算（项目需要额外的资金）。

我们假设项目的时间不能延长，但是这项变更必须进行，那么项目就需要有更多资源和资金的支持才可以在规定时间内完成。同时，还可能因为没有充足的时间进行测试导致软件质量低。所以我们可以看到，任何一部分的变更都会对其他部分产生影响。

杰里米是一家健康保险公司的新项目经理。他之前的公司里有 BPI 项目的变更流程，因为领导们知道项目的一部分发生变动，其他部分也会受到影响，在批准一项变更之前，他们会分析变更会对项目产生的积极和消极影响。在新的公司里杰里米却发现，领导在批准变更之前不会对其进行分析，而且项目经理还要在规定的时间和预算内完成项目！

在 BPI 项目的早期，项目经理要和赞助人、关键相关方及项目成员一起合作，制定变更管理的框架来处理变更。很多公司在变更影响项目预算、时间安排和质量时，都会定出一套应变标准，包括可以基于变更的预期影响使用相应的模板或批准流程。

变更的类型

项目经理要判断变更的类型，才能知道它会给 BPI 项目带来积极还是消极影响。从表 3.4 中我们可以看到，项目的复杂度也会影响变更的类型，复杂度越高，变更对项目产生的影响就越大。

表 3.4　项目复杂度带来的影响

项目的复杂度	规模大，复杂度高：会影响几乎所有的公司职能，要求员工的工作方式发生剧烈变化
	规模中等：影响公司的部分职能，要求员工掌握新技能和改变工作方式
	规模小：只影响公司的一两个职能，员工的工作方式产生细微改变

但是，就算项目规模再小，我们也不能轻视变更的影响。即使变更很小，看起来对项目的影响很轻微甚至没有影响，也要提前制定一个正规的应变流程。

第 11 章会讨论项目的变更和人事。BPI 项目管理的一个重要方面就是要处理好相关方对变更的反应，本章主要关注如何制订变更计划，项目经理必须确保所有的项目成员对这个方面都有一定的了解和掌握。这有利于改进项目流程以适应变更，也确保了变更过程中决策的一致性。

吉娜与一家新公司合作领导一个复杂度中等的 BPI 项目。在相关方会议上，公司的一位领导感谢吉娜同意了他的一个变更要求。吉娜很是惊讶，项目团队前一天才开了会，相关方没提到什么变更，她也没收到关于变更的任何书面文件。当天晚些时候她就召集了团队成员开会询问这件事。其中一个团队成员杰弗里提到他已经做出了相应变更，说这也不是什么大事。“只花了 5 分钟。”这时候罗杰突然冒出来说：“所以我的那部分才进行不下去了！”杰弗里只花了 5 分钟做出的变更，却使得罗杰所负责的部分不得不中断，得花整整两天来弥补，完成任务的时间也变得紧迫了。

制订变更管理计划

变更管理流程可以支持所有复杂的 BPI 项目。在批准变更流程时可能产生不同意见，复杂的 BPI 项目获得的赞同会多，简单的项目会少。不论项目复杂与否，项目经理最好能用一套变更管理计划来应对，才不会给项目造成麻烦。

对于相关方提出的每个变更需求，项目经理都要收集表 3.5 的信息，然后再根据表 3.6 对项目进行对比评估。得出的信息就可以用来争取大家对变更的支持。变更需求的模板可以在网站 www.jrosspub.com/wav（以下简称为 J.Ross 网站）上的 WebAddedValue™（WAV）资源下载中心下载。

表 3.5 变更需求要收集的信息

每个变更需求都要收集的信息	例 子
对变更的描述	开发的软件要增加一个功能——库存追踪功能
变更理由（收益）	让供应商可以自己查看库存材料，自动删除已用掉的材料，把库存和供应商联系起来，实现自动下单，不用每月清点一次库存，让库存追踪更方便快捷
若变更没通过会产生什么影响	库存清点还得人工进行，之前的 3 个客户项目都是因为库存清点和下单延迟导致库存不足而失败

表 3.6 变更对 BPI 项目影响的例子（1）

对项目的影响	例子：选项 1 雇用承包商
范围	因为软件要加入另一个功能，所以项目范围会扩大
时间安排	项目完成时间至少要推迟 3.5 周，这些时间要用在收集需求、开展工作和测试新功能等方面
预算	预算会增加 25 000～45 000 美元 软件发布时间的推迟也会导致额外的支出
资源	需要寻找外部合作公司来帮助完成项目，把超出时间保持在 3.5 周以内（超出预算保持在 25 000～45 000 美元）
质量	为了测试新功能，必须改进测试计划，这需要 0.5 天的时间来完成，不会对项目范围、时间安排、预算和资源等产生实质性影响

变更管理计划中有一部分是关于项目经理该不该同意变更需求，这时候可以考虑以下内容：

- 若变动给项目的完成时间和预算带来的影响不超过 3 个星期和 5 000 美元，则项目经理有权同意此项变动；若超出此限度，则需要项目赞助人的同意。
- 项目赞助人负责处理所有有关项目变动的事项。
- 由项目涉及的每个业务单元组成关键相关方团队，负责处理有关项目变动的事项。

无论是哪种情况，项目经理都要与项目团队密切合作，估计变更的影响，并列出其他一些替代选择，以及想出处理变更影响（预算、时间安排、资源和完成质量）的最佳方案。

表 3.6 只是变更的其中一种可能，假设会寻找外部合作公司帮忙完成项目。表 3.7 提供了另一种可能。

表 3.7　变更对 BPI 项目影响的例子（2）

对项目的影响	例子：可能 2　工作在内部完成
范围	因为软件要加入另一个功能，所以项目范围会扩大
时间安排	项目完成时间至少要推迟 9 周，这些时间要用在收集需求、开展工作和测试新功能等方面
预算	公司内部软件开发人员的工资和员工加班的补贴 软件发布时间推迟也会导致额外的支出
资源	在超出的 9 周中需要公司内部软件开发人员的参与
质量	为了测试新功能，必须改进测试计划，这需要 0.5 天的时间来完成，不会对项目范围、时间安排、预算和资源等产生实质性影响

当然也有其他可能，如：

- 把变更推迟到项目的步骤二才处理。
- 不考虑变更，继续按原计划进行项目（人工清点库存）。

在同意一项变更的时候，要保证所有项目文件都及时随之更新；若变更需求遭到拒绝，则要弄清楚为什么会被拒绝及要不要采取其他方式来处理。

沟通变更管理的流程

每个项目组成员和每个相关方在项目开始之前就要对变更管理流程有所了解。可以通过以下方式进行沟通：

- 在项目开工会上向成员说明。
- 在与赞助人的面对面交谈或者电子邮件中说明。
- 通过项目门户网站、电子邮件或在初步的项目开工会上向相关方说明。

项目经理在说明的时候，要说清楚变更需求的递交、评估、决定和处理，说清楚哪些人能参与决策，有没有什么上诉程序。

对于规模较大且复杂度高的 BPI 项目，项目经理可以设置子团队领导并挑选两三个项目成员来管理由相关方提出的所有变更需求。这对于重大变更的项目来说尤为重要，不论项目规模大小。

▶ 解决问题和解决冲突

本章提及过在项目开工会上要制订解决问题和解决冲突的计划，现在我们就来详细说说。每个项目团队内部都会产生问题和冲突，要不就不会有团队建设的四个阶段了。在项目早期，当项目成员们开始共事，各种各样的问题和冲突就会随之而来。解决问题和解决冲突的计划制订得越早，项目成员受这些影响的可能性就越小，项目也就开展得越顺利。

亚历山大和乔纳森一起领导一个 BPI 项目来设计新流程，让新合并的两个部门能顺利工作。在项目一开始他们就遇到了很多问题，如在数据收集阶段，相关方拒绝参加，两个部门发生地盘划定的争执等。亚历山大和乔纳森都知道他们必须尽快解决这些问题，不然项目必定要失败。但是遗憾的是，他们之前从没商量过如何解决问题和解决冲突，单是在这方面达成一致就要花费不少时间。

对于复杂度更高或项目成员都是通过电子通信进行沟通的 BPI 项目，项目经理可以考虑设置特别团队来处理问题，如有两三个技术专家就可以专门解决项目中的技术问题，这样可以提高解决问题的效率，团队其他成员也就可以不受干扰，继续集中注意力完成任务。

未雨绸缪

在风险计划的阶段，项目经理最好也计划好怎么应对项目过程中可能出现的问题。我们再看看之前人力资源付款流程改进的项目，项目章程里说会计部门还要参与另外两个项目，这是项目的风险之一。这个风险可能导致的问题就是项目经理可能无法从会计部门得到足够的支持，最终流程的发布时间也会因此延迟。通过风险计划，我们就能发现这个问题并重点关注，在它成为真正的问题前就先制订好解决方案。项目章程中还识别出的另一个风险就是，“当前流程的正式文档可能展现了其他需要在本项目中处理的问题”，这时项目经理就要极其仔细地识别出问题，因为这些问题可能导致项目偏离原来的目标。

除已确定的风险外，我们还要考虑 BPI 项目在进行过程中会不会遇到其他问题，如项目成员可能被调动去配合其他项目，赞助人或关键相关方离开公司，项目不再受到重视，还有项目资金遭遇缩水等，这些问题都可能导致项目无法完成预期目标。要做好应对每个问题的准备是不现实的，但是我们也要先制订好计划，未雨绸缪。解决冲突也是一样的道理。项目成员提前制订好应对计划，当遇到问题和冲突的时候自然就能轻松解决。

梅利莎正在领导一个 BPI 项目，她知道在项目过程中会遇到各种各样的问题，就先召集项目团队开会讨论可能出现的问题，并制订了应对计划。项目开始 3 个月后，萨米打电话给梅利莎，说他们在设计流程的过程中遇到了一些问题，有一部分相关方很不高兴。她听起来有点慌乱，但是梅利莎提醒她他们在之前就讨论过这些问题了，她可以重新去看一下风险管理计划，里面就有解决方案。

表 3.8 是一个关于项目团队和相关方怎么应对问题的程序，主要是为了给决策者提供多种选择，但 BPI 项目团队所推荐的解决方案应给予优先考虑。表 3.8 的例子是基于假设：项目团队可以做出决策而不必依靠赞助人或公司的领导。在这种情况下出现的问题一旦解决后，就不会影响项目的时间安排、范围和预算。

表 3.8 应对问题的程序

步 骤	描 述	参与者
1	向团队说明问题，确保大家了解情况	项目经理
2	集思广益，想出解决问题的多种方法，并将其全部记下，这个步骤用时不得超过 30～40 分钟	项目经理 项目团队 项目相关方
3	对上一步想出的方法进行提炼，删掉一些不切实际或无法执行的方法，只用 6～8 种	项目经理 项目团队 项目相关方
4	根据不同标准评估这些方法，如开支、项目范围、时间安排、会不会造成其他问题、需要的资源、对项目质量的影响等	项目经理 项目团队 项目相关方
5	选择最佳的 3～4 个方法进行讨论，列出每种方法的利与弊	项目经理 项目团队 项目相关方
6	把写有各种方法利与弊的表格交给决策者（赞助人或关键相关方等）	项目经理

表 3.9 提供了一些关于项目团队决策的方法。

表 3.9　决策方案

决策方法	简　介
一致法	项目团队里的所有人都同意所做出的决定。这种方式在决定小事项的时候很有效率，因为通常只有一种选择，大家的意见十分一致
妥协法	通常在有两个或两个以上的选择时，就会用这种协商的方式。妥协就是指大家不断地吸收对方好的观点，放弃自己不完美的意见，直到出现大家都同意的解决方法为止（双赢）。但是，在使用这种方法的时候，参与人员会觉得自己放弃得太多而不满，最终导致“双输”。这种方法通常用于没有明确的解决方法，大家都一筹莫展的情况
标准排名法	通过把解决方案与制定好的标准相比较，选出最佳方案。这种方法较为客观民主，选出的解决方案也通常是最佳的。但这种方法要求大家在比较标准上能形成一致意见，这些标准最好在要解决问题的时候才制定
共识合作法	参与流程的人员在了解所有资料的基础上，通过合作想出解决方法。这种方法能帮助项目获得更多的认可和承诺，最有利于团队发展，让成员对项目产生贡献的感觉，但较费时间和精力

接下来我们来看看怎样解决项目成员之间的冲突。无论他们相处得多么融洽，冲突总是不可避免的。

塞缪尔是个经验丰富的项目经理，现在正领导着他的第 10 个 BPI 项目。他精通处理项目团队中的冲突，现在对他来说基本上没有什么棘手的问题。在最近这个项目中，项目团队刚开始的时候合作得很好，但是最近时有摩擦。一开始是杰克和萨拉在谁的方法是解决问题的最佳方法上产生争执。塞缪尔知道他们俩都为了项目付出了很多，所以让他们合作，把两人的想法整合产生解决方案；接着是莎莉和芭芭拉争论怎样向相关方传达新归档的流程最好，但是像往常一样，她们很快就自己解决了问题。后来罗伯和伊莲娜也开始吵了，他们在吵什么却没人知道。不过在短短一天之内战火就升级了，大家纷纷站好阵营。塞缪尔意识到他是时候出面亲自解决纠纷了。

项目经理绝不能卷入项目团队的冲突中，在这种情况下他不可能有效地管理好项目。项目经理要考虑的是，项目团队里哪个成员适合出面解决冲突，让项目能顺利进行。例如，要考虑到这个冲突：

- 有没有影响团队的总体工作？
- 有没有影响项目的时间安排？
- 有没有影响团队成员间的正常交流？

除此之外，还要考虑冲突是不是存在了很长时间而且冲突双方仍互不理睬？如果存在上述情况中的一种，项目经理就要出面解决冲突。

表 3.10 是一个解决项目团队内部冲突的程序。

表 3.10 解决项目团队内部冲突的程序

步 骤	描 述	参与者
1	把有冲突的团队成员叫到房间里	项目经理 有冲突的团队成员
2	为解决冲突的讨论制定基本原则	项目经理 有冲突的团队成员
3	解释清楚冲突，确保大家对此有基本了解（语气应保持中立），向他们解释清楚冲突会怎样影响项目目标及其他项目成员	项目经理 有冲突的团队成员
4	分别讨论冲突双方或多方都同意以及不同意的内容	项目经理 有冲突的团队成员
5	让每个团队成员都有机会说出自己的意见，保证他们互相倾听，在别人说话的时候不打断或直接否认	项目经理（监管） 有冲突的团队成员
6	提出解决冲突的方法（项目经理应与冲突方一起想出方法）	项目经理 有冲突的团队成员
7	对解决方法进行评估，寻找双赢的方法，征求冲突双方或多方的同意	项目经理 有冲突的团队成员
8	制订行动方案，实行解决方法	受到项目经理鼓励的有冲突的团队成员

莎莉在成为项目经理不久后就知道，BPI 项目一开始必须给团队成员相互了解的时间，这样才能减少项目过程中的冲突。虽然不可能做到没有冲突，但是莎莉发现经过相处，成员都能自行解决冲突，或者莎莉一出面冲突顿时就能解决。

保持项目和团队前进

在解决问题和解决冲突的时候，项目经理要保持整个项目团队继续工作，保证项目并不因此完全停止。

下面是一些保持项目和团队不断前进的具体方法：

- 当出现问题的时候，看看风险计划中有没有此类问题，有的话，照着计划实施就可以了。
- 当出现一个之前从没预料过的问题的时候，与有处理问题专业知识的人及受到问题牵涉的人进行讨论，商讨出解决方法，没必要让整个团队参与讨论。
- 当出现冲突的时候，要让冲突双方或多方明白他们必须尽快解决冲突，避免其影响团队其他成员和项目的进行。项目经理要时刻关注着他们有没有沟通协商解决冲突。

项目初期在分配工作的时候，项目经理就可以考虑任命有相关专业知识的人组成问题解决团队。如当项目涉及新技术的首次测试的时候，就可以向问题解决团队内有这方面专业知识的人咨询以解决问题，这样就不会影响其他成员，保证项目可以继续进行。

▶ 开始寻找试点组

我们先来定义试点组的含意。试点组就是挑出一组成员来完整地试行新流程，目标是在新流程推广到全公司之前找出它的问题。在试行过程中，试点组的注意力放在了新流程会在哪里失败或哪个环节不够完善上面，项目团队就会根据他们的反馈对项目进行改进。项目经理应该在项目初期就着手挑选试点组的成员，这样他们就可以从头到尾根据项目，更好地做出反馈。

试点组必须拥有充足的时间来试行新流程，缩短测试时间只会增加新流程在全公司推广中失败的可能。

选择合适的试点组成员

试点组成员应是公司各个受到项目影响的部门员工，包括会经常使用新流程的员工及偶尔使用的员工。他们应来自公司各个层面，从基层员工到公司领导都要包括进来。除此之外，项目经理还应该保证试点组中有项目的支持者（很高兴看到项目开展，也很需要新流程）及反对者（觉得没什么需要改变，保持现在的流程就好）。

试点组成员的多样性能保证评估新流程的效率，在向全公司推广时能被广泛接受。

从开始就让试点组参与

我们之前说过试点组成员要尽早挑选好，这样才能增加试点组成员对项目的参与度。

要保持试点组对项目的参与，可以考虑以下方法：

- 要求试点组参加项目开工会，详细了解项目，包括其预期成果和商业计划。
- 通过邀请试点组参加相关方会议和团队会议，以及允许他们浏览任何项目团队用于分享项目信息的网站，让他们随时了解项目进度。
- 临近测试新流程的时候，项目经理要时常与试点组开会，让他们知道测试的时候要做什么，时间怎么安排及怎样收集反馈。

与其他项目成员一样，试点组要在项目初期就参与进来，这样才能为项目的改进出谋划策。

确定和构建项目计划模块

在项目早期，项目经理就与项目团队及赞助人合作，持续构建并确定项目计划模块。当然，到这个阶段项目章程应该早已制定好，并且团队成员全都知晓其内容。它能让项目成员明白为什么要开展这个项目——与它的商业计划及公司的长期发展战略有关。

项目范围

在第 2 章我们介绍了项目范围说明书，在这个阶段应该是完成了的。多看几遍范围说明书，项目成员就会明白在哪些方面他们还要多下些功夫。要记住，项目范围说明书是贯穿项目始终的，项目团队和成员都要根据它来开展工作，项目经理也能根据它更好地处理相关方对项目的期望。在项目开工会上，项目团队应再看一次范围说明书来确保自己清楚地理解了上面的内容。

进度计划

虽然高层级的进度计划在一开始就已经制订好了（见图 2.10），但是项目经理也要与团队一起认真研究它的细节，因为如果没有完成任务的人，也就没有所谓的任务进度计划了。

杰茜卡是 BPI 项目团队的成员，负责现有流程的记录，这些记录里面就有现有流程导致处理客户订单延迟的原因。她之前也做过这些，经常要负责这类工作，因为她有这方面的专业知识。她现在要记录这个流程十分棘手，需要处理的问题很多，但是项目经理只给她 2 天的时间。第一，她并不能整整 2 天都投入在记录工作上，她还有另一个项目的工作要做；第二，这个任务绝不可能在 2 天内完成，至少需要 6 天，还得有人帮忙才能做完。

开发进度计划的最佳实践

项目经理要与团队合作，利用已有的高层级计划大纲（schedule outline），制订一个准确的进度计划。计划大纲上有项目的主要任务。可以用图 3.7 的检查表制订出一个容易理解的项目进度计划。

□	再看一遍之前列出的 BPI 项目任务，把它们加到计划大纲里
□	给任务排序
□	根据主要任务列出它们的子任务（具体的活动和工作包），同时要算出完成任务的成本和持续时间
□	对每个主要任务的子任务进行排序
□	检查所有任务的排序情况，看看有没有相关任务的存在（在这个任务完成后才能进行下一个任务）
□	找关键路径（这个路径上的任务所需要的时间是最短的，也就是项目完成的最早可能时间）
□	选出里程碑事件（项目的重大成果）并给它们加上日期
□	制定工作分解结构（WBS）
□	根据 WBS 制定出项目具体进度安排

图 3.7　制定全面的项目进度计划的检查表

作为最佳实践，在项目团队对做什么任务进行头脑风暴的时候，不要对任务进行排序，这样很容易遗漏一些主要的任务，特别是规模较大、复杂度高的项目。要等到所有任务都列出来后才能开始排序。

在制订进度计划的时候还要考虑：

- 这些任务要求有多少个员工全天参与？如任务要求一个员工全天参与才能 2 天完成，但是公司只批准了一个员工的一半工时，这也就意味着除非有另一个也是工作一半工时的员工来帮忙，否则任务要 4 天才能完成。
- 项目团队成员一天工作的时长是多少？是 7 小时还是 8 小时？

工作分解结构（WBS）是项目任务的分层大纲。项目成员首先要列出项目任务，然后进行人员分配，制成 WBS。WBS 有时候会和工作流向图极其相似。图 3.8 是一个 WBS 的例子。

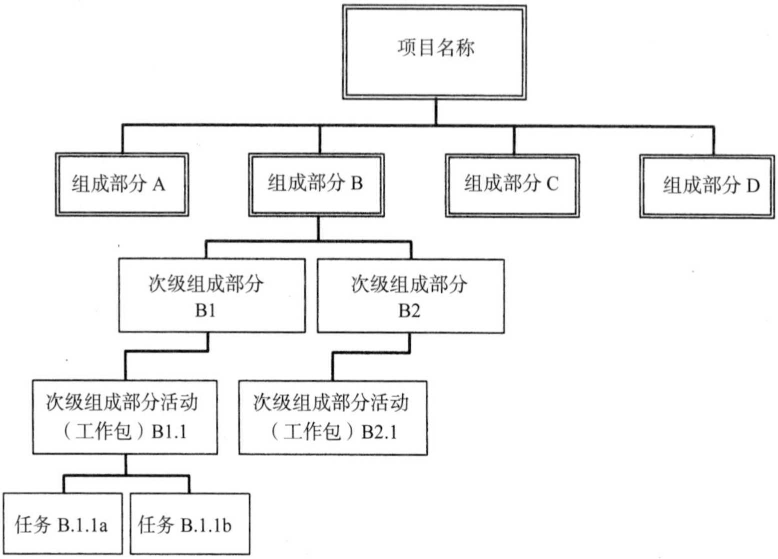

图 3.8　WBS 图

WBS 也可以写成大纲的形式（见图 3.9），用于制订项目进度计划。与项目团队一起制订进度计划的意义在于，团队里有专业知识的人可以提供更加准确的时间估计，这样也使得进度计划更加精确。

1. 项目组成部分 B
    a. 次级组成部分 B1
        i. 次级组成部分活动 B.1.1
            1. 任务 B.1.1.a
            2. 任务 B.1.1.b
    b. 次级组成部分 B2
        i. 次级组成部分活动 B.2.1

图 3.9　WBS 大纲

我第一次制订 BPI 项目进度计划的时候，自以为什么都考虑到了。我与项目团队合作给任务加上更准确的时间，制订出一个更精确的进度计划，但我忘了把员工的假期及国家规定的节假日也考虑进来，这些时候办公室是关着的。项目刚开始 3 个星期后就有一个 4 天的周末小长假，这让团队的工作进度大大落后于计划，在这额外的 2 天里，项目毫无进展，而且每天 8 小时的工作时间实际上只有 7 小时，因为其中 1 小时是午休时间。所以工作日每天从早上 9 点工作到下午 5 点，其实只是从早上 9 点到 12 点及下午 1 点到 5 点，共 7 小时。我也曾经和一些公司合作过，他们的员工在早上和下午会各有 15 分钟的休息时间，这样又要占据 0.5 小时的工作时间，所以其实他们每天的工作时间只有 6.5 小时。

在制订项目进度计划的时候，要注意以下事项：

- 把法定节假日纳入考虑，要把这些时间从项目日历中去除。
- 询问团队成员的休假时间，这些时间不能写进项目进度安排。
- 确保周末没有算进进度安排里面，同时要考虑任务工作的时间，如从上午 9 点到中午 12 点，再从下午 1 点到 5 点；星期一到星期五每天要分配 1 小时午餐时间，这段时间不能算进任务时间里。

在工作中我了解到，没有一个项目成员可以保证自己能把所有时间都投入项目中，总有各种各样的影响因素。如果项目成员参与项目的时间是 100%（也就是在项目过程中他不参加其他项目和其他工作），我会以 90% 的可用时间计算，这就让我能制定出一个更精确可行的进度安排。

不属于核心成员的项目相关方对 BPI 项目也很重要，他们有必要参与记录当前流程、确定“可能”流程和设计新流程，也能分享信息，解答疑难问题。项目经理绝对有必要了解他们在流程中的成功和挑战。没有充分理解相关方参与的必要性，没有获得他们对参与时间的承诺，就不可能制定出 个精确的进度安排。

我们来看看图 2.10。这个 BPI 项目的一个主要任务是调查培训供应商，但是项目经理及团队不可能直接询问他们能接受调查的时间，所以他们应该根据以往经验来确定时间，或在以往的时间上加多几天，以免因培训公司无法配合而拖累项目进度。

测试初步进度计划

进度计划制订好了之后，要将其展示给赞助人及其他参与的相关方。如果进度计划是核心成员制订的，但完成任务需要其他人的帮忙，那也要让这些人看到进度计划，他们可能看到制订人忽略的问题。项目经理也可以通过让成员参与进度计划的讨论增强他们对项目的责任感和贡献感。

基本确定进度计划后，也要根据实际工作来检查其安排是否准确可行。在项目早期可能不断地调整进度计划，这时项目经理就要不断更新并保证其准确性。因为 BPI 项目对非核心成员的依赖很重，所以进度计划可能稍微频繁地改动。

在制定进度安排的时候，项目团队可以根据图 3.10 的问题检查是否把项目的所有任务都考虑进来了。

□	整个项目范围都考虑进来了吗?
□	每个项目成员是否都参与了主要任务?
□	是不是所有的任务（工作包）都可以决定工作持续时间?
□	有没有把应对预期风险的任务也写进去?
□	每个步骤都描述得清楚吗?
□	每个里程碑事件都解释得清楚吗?

图 3.10　检查项目进度安排要考虑的问题

在几乎所有类型的项目中，项目经理都要在指定时间内完成项目，只有少数项目可以让项目经理决定完成时间。因此，项目团队通常要根据截止时间重新调整项目进度计划。

但是这也并不代表截止日期是不可更改的，除国家规定或其他硬性要求外，大多数截止时间都可接受一定范围的弹性调整，特别是 BPI 项目。

根据最佳实践，至少在项目早期，项目经理应该和项目团队一起制订出不包括截止时间的进度计划。然后，通过与团队成员商量任务，包括有没有额外的兼职人员来帮忙缩短完成任务的时间，或使任务能独立完成，而不是相互依赖。如果项目经理想尽办法压缩了进度计划，那就很容易让商业计划为 BPI 项目延长时间。

在制定 WBS 的时候，要尽可能地分解主要任务，这样每个人才更清楚自己要做什么。图 3.11 中的任务就是图 2.10 中的主要任务的分解。

VII. 团队开工会（负责人：安·史密斯）
- 计划委员会开会
  - 挑选开工计划委员会成员
  - 决定日期和场地
  - 制定议程
  - 计划委员会开会
- 团队开工会
  - 决定与会人员
    - 核心成员
    - 扩展成员
    - 关键相关方/赞助人
  - 后勤
    - 日期
    - 场地
      - 选择场地
        - 考虑各种可能
        - 选择场地
          - 订好场地
    - 饮食
      - 选择食品
        - 考虑各种可能
        - 选择食品
          - 准备好食品
- 计划团队开工会
    - 确定目的和目标
    - 制定议程
      - 确定会议讨论主题
        - 确定时间
      - 确定团队建设活动
    - 确定工作前期准备
      - 准备好调查表/技能调查问卷
    - 准备会议材料
      - 编辑好会议前要分享的文件
      - 确定服务商
        - 评估服务商
        - 选择服务商
          - 与服务商签约
      - 派发会议邀请
  - 出差
    - 订好酒店
      - 与酒店协商好直接付款
    - 制订出差计划
    - 发邮件与出差员工进行确认
  - 团队开工会
    - 召开团队开工会

图 3.11 团队开工会任务图

我们可以从图 3.11 中看到，团队开工会的主要任务被分解成几个次级任务并加上了编号和活动。任务分解得越彻底，项目经理就越容易估计每个任务所需要的时间，制订出来的进度计划也就越精确。分解任务并没有所谓的正确方法，只要求尽可能地分解，让每个活动的时间都能被大概估计出来就好。在主要任务的层面要安排能力突出的成员进行管理。

预算

虽然预算是按整个项目来给的，但是项目经理也要根据项目文件更加准确地估计每项的预算，包括利用 WBS、项目进度计划、范围说明书、资源列表和风险计划等。除了直接支出，项目经理也要考虑间接支出。图 3.12 列出了直接支出和间接支出的组成部分。

直接支出	间接支出
• 内部员工工资支出 • 外部员工工资支出（外包商，顾问） • 材料和设备支出 • 团队会议交通支出 • 新流程培训支出 • 相关方面谈支出，如购买食物饮料、租借面谈场地等 • 项目有关的外包支出 • 项目的记录归档支出	• 各种管理支出，如电费、冷气/供暖支出 • 员工的小额津贴 • 设备老化贬值 • 产品上市和销售的支出 • 调查和制订各种计划的支出

图 3.12　直接和间接支出

表 3.11 列出了一些估计预算的方法及其简介，可以帮助项目经理更加准确地进行估计。

表 3.11　支出估算方法举例

估算方法	简　　介
专家估算	项目团队内有专业知识的成员对特殊部分进行估算，例如，如果 BPI 项目涉及软件的开发，那么就需要有这方面专业知识的团队成员来估算这部分的支出
类比估算	根据以往相似项目的支出来估算本项目，如在项目开始的同时就给出了预算，很可能是因为公司之前开展过类似的项目。在项目早期通常使用类比估算

续表

估算方法	简　　介
参数估算	根据数据来估算项目支出，如软件开发者每小时的工资或使用某软件的支出，如制定网上问卷等。参数估算通常不用在 BPI 项目中，而是用在各种技术项目中
自下而上估算	要使用自下而上估算，就必须按照 WBS 把主要任务进行分解，这样就能估算每个小任务的支出，从而汇总成总支出
三点估算	从三个方面限定了任务支出的范围： • 现实估算：根据任务及其花费估算出的最接近实际的支出 • 乐观估算：任务完成情况最好的估算 • 悲观估算：任务完成情况最糟的估算

有些方法要准确得多，但具体使用什么方法还要受到下列因素的影响：

- 赞助人与其他领导的期望。
- 公司内部普遍使用的方法。
- 有关项目的信息。

关于表 3.11 中列出的方法，网上和各种项目管理的书里有更为具体的细节。

在估算项目预算的时候，项目经理要标明使用了哪种估算方法。当然，项目经理想要增加预算的时候，除标明理由外也要说明估算方法。举个例子，如果项目支出里并不包括培训资金，那么新流程的培训就无法进行，除非有额外资金的支持，否则就会影响新流程的成功推行。

项目过程中总会有许多意料之外的问题，这些就需要储备资金的支持。项目预算中总要有 10%～20%资金作为管理储备。但是在政府招标的 BPI 项目中，获得储备资金很难或不太可能，因为招标审批机构通常会把这一项移除。

即使到了项目的这个阶段，预算也只是个大概估计。随着项目计划的深入，项目的预算会不断优化，直到成为一个最终预算。有一点很重要，项目经理必须与赞助人沟通，设置期望，随着项目的开展，会展现更多的细节调整预算。

高层次的沟通计划

有效的沟通计划（Communication Plan）是 BPI 项目成功的关键，要做好沟通计划却不是一件容易的事。项目涉及人员多种多样，沟通期望也多种多样。每个相关方对于沟通的反应不尽相同，有些人可能只对特定的沟通模式有反应。

杰里米很久之前领导 BPI 项目的时候就学到，要争取数量众多的相关方的支持，必须要采取不同的沟通模式，包括小群体面谈、参与部门会议、用电子邮件或公司内部的新闻通讯进行沟通等。

项目经理第一步必须与项目组合作，拟订一个初步的沟通计划，这样才能为将来吸引相关方的认可和承诺打好基础。同时，提前拟订好沟通计划还能引导：

- 改进收集需求。
- 增强大家对项目目的和目标的理解。
- 加强相关方与项目团队的工作关系。
- 通过有规律的信息共享来更好地处理相关方对项目的期望。

早期拟订沟通计划应把重点放在以下几个方面：

- 向相关方解释清楚项目对公司及对他个人的好处，让相关方了解项目高层级的纲要。
- 要分别与不同的相关方进行沟通，了解他们的特殊要求，如项目信息的来源者、项目实施后的影响者、流程文档的参与者以及早期参与的具体需求。

在拟订好沟通计划后，要考虑以下问题：

- 这个项目对相关方的影响有多大?
- 那些受到项目影响的人在公司工作多久了?在现在的职位上工作多久了?

- 员工参与了多少个组织里的 BPI 项目？员工对这些项目的接受度如何？
- 公司里以往的 BPI 项目成功概率如何?

这些问题能让项目经理对相关方有进一步的了解，从而制订出行之有效的沟通计划。

图 3.13 是一个沟通计划的例子，基于之前出现过的 BPI 项目例子——改进人力资源部的付款流程。这个表能让项目经理对项目中所要进行的沟通有大概的了解，从而让项目经理和项目团队在合适的时候与合适的人进行沟通。许多 BPI 项目都会出现这么一个错误，就是缺少与相关方的沟通。这个简单的沟通计划能指引项目经理思考怎样与这些相关方进行更加具体的沟通，如项目经理可能在图 3.13 中加上发送一封电子邮件来挑选人力资源部的职员，让他们在特定的时间对当前流程进行记录归档。

早期阶段：沟通计划大纲			
沟通对象	沟通事项	沟通时间	沟通途径
人力资源部	项目章程、范围说明书、进度安排和总体规划的介绍，说明他们的参与对项目的重要性	项目刚开始的时候	在人力资源部部门会议上展示和讨论(占时 1 小时)
财务部门	项目章程、范围说明书、进度安排和总体规划的介绍，说明他们的参与对项目的重要性	项目刚开始的时候	在财务部部门会议上展示和讨论（占时 1 小时）
培训供应商	项目总体介绍、对方能从流程改进中得到的益处	人力资源部和财务部部门会议之后	人力资源部发电子邮件给所有的培训供应商，内容由项目团队撰写
赞助人	根据与前三者的沟通，向赞助人报告项目进度	与前三者的初次沟通之后	项目经理与赞助人进行一对一的面谈

图 3.13 沟通计划大纲的部分示例

有些项目经理总是不把项目的潜在风险告知相关方，就吓退他们。虽然他们会有所担心，但是我敢保证他们会为之出谋划策。这么多年的经验告诉我，必须让相关方了解项目的风险，以及项目团队准备怎么应对，这样才能让他们真正放心。当我告知他们项目风险的时候，他们会明白项目团队已经想好了应对方法，有能力去解决项目过程中出现的任何问题。

做好沟通计划和为 BPI 项目建立人际关系这两者是相互联系的，在第 4 章我们会进行详细讨论。

风险管理计划

每个项目都会有一定的风险，但是在 BPI 项目中较为突出。BPI 项目的涉及范围往往是整个公司，因此做好风险计划也显得尤为重要。项目经理可以与项目团队及相关方一起制订风险管理计划，因为他们可以：

- 帮助识别更多的潜在风险。
- 帮助提出和参与管理风险。
- 帮助想出更有创意的风险应对方案。
- 有助于在整个项目生命周期里承诺和支持风险管理活动。

制订风险计划和进行管理包括以下几个步骤：

1. 制订风险管理计划。
2. 识别风险。
3. 分析风险。
4. 对风险进行排序和分类。
5. 制定风险登记簿。
6. 在 BPI 项目生命周期中监控风险。

风险管理计划也就是描述在 BPI 项目过程中如何识别和管理风险的文件。读者们可以在 J.Ross 网站上下载风险管理计划的模板。表 3.12 对风险管理计划的每个组成部分进行了描述。

表 3.12 风险管理计划组成部分

风险管理计划组成部分	描 述
风险工具/技术	在这个部分中，项目经理要向项目团队说明怎样识别风险，包括使用头脑风暴来集思广益，使用风险管理相关软件，对以往的项目进行评估、专家考察等
风险负责人/责任	就是负责关注风险并更新风险登记簿的项目成员或相关方，例如，约翰·史密斯负责所有与技术相关的风险，包括监控风险出现及出现了该如何应对
风险类别	用于对风险进行分类，如技术类、财务类、供应商类、项目团队资源和外部风险等
风险承受能力	就是公司对风险的接受能力，包括整体接受能力（如制药公司对风险的承受度就很低，无论是什么项目），还有对特定项目的接受能力（如公司可能预留资金作为技术支持，因此对任何与技术有关的项目的承受能力就较高）。风险承受能力可以分为低中高三种，或用数字 1（无法接受）~5（接受度高），甚至 1~3 都可以
风险可能性	确定风险的可能性（有多大出现的可能性），可以用低中高或数字 1~5 或 1~3 来划定可能性等级
风险影响	确定风险的影响（风险会对项目造成多大影响），可以用低中高或数字 1~5 或 1~3 来划定影响等级
风险资金	这个部分应该写出预算中用于应对风险的资金，这些资金只用于应对风险，预期的风险没出现，这笔资金也不能用于其他事项，也就是风险储备
风险应对活动的频率和时间	项目团队检查风险的频率是多少，可以是每周一次（对于复杂度和风险程度都比较高的项目）、每月一次，或由项目经理和赞助人来决定

表 3.12 中所列出的一部分涉及资金。我们假设 BPI 项目需要公司里有新技术的运用，那么就需要有各种各样的资源支持。但是，公司的员工里没有人使用过这项新技术，这就会成为项目的一个风险。要应对风险，就要请公司外部的专家来协助开发这项新技术，并为公司的员工提供培训，帮助他们学会运用。请专家的费用估计是 50 000 ~ 75 000 美元，所以在项目预算估算

的阶段就要准备好这笔资金作为风险资金或储备资金。如果没有请专家的话，这笔资金也不能用于其他事项，只能是为应对这个风险而准备的。

BPI 项目中还经常用到风险登记簿，这也可以在 J.Ross 网站上下载到模板。图 3.14 是一个完整的风险登记簿的例子。

项目名称：人力资源部付款流程改进		**时间：**20××年 1 月
风险编号/WBS 编号 WBS 编号：IX	**风险描述：**让财务部门参加相关方会议以收集信息，财务部门还参加了另外两个项目，这可能影响他们对本项目的参与	
风险类别：相关方		
可能性等级：3	**影响等级：**5	**总评：**15
优先等级：中		
怎么应对风险的方法：根据财务部门的进度安排来安排相关方会议，通过一对一访谈、调查或其他方法来提高他们的参与度		
负责人（姓名和角色）：约翰·史密斯，项目团队成员		

图 3.14　风险登记簿示例

在之前举过的可下载的项目章程的例子中，人力资源付款流程改进的一个风险就是怎样让财务部门参与进来，因为他们还参加了另两个项目，可能影响他们对其他项目的参与。图 3.14 就是 BPI 项目团队该怎样应对这一风险的例子。我们要注意到：

- 图中的 WBS 编号是与图 2.10 中的项目进度安排大纲相关联的，这个风险是归在 WBS 编号为 IX 的相关方会议/信息收集类别中。
- 这个风险出现的可能性为 3，这个数字是综合多个因素考虑的结果，如以往经验（在这里是指与财务部门合作的经历）、与财务部门进行沟通、财务部门如何承诺和如何在这个项目中授权等。
- 风险的影响等级为 5，说明影响很大，因为财务部门的参与关系到项目的成败。
- 总评的数字是把可能性等级与影响等级相乘得出的（3×5=15）。
- 这个风险的优先等级是中，这可能是由公司（如项目管理办公室或卓越中心）根据公司对风险的承受能力、赞助人的意见、以往项目的经验而设定的，也可能是项目经理与项目团队合作设定的。风险优先等级也可能是基于相关方参与项目的各种信息而确定的，如在这个例子中，项目经理和项目团队知道财务部门会找时间出席相关方会议，因为他们承诺参加供方开票流程改进，但是还是把优先等级定为中，因为他们的参与对信息收集/流程文档化至关重要。

- 项目团队应对这个风险的方法是与财务部门协调好时间，表 3.13 提供了应对风险的 4 种方法。
- 这个风险的负责人是项目组的一个成员，他的责任可能包括：主动与财务部门联系，确定他们的空闲时间，保证他们能参与相关方会议以便项目团队收集数据。

表 3.13 应对风险的方法

方法	描述	运用举例（风险：财务部门可能不参加相关方会议）
规避	从源头规避风险	不邀请财务部门参加会议，只从人力资源部获取需要的信息
降低	降低风险的可能性或影响	与财务部门密切联系，安排好时间
转移	把风险转移给第三方	让赞助人负责保证财务部门会参加会议，或请第三方（顾问）来做好数据收集工作
接受	接受风险不可避免的事实	什么都做不了，只能向天祈祷（只要是项目团队有其他选择，这一方法都不会考虑）

在图 3.14 中，应对风险的方法是降低风险的影响。为了达到这一目标，项目团队，特别是史密斯要提前与财务部门协商好时间，保证他们能出席相关方会议。

回想一下本章之前提到的解决问题和制定决策的方法，应对风险也需要掌握这些技巧。之前提过的最佳实践可以让项目经理和项目团队仔细考虑项目过程中会出现什么风险，以及他们要怎样有效地应对这些风险，保证项目的成功。

要记住，项目团队在计划应对潜在风险的时候可能出现次级风险

（Secondary Risks），这是由应对方式引发的。因此，项目团队要做好应对次级风险的准备，把它们写进风险登记簿里。除此之外，还可能出现其他残余风险（Residual Risk）。残余风险就是风险应对完成之后剩下的风险，这些只能在出现后项目团队加以处理，不能未雨绸缪。图 3.15 是次级风险和残余风险的例子。

次级风险	项目团队可能请顾问来帮忙记录归档当前流程，因为公司内部没有此类专业人员。这个举动会引发的次级风险可能是与顾问的协商和共识达成。项目团队就要对这个次级风险进行分析并准备好应对方法
残余风险	项目经理可能与顾问签订协议，如果顾问的工作超时会有罚金。但是，设置了罚金并不意味着工作一定能按时完成，如果顾问工作超时，那么项目团队就要处理这带来的各种状况，但是目前除设置罚金外并不能提前准备好应对残余风险的方法

图 3.15　次级风险和残余风险的例子

扩展最初的风险列表

在第 2 章我们提过，根据项目章程和范围说明书中的信息及项目成员对公司的了解来列出项目的风险，现在，项目经理就可以与项目团队及相关方合作，找出更多风险加进风险列表里。为了找出更多风险，项目经理可以使用以下方法：

- 在以往的 BPI 项目中得到经验教训或对相似的 BPI 项目进行调查。
- 在公司外进行调查（如规程）。
- 与项目团队和关键相关方一起进行头脑风暴。
- 与相关方进行一对一或小群体面谈。
- 优势、劣势、机会和威胁（SWOT）的分析［对项目的优势和劣势进行头脑风暴，分析优势来发现机会（正面的风险）和劣势（负面的风险）］。
- 寻找根本原因（对每个所列出的风险都进行更深层次的分析，找到其根本原因）。
- 求助于公司外部的专家（德尔菲法）。

- 重审项目的关键路径。

在大多数 BPI 项目中，无论是进度计划还是项目预算，预期目标和相关方的变更容忍度都具有相当程度的不确定性，项目经理及其团队可以通过对每个与此相关的资源及活动进行仔细分析，来发现更多的风险。

艾伦领导的 BPI 项目中，有些团队成员同时还参加了公司内的其他项目，而且，一部分团队成员参与本项目的时间最多只有 75%，其他人则只有 30%～60%。艾伦知道团队成员对于项目来说就是一个风险。团队成员可能忙着进行其他项目，一旦另一个项目出现了问题，他们就要付出更多的时间。除此之外，就像其他公司一样，员工总是会被各种各样的事缠身。如果受到影响到团队成员过多，或者他们参与项目的时间减少，项目就可能无法达成赞助人设定的目标了。

每个项目经理都有自己的方法来发现风险，适合自己的就是最好的。我们现在来看看最常用的三种方法，这些在我们辨认潜在风险时能给予启发。

头脑风暴

头脑风暴是发现风险的好方法，但是使用这个方法要求项目经理要有很强的引导技能。当然，头脑风暴想出的风险应对方法中，有一些是无法实行甚至不切实际的，但是这种天马行空的想象会启发我们发现更多的风险。

虽然头脑风暴经常被用来激励员工想出创意，但是在用头脑风暴发现风险的过程中，项目经理要对其进行正确引导。项目经理，或这个环节的主持者，要把头脑风暴的结果限定在某个类别或项目领域，如特定技术的使用会引发的风险、因为准则或市场而引发的风险及与客户相关的风险等。如果参与的人数较多，或者他们非常积极地表达自己的意见，那可能就要用到轮询，也就是主持人轮流询问每个参与人员他们所想出的风险，这就避免了每个人都抢着表达意见所导致的混乱，能更好地控制场面。

面谈

面谈的对象不能太多，一次最好为 5～8 人，这样有利于沟通。与头脑风暴一样，这个方法也需要项目经理的引导，让面谈对象都参与到谈话中来。项目经理或主持人可以从下面三个简单的问题问起：

- 这个 BPI 项目可能出现什么差错？
- 这个 BPI 项目有什么不确定因素？
- 有什么我们不知道的因素会影响项目，或影响我们成功完成项目的能力？

专家判断

咨询专家意见是发现潜在风险的另一个方法，我们可以研究产业报告、市场调查、收集的竞争对手资料或咨询公司内部或外部的专家，其中公司外部的专家可以给出相对客观的意见。咨询的专家越多，就越容易找出项目的潜在风险。项目团队可以在专家们的意见中找出共同点，从而发现哪个风险最可能出现，并做好应对准备。

上面所说的方法，如果使用得当，就能帮助项目团队了解更多公司内部资源及关键相关方的信息。

质量计划

我们写这个部分的内容并不是为了培养项目经理成为质量方面的专家（想想 6σ），而是为了说明项目质量的重要性及如何保证项目质量。BPI 项目经理不用成为 6σ 或全面质量管理（Total Quality Management，TQM）的专家。

质量对所有项目都很重要，但它对 BPI 项目的意义超过了一切。BPI 项目中，要保证下列内容的质量：

- 了解相关方对流程的要求。
- 记录当前流程来发现差距或断点。

- 根据相关方的要求分析当前流程。
- 设计符合相关方要求的新流程或对当前流程进行改进。
- 对新流程进行测试，确保其符合相关方的要求。
- 在全公司推广新流程。

这些和 6σ 有点类似，都是使用定义、测量、分析、改进和控制（DMAIC）来完成，如图 3.16 所示。

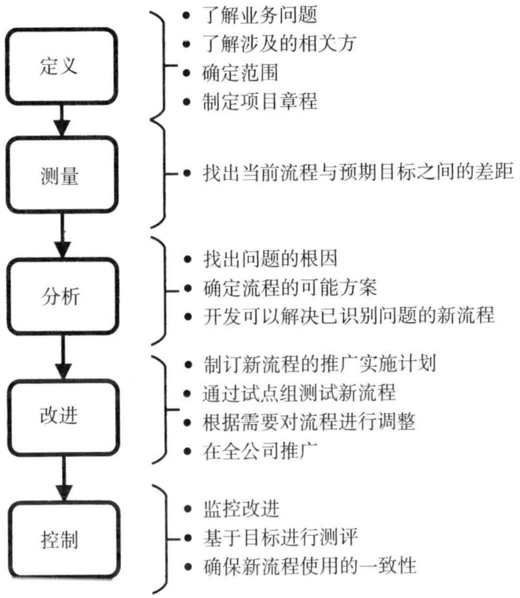

图 3.16　DMAIC 流程

DMAIC 是一种用于改进、微调或推广业务流程的数据分析方法。虽然它经常用于 6σ 的项目中，但它也可以用于其他有关流程改进的项目。图 3.16 概括了 DMAIC 程序每一步的具体内容。

公司开展 BPI 项目都是为了某些方面的改进，如果不是为了提高工作质量，那么项目也就无须考虑相关方，也就是真正使用流程的人的要求了。

BPI 项目通过以下方法来保证质量：

- 理解相关方对项目质量的期望。

- 知道如何测量项目的质量，如上市时间缩短、产品制造成本降低、客户满意度提高等。
- 让相关方全程积极参与项目。

表 3.14 列出了质量计划的关键部分，具体模板可在 J.Ross 网站上下载。

表 3.14　质量计划的关键组成部分

质量计划组成部分	描　　述
质量保证方法和活动	这个部分描述了怎样在 BPI 项目全过程保证质量，以及与此相关的活动，包括记录当前流程和测试新流程
测试计划和验收流程（Acceptance Processes）	这个部分具体描述了怎样进行测试，如试点组及其任务等
质量审计活动（Quality Audit Activities）	这个部分描述了怎样保证项目成果质量高，这可能包括检查表的使用等
质量管理职责（Quality Management Responsibilities）	在规模大、复杂度高的 BPI 项目中，项目经理可能特别指定某些项目成员负责项目的质量管理，如负责项目测试的流程和确保测试过程中出现的问题都被记录到文件里，然后才能在全公司推广新流程

测试计划

为了检测 BPI 项目的质量，我们必须制订测试计划来确保项目能达到预期目标。例如，项目目标是缩短新产品的上市时间，那么在测试新流程的时候就要关注它有没有达到这一目标。试点组就是在这个阶段发挥了作用。项目经理必须在项目早期就制订好测试计划，试点组也应该从项目一开始就参与进来，而不是在新流程测试的时候才开始工作。

测试计划应该包括要测试新流程的哪些方面，还有测试者要给予什么反馈。为了进行有效测试，测试者必须明白当前流程和新流程之间有什么不同，而且他们在测试之前还要接受相关培训。项目经理要保证培训和测试时间充足。要记住，试点组并不会把所有时间都花在测试新流程上，他们会一边测试，一边继续完成日常工作。

培训计划

即使流程改动再小，也要对使用者进行培训。忽略培训是很多 BPI 项目失败的原因。项目团队及赞助人都经常以为新流程投入使用之后大家自然而然就了解新流程了，实际上这是不可能的。那些受到新流程影响的人，也就是项目的相关方，一定要在使用之前接受培训，要让他们明白接受培训是必要的。他们越早知道自己会接受培训，就越轻松、越容易接受流程发生的变动。

一个完善的培训计划应包括多方面的内容，特别是对于那些员工遍布全球的大公司来说尤为如此。为了让员工明白怎样使用新流程，培训可能稍显复杂，包括：

- 小群体培训。
- 一对一培训那些每天都要使用新流程的员工。
- 虚拟培训。
- 在线自学。
- 提供培训手册以供参考。

推广、衡量与评估计划

BPI 项目文件中所要包含的另一个计划就是推广、衡量与评估计划，它是在测试完成以及根据试点组的反馈做出改进之后才开始的。这个计划包括：

- 怎样在全公司推行新流程，如要不要分阶段进行，新流程投入使用的同时还要继续使用旧流程多长时间等，这里也包括了如何在全公司进行新流程的培训。
- 怎么衡量和评估新流程及这个过程所用的时间。这要与项目目标联系起来。如果项目目标（或业务影响）是把人力资源部处理好账单并交给财务部门的时间从超过 5 天缩短到 3 天以内，这个目标要在什么时候实现？赞助人希望能在新流程投入使用后的 2 个星期还是 3 个月实现？

就算评估和衡量计划是由不同团队制订的，他们也都必须在项目初步计划阶段完成，而且参与计划的成员都要出席项目开工会。

第 8 章会详细讨论怎样推广和衡量新流程。

▶ 提前为经验总结做计划

> 我的 BPI 项目进度安排上最后一个会议是经验总结会，但是我知道，除非提早计划好这个会议，否则它是开不成的。一旦项目结束了，大家都赶着进行下一个项目，哪有时间进行经验总结啊。

项目经理提前计划好经验总结的工作，他和项目团队就能更好地在项目结尾阶段对其进行评估，就能在项目的全过程关注总结经验而不仅仅只限于项目结尾，因为那时候大家都赶着进行下一个项目了。所以项目经理应该至少每个月开一次会，来评估项目到目前的完成情况，包括哪些计划起效了、哪些没有等，而且要让相关方也参加会议。如果项目持续时间超过 6 个月，项目经理就要在项目进行到一半的时候发电子邮件给相关方，询问他们到目前为止项目哪些地方做得好、哪些还需要改进。

总结经验的意义

总结经验的意义在于给将来的 BPI 项目提供借鉴，给项目经理和项目团队提供风险辨认、沟通计划和制定进度安排等方面一些启示。如在以往 BPI 项目中完美解决了问题，就能为将来项目的风险规避和计划提供经验教训。

> 本书作者曾经遇到过这么一位客户，其公司因为发展快速，所以时常要开展 BPI 项目。他很重视总结经验，甚至建立了一个数据库来储存和分享信息。每次有 BPI 项目开展的时候，该项目的项目经理就会登录这个数

据库来找参考资料。这种情况持续一年后，公司的领导发现开展的 BPI 项目成功率大大提高，而且完成时间缩短了，相关方更乐意参与到项目中，项目遇到的风险也大大减少了。

随着时间的推移，公司完成 BPI 项目的增多，积累的经验增加，以后开展 BPI 项目也就更加顺利了。当然，这要建立在项目团队积极总结和分享经验的基础上。

建立自己的总结经验方法论

总结经验方法论也就是项目经理与项目团队合作总结，并向全公司分享经验的方式。对于那些积极总结经验的公司来说，所有项目的开展都有一定的模式可循。如果先前的项目没有留下什么经验可以借鉴，聪明的项目经理就会自己建立起一套总结经验的方法并与团队分享。如有必要，项目经理还可以通过电子邮件与下一个项目的项目经理分享经验。

总结经验不仅要总结 BPI 项目中的成功之处，也要总结失败的教训，如遇到什么问题，决策为何低效等，并讨论如何避免类似的情况发生。

一个简单的总结经验方法论包括一份涵盖以下信息的文件：

- 回顾的领域（团队开工会，供应商/外包商、相关方的处理，沟通和过程性文件等）。
- 回顾的领域中所遇到的问题。
- 解决问题所用的方法及其他可用方法。
- 项目的成功之处（做得好的地方）。
- 有待改进之处。

如果用技术的途径来分享总结的经验，项目经理就应该把信息分门别类，方便他人搜索，如分成问题解决、风险辨认和人事沟通等类别。另外，这些信息还应该可以按照关键词来搜索，如相关方或供应商/外包商等。

有效地使用技术

技术的使用可以提高相关方的参与度，特别是在全球性的大公司或员工分布范围较广的公司中。技术可以用在与相关方的沟通、项目信息的分享和更新上，这大大便利了项目成员沟通和传递信息。电子邮件、电话会议、各种复杂的工具，如项目门户网站等，都可以视为使用的技术。

对于跨国公司内的 BPI 项目，要确保所有项目成员和相关方都可以使用技术，没必要多，选择最合适的一种就可以了。如参与项目开工会的项目成员和相关方身处异地，面对面会议无法实现，这时候项目经理就要选择虚拟平台与他们开会。

表 3.15 提供了一些使用技术来达到项目目标或完成任务的例子。

表 3.15　使用技术的实例

技　术	目　标		
	与项目团队和相关方分享信息	开相关方会议以收集当前流程信息及给他们机会就新流程的设计发问等	与项目成员讨论如何合作解决问题
远程会议	×	×	×（小群体）
电子邮件	×		
虚拟会议	×	×	×
项目门户网站	×		

项目门户网站

项目门户网站是分享项目信息、保持相关方的参与及进行项目沟通的有效工具，它也可以用来存储项目文件和总结的经验。项目经理可以利用门户网站来让项目团队：

- 明白自己在项目中的角色和责任。
- 轻松获得其他项目成员的联系方式，如果项目成员身处异地的话，还可以查询世界时间。

- 展示推动项目进行的专业知识和特殊技能（如技能和完美解决问题的能力等）。

门户网站就相当于汽车的仪表盘，可以为赞助人和关键相关方提供项目的更新信息。

> 有一个 BPI 项目涉及 8 位赞助人和 6 位相关方，他们都想了解项目，因此项目团队建立了一个门户网站，让他们能随时随地获取需要的信息。

第 3 章我们主要讨论了 BPI 项目的系统方法的价值。在这一章中，我们提到了怎样让项目团队积极参与项目的初步计划阶段和开工会，让他们在工作和生活上对彼此有一定的了解，从而让他们在项目过程中和谐共处而且互相信任。但是要做到这一点并不容易，每个公司都有很多事务，因此项目总是被迫开始，而且有些增进成员互相了解的活动也经常被省略。其实这些活动不仅仅只是为了游戏和娱乐，更是为了让团队成员学会互相配合，与相关方合作，以及记录存档重要文件。如果项目成员都能为文件的记录存档出一份力，项目就能获得更多的认可和承诺。

因为变更对项目的影响甚大，所以项目团队必须根据项目的复杂度建立一个应变计划。可能有些项目经理会觉得不可思议，但是本书的作者确实多次被急召处理因为没有做好应变计划而走向失控的 BPI 项目。如果公司内部已有变更管理的流程，项目经理就要把它介绍给项目成员，以增进他们的理解。若没有，那就制定一个流程以造福后来的项目。

第 4 章

理解项目和建立人际关系

如果项目经理、项目团队和赞助人没有为 BPI 项目建立人际关系，没有获得相关方的认可和承诺，那么这个项目注定要失败。但是，在做这件事之前，项目经理及其团队必须自己先理解项目。

杰里米花了大量时间向赞助人了解项目目标及它是如何与公司长期发展战略相符合的，他自信能够在相关方会议上清楚地介绍项目并回答提问。会议上，大家提出的第一个问题就是为什么现在要开展这个 BPI 项目。这个问题杰里米早有准备，他向相关方解释了开展项目对公司长远发展有深刻的意义，而不是为了简单地满足客户的需求。另外，他还解释了项目对于相关方的意义。

步骤一概述

图 4.1 详细解释了管理 BPI 项目的六步法中的步骤一，我们在第 3 章也提到过这六个步骤，但本章的重点是理解项目并建立人际关系。

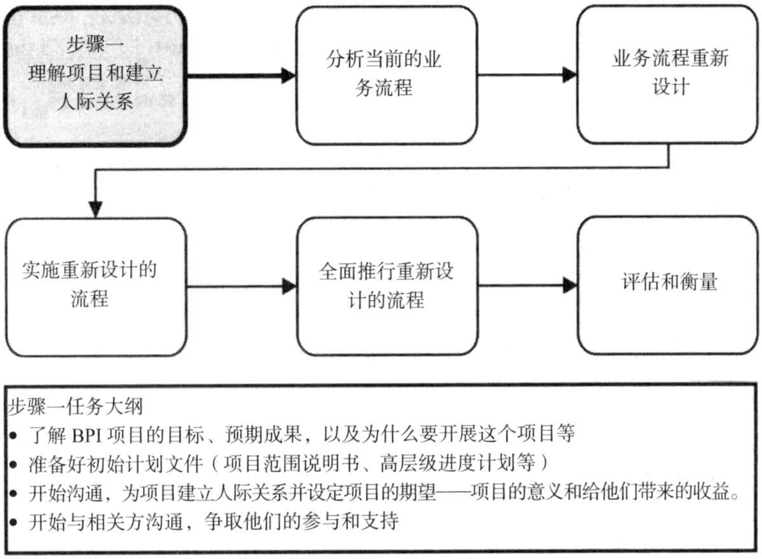

图 4.1 六步法的步骤一

在这个起始阶段，项目经理及其团队的主要任务是：

- 做好 BPI 项目所要解决的问题的文件描述。
- 制订项目的初步计划。
- 识别会受到流程变动影响的相关方。
- 初步制定好项目范围说明书。
- 确定流程改进所要达到的预期效果（用于衡量项目成果）。
- 准备好初步的沟通计划。
- 制定初步的时间表及项目预算。
- 确定培训需要的资源并准备好项目实施/推广计划。

我们在之前的章节都讨论过这些任务，它们能在很大程度上帮助项目经理和项目团队了解项目。在他们完全了解项目——包括项目对公司和对相关方的意义及为什么要开展项目、项目的预期目标是什么——之后，才有可能成功为之建立人际关系，获取他人对项目的认可和承诺。

项目经理和项目团队在完全了解项目之后，就要开始为之建立人际关系，特别要争取那些对项目尤为重要的人参与。虽然赞助人也可以担起这个责任，但是项目经理及其团队还是要制订好计划，并在必要的时候请求赞助人的协助。

本章和全书一直在说为项目建立人际关系，确保理解的一致性，现在就来定义这个术语。建立人际关系就是让相关方能接受、支持 BPI 项目并做出承诺的一种沟通艺术和过程。

但这并不意味着如果相关方不赞成开展项目的决定，那项目就得停止。相反，要做到的是让相关方理解开展项目的原因并增加他们的信心。

▶ 提前和持续建立人际关系的意义

在正式开展工作之前项目经理及其团队就要为项目建立人际关系，这样项目才能高效运行并走向成功。但是，很多项目经常没有做好沟通工作就匆匆忙忙地开始了，通常是因为以下原因：

- 不明白怎样为项目建立人际关系。
- 对建立人际关系不感兴趣。
- 不理解投入时间和精力来建立人际关系的意义。
- 误认为建立人际关系并不是工作的一部分。

> 本书的作者之一吉娜的经验表明，为 BPI 项目建立人际关系能大大增加项目成功的概率。当她与项目团队投入时间和相关方一起讨论项目意义的时候，她更能获取相关方的支持，帮助项目走向成功。这是因为在项目过程中，他们的支持和帮助是必不可少的（如提供信息、提交报告或测试新流程等），在请求帮助之前先与他们沟通好，就能在需要的时候获得他们的全身心投入。

但是，建立人际关系并不是一朝一夕能完成的，而是应该从工作开始之前贯穿到项目的整个过程，如在相关方会议或项目门户网站上继续讨论项目意义等。若不能做到这一点，那么相关方可能对项目失去兴趣，从原来的支持者变成反对者。

建立人际关系对任何项目都很重要，尤其是 BPI 项目，因为 BPI 项目在很大程度上牵涉变革管理。若是在项目开始之前没有做好沟通工作，那么遭遇变动的时候，原本的变革提议就很可能失败。项目的规模越大，项目经理越要设置一个沟通团队专门为项目建立人际关系，成为相关方与项目团队的联系点。这时项目经理在公司里的人脉就发挥了作用，如果没有人脉，通过向别人宣传项目意义来获取支持会变得十分困难。这时候，不可以因为要建立人际关系而暂停项目，项目经理就要任命一位在公司内有广泛人脉的项目成员或关键相关方来负责为项目建立关系。

为项目建立人际关系的意义

投入时间为 BPI 项目建立人际关系的意义在于:

- 获取相关方的全身心投入。
- 在项目过程中能吸引更多相关方参与。
- 增加 BPI 项目成功的概率。
- 识别项目的支持者和反对者。
- 帮助把原本中立甚至反对的人转化为项目的支持者。

在项目开始前就做好建立人际关系的工作能获取相关方的认可和承诺，减轻后来的工作负担，保证项目能一直顺利进行。

建立人际关系面对的挑战

在为项目建立人际关系的时候会遇到各种各样的挑战，第 2 章我们讨论了如何获取高层领导的支持，这一章我们会特别关注如何应对各种挑战来获取相关方的支持。

员工以往参与 BPI 项目的经历，无论是在公司内还是公司外，都会影响到他们对本项目的支持，这就给项目经理带来了挑战。那么项目经理怎样知道员工是否参与过 BPI 项目呢？最好的方法就是直接问!

吉娜在帮一个客户为他们即将开始的 BPI 项目建立人际关系。公司里的情况是：超过半数的员工都对这个项目没有热情，甚至公开反对。吉娜觉得很奇怪，怎么会有这么多人同时反对呢？于是她进行了深入调查，包括与公开发表意见的员工谈话等，她终于发现原来大约两年前公司开展过相同规模的 BPI 项目，但是当时项目并没有带来多少成果，他们从此对所有 BPI 项目都失去了信心。于是，吉娜说服了公司的执行总裁把项目开始时间延后两个星期，好让她有时间与相关方进行沟通，把他们转变为项目的支持者。吉娜的计划是：向相关方承认过去项目的失败，并保证这次项目不会重蹈覆辙，给相关方以信心。

遇到反对项目的人，项目经理应该更有耐心，仔细询问，了解他们反对的原因。项目经理可以询问以下问题：

- 为什么你认为这个项目不会成功?
- 关于项目的开展你最担心什么?
- 如果你是项目的领头人，你会怎么做?

项目经理也要询问有关员工之前参加的项目的信息，这样能打开话题，项目经理也能更了解员工反对的原因，将更多的反对者转变为支持者。

除了员工以往参与 BPI 项目的经历，建立人际关系的时间安排也会给项目带来挑战。BPI 项目的时间通常都很紧迫，因为项目是为了解决公司内部的某些问题。而且，有些公司的领导认为，建立人际关系就是在浪费时间。在这些情况下，项目经理更要争取在商业计划里为建立人际关系安排时间，最好着重表明与相关方进行沟通并建立人际关系的意义，获得他们的认可和支持。

> 我们有一个客户把为项目建立人际关系称为“聚会派对”，他认为这根本是在浪费时间，拖慢了项目进度。为了说服他，我们进行了一个小调查，结果表明之前所开展的项目在公司里都没有多少人支持，项目看起来似乎是成功的，但是其实新流程使用没多久后又被抛弃了。于是这个客户决定试一试，这次在项目开始之前先建立好人际关系，看看与之前相比有什么不同。结果，建立人际关系工作开始的两周后，这个项目吸引的相关方数量就比以往任何一个项目都多。

此外，怎样建立人际关系也是一个挑战，有时候是公司不知道怎样进行，有时候却是项目经理为了尽快开始项目而匆忙跳过这个环节。这些都给人际关系的建立造成限制，减少了参与项目的相关方的数量。

▶ 人际关系建立的途径

与做好项目的沟通工作相似，运用多种途径为项目建立人际关系也很重要，这能让我们接触到更多的相关方，了解他们对于项目的意见，并争取他们对项目的支持。但并不是所有的相关方都喜欢在众人面前发表意见，如在全员大会上，他们在一对一或小群体面谈的时候可能更乐于给予反馈。

表 4.1 是几种为 BPI 项目建立人际关系的方法。

表 4.1 为 BPI 项目建立人际关系的方法

• 一对一访谈	• 小群体会议（跨部门）
• 部门/业务单元会议	• 电子邮件和公司的时事通讯
• 全员会议	• 在公司走廊里贴海报
• 早餐、午餐或下班时的聊天	• 公司内部网站（Intranet Sites）/项目门户网站
• 调查访谈	• 走廊里或咖啡间的聊天

图 4.2 是某个客户贴在公司走廊里的一张海报。

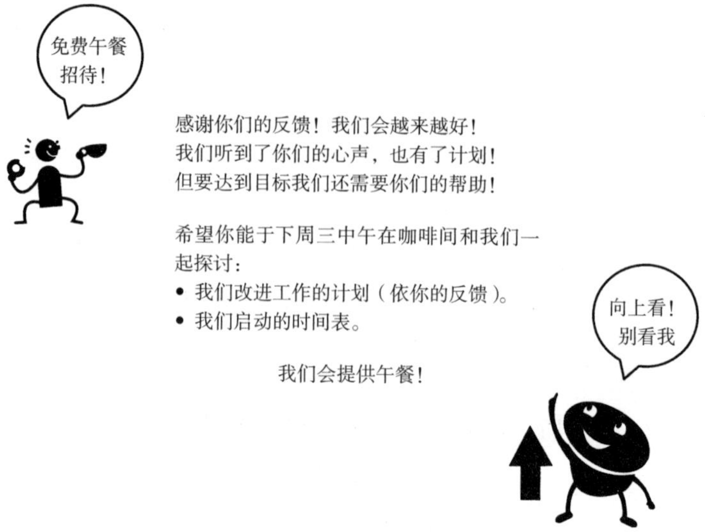

图 4.2　建立项目人际关系的海报示例

在仔细看完员工参与调查的反馈后，领导意识到虽然公司现在发展状况良好，仍需对系统进行改进以提高员工的工作热情。组织在扩张，但工作的流程和程序一直没有进行变更，为了适应公司的规模，流程和程序正变得越来越繁重。这张海报就是与员工进行沟通并让他们准备好参加项目的首要步骤之一。

不同的公司可以采取不同的途径，无论怎样，要记住，我们的目的是在项目开始前为之建立好人际关系，并保证员工参与项目的全过程，从而增加他们对项目的支持，促进项目走向成功。

作者们特别喜欢在饮水间或咖啡间里听听消息，如员工对项目的看法，因为有些人并不喜欢在正式的会议上发言，所以这些话在正式的场合一般是听不到的。

选择正确的途径来建立人际关系

要选择适当的途径来建立人际关系，就要考虑下面 4 个因素：

- 项目的复杂度。
- 根据公司文化和环境，选择什么途径会起作用。
- 对相关方有用的方式。
- BPI 项目团队可以使用什么方式。

表 4.2 中的内容是建立在上述 4 个因素之上的，项目团队应该仔细思考。

表 4.2　建立人际关系的考虑因素

因　　素	考虑什么
项目的复杂度	项目越复杂，就越要用多种途径来联系尽可能多的相关方。当然，对于那些只影响一两个部门的项目来说，可能参与部门会议或一对一访谈就足够了
公司文化/环境	对于那些办事正规的公司，可能通过电子邮件来联系会比较有效果，对于这些公司的员工就要用正规的途径来获取支持。但是对于氛围较为轻松的公司来说，可能走廊里的海报更能吸引员工的注意。当然，如果公司经常有客户来访，那可能不希望在走廊里张贴的这些海报被客户看见
相关方	只有对相关方有所了解，才能选择合适的途径来建立人际关系。对于那些比较内向和保守的相关方就要采取一对一访谈的方法，对于不愿意透露姓名的人就采取填问卷的方法。项目的反对者越多，沟通的途径也要越多样化
BPI 项目团队	千万不能忘了 BPI 项目团队！要选择各种途径和项目团队沟通可获得的资源、相关方的数量、项目时间表和预算，以及团队正在努力完成的任务是什么、让项目团队感到舒服的是什么

除此之外，还要考虑公司以往开展过的 BPI 项目中有哪些好方法和反面例子可以借鉴。项目经理可以与这些项目的项目经理联系，了解他们是如何成功吸引相关方参与的，还可以听听项目成员获得认可的最佳实践，在其中寻找启发。

制订全面的沟通计划

在第 3 章我们讨论了初步的沟通计划，现在我们要对其进行详细探讨，让项目经理能制订出全面的沟通计划，用于与相关方沟通及向他们报告项目的进度。

全面沟通计划是从为项目建立人际关系开始的，其内容包括什么时候、在什么情况下要进行沟通。当然，随着项目团队不断地从相关方处获取信息，沟通计划也要随时调整。全面沟通计划给项目带来的益处在于：

- 全面提高沟通效率（沟通的频率和质量）。
- 让团队成员能参与并负责与特定的相关方进行沟通。
- 随时让相关方知道项目的进展，保持他们的参与度。
- 用双向对话的方式让沟通更顺畅。

在 J.Ross 网站上可以下载两份沟通计划的模板，一份较为简略，一份较为详细。BPI 项目越复杂，沟通计划就越要详尽，包括项目信息的分发需求和流程、问题升级流程，以及团队成员沟通责任的分配等。

项目经理在制订全面沟通计划时应与项目团队合作，保证他们能参与沟通过程。项目越复杂，项目经理越要依靠团队成员的专业知识来决定沟通的内容和时间。项目经理不必一人担起沟通的责任，他可以与团队成员一起分担，把权力分散，利用他们的专业知识来做好沟通工作。

在制订沟通计划的时候，要考虑以下几点：

- 需要让相关方知道的信息是什么？相关方想知道什么？
  - 要向相关方传达的关键信息是什么？（为什么要开展项目？有什么意义？公司会给予项目什么支持？）
- 相关方会问什么问题？他们想达到什么目的？要怎么处理？

选择适当的沟通途径

选择沟通途径与选择建立人际关系的途径相似，沟通的途径越多，吸引相关方的机会就越大。表 4.3 列出了一些沟通途径及其使用场合。

表 4.3　沟通途径

沟通途径	使用场合
会议：小群体会议、部门会议、全员会议、虚拟会议或各种会议的综合	• 首次向相关方介绍项目 • 再次向相关方介绍项目或收集信息（小群体会议或虚拟会议） • 及时向相关方报告项目进展（而不是赞助人）
电子邮件、电子版时事通讯或项目门户网站（内部网站）	• 分享信息 • 在常规的相关方会议以外提供项目进度信息
调查或面谈	• 收集信息 • 核实收集到的信息 • 核实已记录的当前流程信息，收集对新流程的反馈
一对一访谈	• 应对项目的反对者 • 争取那些摇摆不定的相关方 • 让不好意思在大会上发言的相关方畅所欲言

要对症下药，不同的场合用不同的途径进行沟通。例如，回答相关方提出的问题，就要用面对面的会议或虚拟会议，而不是通过电子邮件或电话会议。

詹姆士正在准备开首次相关方会议来介绍项目及流程改进的各项任务完成时间。这个新流程会影响公司里的 3 个部门，因此他要进行沟通的对象众多，他使用了下面的方法来从 3 个部门的员工处获得必要的信息：

- 给那些能亲自到场的相关方准备两次面对面的会议。
- 为那些不能参加面对面会议的相关方准备两次虚拟会议。
- 记录下这 4 次会议并发给 4 次会议均无法参加的相关方。
- 把所有的项目信息都放到项目门户网站上以供浏览。
- 通过这么多的沟通途径及准备好备用计划，詹姆士成功联系上了 90%的相关方，剩下的 10%，他与他们进行了一对一访谈。

分阶段进行沟通的方法

分阶段进行沟通也就是根据项目进行的情况来进行沟通。我们之前提过，项目早期的沟通包含所有相关方，因为这时沟通的目的主要是向相关方解释开展项目的目的及项目对公司和相关方的意义。但是随着项目的进行，沟通途径也要根据项目进展而改变。这时候沟通的目的不再是向相关方推销这一项目，而是让他们随时了解项目进度，以及向他们收集对新流程的反馈。

图 4.3 是人力资源部分阶段沟通计划的部分内容，是基于该部门在项目的全过程需要知道什么信息而制订的。（这个沟通计划是图 3.13 的一部分）

人力资源部沟通计划（部分）				
项目阶段	沟通对象	沟通内容	沟通时间	沟通途径
阶段一	人力资源部	项目章程、范围说明书、进度安排、总体计划及要求的参与度	项目初期（1 月）	在人力资源部部门会议上进行展示和讨论（总共用时 1 小时）
阶段一		后续会议，回答人力资源部关于首次会议的问题	1 月中	两次面对面的会议（每次会议用时 1 小时）
阶段一		对人力资源部进行门户网站的使用和如何与项目团队沟通的培训	1 月中	通过虚拟平台进行培训，派发参考资料（每次会议用时 1.5 小时）
阶段二		记录当前流程	1 月末开始	一对一或小群体会议（每次会议用时 1.5 小时）
阶段二		确定已记录流程的有效性和准确性	2 月初	带有调查链接的电子邮件，以收集反馈

图 4.3　分阶段的沟通计划（部分）

在图 4.3 中我们可以看到，项目团队已经和人力资源部这个关键相关方确定好了沟通需要（阶段二），而且对沟通进行了详细的计划，确保必要的时候能顺利进行沟通。要记住，不能等到出事了才想着要沟通，这样的沟通根本没有效率和质量可言。最好让那些负责与特定群体沟通的团队成员来制订沟通计划。

图 4.4 是在 BPI 项目的不同步骤使用不同沟通途径的例子。在项目的早期规划阶段，项目经理或负责人就应该从项目的主要任务或里程碑事件的角

度来确定沟通需求，从而制订好沟通计划。

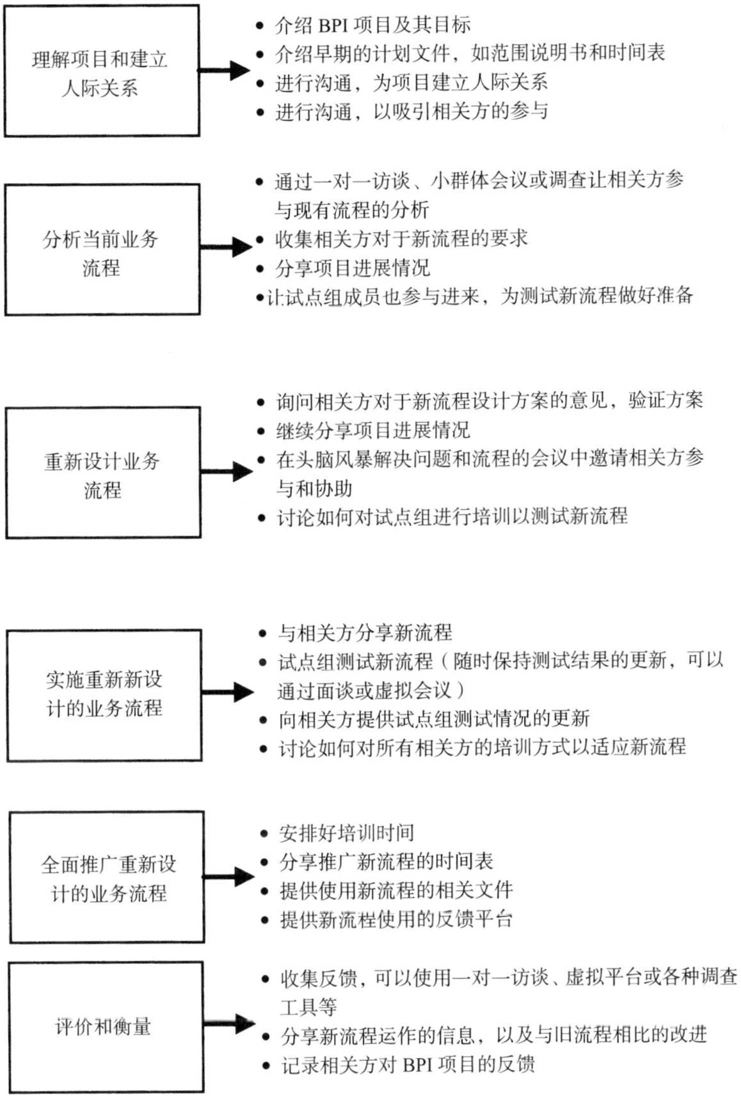

图 4.4　沟通类型举例

表 4.4 举了一个例子说明沟通不良会对 BPI 项目产生什么影响。

表 4.4　沟通不良的后果

项目团队沟通不良	与相关方沟通不良
• 对 BPI 项目的目标产生误解 • 任务超时 • 团队成员之间产生矛盾 • 团队成员无法齐心协力 • BPI 项目进展效率低下，导致超出了预期的时间、范围或预算 • 项目成员没有全身心投入项目中 • 项目停滞不前，毫无进展	• 无法获得相关方的参与和投入 • 无法获得项目所需的关于流程记录和设计的信息 • 对项目成功与否的衡量标准产生误解 • 项目团队与相关方或相关方之间产生矛盾 • 相关方反对项目进行 • 项目失败

与相关方沟通的特别考虑

沟通原本就是困难重重，再加上是业务流程方面的沟通，这就对沟通的效率、效果和质量带来了挑战。不是所有的相关方都喜欢同一种沟通途径，有些人注重视觉上的信息输入，如报表和图片等，有些人更喜欢随心所欲地获取信息，只关注自己感兴趣的那部分的细节，还有些人喜欢通过一对一的面谈来了解项目。

最理想的是，项目经理能用每个人喜欢的方式来进行沟通，但是这可能不现实。

> 吉娜想要更好地与相关方进行沟通，她总是说："我会在你们每月一次的部门会议上简单介绍项目的进展情况，你们也可以在门户网站上随时随地找到自己想要的信息，这种方式你们满意吗？"所以这么多年来，她还没听过有人提反对意见。

考虑以下最佳实践来提高沟通效率，不仅能给相关方提供他们需要的信息，还有助于达成项目目标：

- 学会倾听。
- 保证对话是双向的。

- 对话过程中要坦诚相待，不要咄咄逼人。
- 注意相关方透露出的肢体语言。

这些细节有助于对话更加顺畅有效率。

除此之外，还要规律性地与相关方进行讨论，确定沟通内容和沟通效果。可以问他们：你认为项目团队的沟通有没有效率和质量？你有没有得到需要的信息?对沟通的方式满不满意？若不满意，你认为项目团队的沟通途径还可以怎样改进?

团队成员间的沟通

人们经常认为，团队成员间的沟通是自然而然的，其实并不是。团队成员间的沟通也要有计划和推动措施，就像与相关方的沟通一样。

一开始的时候，一定要让团队成员互相了解，才能加强沟通。在第 3 章中我们说过，团队开工会中的一个活动，就是团队建设活动，目的是增进项目成员间的沟通。本章我们的重点是如何制定合理有效的团队沟通策略。

在项目开工会中应进行有关团队成员沟通的讨论，本章的沟通策略无论是在面对面会议还是在虚拟会议中都能实行。表 4.5 是团队成员沟通计划的必要组成部分，读者可以在 J.Ross 网站上下载相关例子。

表 4.5 沟通计划组成部分

沟通计划组成部分	描　　述
沟通需要	沟通的内容和时间?
沟通路径	沟通的顺序是怎样的？从谁到谁?
沟通通道	通过什么沟通，电子邮件、电话还是虚拟会议?
沟通回应时间	收到邮件、电话等团队成员要在什么时候回应？（回应时间）
沟通状态	这次沟通是优先事项、常规事项还是提供信息就行？把沟通贴上一张状态标签以便于查看
沟通时间	沟通时间应该怎样安排？是每周一次、每月一次，还是更频繁一点?

如果项目成员自己参与了沟通计划的制订，那么在实行的时候他们就会更加遵守计划的规定，项目经理也可以在其中发挥作用，如他可以在每次开

会的时候指定某个项目成员以一个问题来作为会议的开始，每个项目成员都要回答这个问题，这样就能拉近他们之间的距离。

团队日历可以清楚地展示团队成员的假期或节日安排，还可以在日历中加上团队成员请的病假及其临时替代者。准备好临时替代者对于项目成员间的沟通很重要，能减少很多因为成员休假或生病而导致的紧急情况发生。

图 4.5 提供了一些可以作为团队会议开场的问题。

- 如果我有一次与名人（无论在不在世）共进晚餐的机会，我会选择＿＿＿＿＿＿。
- 我梦想中的假期/节日是＿＿＿＿＿＿＿＿＿＿。
- 我退休之后要＿＿＿＿＿＿＿＿。
- 我会重复看的一部电影是＿＿＿＿＿＿＿＿＿＿＿＿＿，因为＿＿＿＿＿＿。
- 如果你要建立自己的乐队，你会选择什么名字？玩什么音乐？
- 如果我不用靠工作来维持生计，你会做什么？
- 我休假的时候最喜欢做的事是＿＿＿＿＿＿＿＿＿＿＿＿＿＿＿。

图 4.5　引起项目团队兴趣的话题

图 4.6 是一个团队资源目录的例子，里面包括团队成员的联系方式。而个人兴趣爱好这一项属于个人信息，能增进团队成员间的互相了解。

BPI 项目团队资源目录（部分示例）

团队成员名字	组内角色	所属业务单位/部门	电子邮箱	电话号码	工作地点/时间/ 时区	专业/特殊技能	个人兴趣爱好
贾斯敏·阿方索	小组长	销售部	jalphonso@coname.com	+1555 555-55 55	圣地亚哥 10:00AM—6:00PM 太平洋标准时间 格林威治- 7	合同谈判	已婚，3 个孩子，养有 2 只狗，2 只猫，1 只青蛙！ 喜欢远足和骑车
约翰·艾博斯达克	IT 组组长	信息技术部	jeberstark@coname.com	+01149 8955.55 5555	慕尼黑 8:00AM—4:00PM 格林威治+1/2	应用程序开发 信息技术安全	悬疑小说爱好者 偶尔写写小诗 已婚，2 个孩子
赛勒斯特·巴德奥	小组成员	人力资源部/管理部	cbadeau@coname.com	+01133 1 55.55 5555	巴黎 9:00AM—5:00PM 格林威治+1/2	培训	单身，养有 2 只狗，喜欢骑机车和修剪花圃
杰克·萨姆森	小组长	信息技术部	jsamson@coname.com	+1555 555-55 55	纽约 9:00AM—5:00PM 东海岸时间 格林威治- 5	网络基础设施建设	单身， 喜欢环市骑车，纽约的每个博物馆都至少去过 2 次！

图 4.6　团队资源目录示例

团队资源目录和其他项目团队的文件都可以放在项目门户网站上或项目数据库里。

与相关方工作

我们之前就说过，如果 BPI 项目组的成员和相关方之间没有紧密联系的话，要吸引相关方参与项目根本不可能。要与相关方进行高效合作，就得在前期投入大量时间和精力去理解他们对 BPI 项目的要求和期望。虽然有些相关方会支持项目，但是也有很大一部分人不支持，每个人对项目都很重要，没有他们项目不可能成功。

相关方影响了 BPI 项目的成功与否。在项目的初步计划阶段，要投入时间为项目建立人际关系，了解相关方和他们对项目的期望。

识别合适的相关方

BPI 项目的相关方数量总是会超出预期的。项目经理大都会把注意力放在领导层里的相关方上，他们错误地认为这样就能顺便掌控好其他人。但是 BPI 项目是改进员工工作流程的，所以让那些真正运用新流程的人介入是很有必要的，而这些人通常不会是领导。

图 4.7 提供了一些问题帮助项目经理正确地选择相关方。在项目初步计划阶段和初次团队会议上，项目经理可以考虑图 4.7 中的问题来看看是否选择了合适的相关方。

识别合适的相关方
BPI 项目会影响哪个关键领导的部门或分部？
BPI 项目会影响这些部门里的哪些人？
哪些主管或中层经理会利用这个 BPI 项目的成果来管理员工？
BPI 项目需要哪些人的帮助——询问问题、提供信息、撰写报告或其他贡献？
谁之前参与过 BPI 项目，能为现在的项目提供建议或指导？
项目会涉及公司外的哪些供应商？
在接下来的几个月中，谁会加入公司且很有可能加入这个项目？
有没有把员工从当前的工作岗位转移到受 BPI 项目影响的新部门的调动计划？

图 4.7　识别相关方要考虑的问题

推销新流程或优化后的流程

我们不能认为公司里任何职位的相关方都会接受新流程或优化改进后的流程，而要根据他们的需要让他们看到改变的必要性。

一旦确定了合适的相关方，项目经理就可以通过沟通和建立关系来让他们看到开展 BPI 项目的必要性。本书之前提过，项目经理自己要对 BPI 项目有深刻的了解：项目如何与公司的长期发展战略相符合？预期目标是什么？对使用新流程的员工有什么益处？这些信息对于项目经理推销新项目是非常重要的。

莎莉是一家制药公司的项目经理，她经常参加公司的全员会议和各个部门的会议，这对于项目的开展十分有帮助。当她接到 BPI 项目的任务时，她可以根据在会议上听到的内容，向很多领导和中层主管解释项目可以怎样帮助他们达到目标和应对风险，从而让他们接受项目的提议。

▶ 吸引并保持相关方参与

本章提到了很多如何为项目建立人际关系及吸引并保持相关方参与项目的方法。在正式开始项目之前，项目经理要时常与全公司上下员工进行沟通，以便开展项目的时候能一切顺利。

要让相关方参与项目中，最好的方法就是让他们负上一部分责任。虽然很多相关方，特别是中高层领导都不会直接参与项目的任务，但是项目经理可以通过以下方式让他们参与进来：

- 要求他们提供对项目文件的反馈。
- 收集他们对项目改进的要求。
- 要求相关方发表他们对当前流程的意见和改进建议。
- 邀请相关方参加项目进展报告会议。

在 BPI 项目过程中，项目经理应该经常与相关方联系，可以通过面对面的会议、电话会议、虚拟会议或门户网站等，来了解他们对项目的意见。

当然，有些相关方是要参与项目任务的，比如：

- 为当前流程的记录提供信息。
- 核实校对当前流程的记录。
- 填写问卷，参加特定的团队会议。
- 测试提议的或“可能”流程。
- 测试未来流程。

建立信任和获得认可

与相关方建立互信和获得他们对 BPI 项目的认可，这方面的重要性写上 10 张纸都列不完。与罗马城一样，信任并不是一日建成的，也不可能凭空产生。不可能因为高层领导任命 BPI 项目经理领导项目，他们就会获得其他人的信任，项目经理必须自己努力来争取信任。

表 4.6 是几种阻碍，项目经理与相关方建立互信的因素，以及如何从项目一开始就着手建立信任。

表 4.6 建立信任的阻碍因素和如何建立信任

阻碍因素	如何从项目一开始就着手建立信任
与相关方的沟通限制太多，接触频率太低	• 在项目开始之前就与相关方一起制订沟通计划 • 就算没有什么信息可以分享，也要闲聊一会儿 • 根据项目进度，对沟通计划进行规律性的评估和调整
相关方（感到）没有得到想要的信息	• 如果你不知道问题的答案，要告诉相关方，不能胡编乱造 • 不能立刻分享信息的时候，要进行解释，并说出可以告知他们的时间 • 出现问题的时候，要立刻告知相关方，并让他们知道问题会得到解决

续表

阻碍因素	如何从项目一开始就着手建立信任
不听取相关方的需求	• 做个积极的倾听者，让相关方说出自己的想法和对项目的评论 • 可以使用询问他们问题以加强自己记忆力的方式来记住他们的要求
忽略了之前 BPI 项目犯下的错误	• 在第一次相关方会议中，听取他们对以往 BPI 项目的意见，并向他们解释这个项目会有什么不同（经验借鉴） • 正确勇敢地认识之前 BPI 项目失败的原因，解释清楚这个项目会怎样做来增加成功的机会 • 如果你之前领导过一个 BPI 项目但失败了，要承认失败并解释这次为什么会有所不同
没有向相关方解释清楚BPI项目	• 在向相关方解释之前，自己要弄清楚 BPI 项目的商业计划 • 要从项目对公司和相关方两方面解释项目的意义

只要项目经理及其团队成员有开放的心态、诚实的态度和足够的耐心，他们就能与相关方建立相互的信任。在 BPI 项目刚刚开始、与相关方的沟通计划才刚起步的时候，项目团队应该考虑以下问题：

- 以往 BPI 项目中的沟通活动最成功的是哪些？
- 以往 BPI 项目中的沟通活动最不成功的是哪些？
- 什么沟通活动能尽可能让更多的人参与进来？
- 什么沟通活动对于把反对者转化为支持者最有效果？

项目团队应仔细考虑以上问题的答案，从而更好地制订沟通和人际关系的建立计划。

处理好支持者和反对者

项目经理应在项目早期就辨认出项目的支持者和反对者，并制订相应的计划，其目的是：

- 让支持者保持对 BPI 项目的参与度和兴趣。
- 把反对者转化为支持者。

支持者是比较好应对的，他们本身就对项目的开展感到高兴，愿意参与项目并为之付出努力。但是，这并不意味着我们可以忽略他们，如果项目团队没有让他们保持参与的话，他们很可能变成反对者或对项目漠不关心。

若要在 BPI 项目一开始就获得众人支持，以下因素能起到促进作用：

- 项目能给员工带来个人或职业发展的机会和收益，如学会处理风险、承担责任、工作晋升和跨部门合作。
- 项目团队对项目有深刻的理解，能向相关方解释清楚项目，如开展项目的原因，包括当前流程存在明显缺陷、无法满足客户需要或公司收入受到影响等。
- 公司之前成功完成过 BPI 项目，相关方获益良多。
- 在项目正式开始前对项目进行过讨论，在项目早期就吸引相关方的参与。

项目团队需要花更多的时间和精力来应对反对者，才能把他们转化为支持者。但是我们要知道，并不是所有的反对者都可以转化为支持者的，项目经理的目标应该是尽可能地转化他们，而且要保证那些始终反对项目的人不会对项目产生负面影响。

项目一开始就有一批反对者可能是因为以下因素：

- 以往 BPI 项目失败了。
- 相关方不明白为什么要开展项目，或者不知道项目能给他们带来什么益处。
- 担心项目的开展会加重他们的工作负担，或影响他们的既得利益。
- 在没有与相关方进行任何沟通的情况下，项目就开始实施和工作了。在制订沟通和建立人际关系的初步计划时，要对支持者和反对者制订不同的计划，同时还要考虑那些对项目不关心的相关方。

学习影响而非控制

项目经理会遇到的一个大挑战就是他们控制不了相关方，他们没有权力命令相关方在什么时候做什么事。因此，不靠职位而是靠自己的影响力来管理好相关方这一点就显得特别重要。为了达到这一目标，项目经理必须做到以下几点：

- 项目经理必须与相关方建立密切的关系，互相信任，对项目和项目团队的工作有充分的信心。
- 项目经理在沟通的时候必须秉着开放、诚实的态度，而且要有耐心地进行多次沟通，与相关方分享各种信息，如项目目标及项目对公司和相关方的意义等。

除此之外，为了获得相关方协助完成项目任务或提供信息的承诺，项目经理要清楚地说明在什么时候需要什么样的帮助，以及这些帮助会起到什么作用。

道恩正在领导着职业生涯中的第一个 BPI 项目，从 6 月初开始并计划在 10 月底结束。她知道得向相关方询问信息以对当前流程有所了解，而且在核实当前流程记录和评估各种设计的流程的可能性的时候也需要他们的帮忙。但是，她并没有确定好求助于相关方的具体时间，而只是简单地告诉他们项目开展时间是 6 月初到 10 月底，在这段时间内项目团队需要他们的帮忙，希望他们能抽空参与。有 3 个相关方问为什么这 5 个月他们都要帮忙，另两个相关方则问具体需要他们在什么时候帮忙做什么事，因为他们还有其他项目要参加。这时道恩无言以对了，如果她之前就确定好具体时间，比如，在哪个月的哪几天或哪两三个星期的话，她现在就不会遇到这么多阻力了。

从上述故事中我们可以预见到，道恩之后再让相关方参与项目会遇到很多困难，因为相关方没有得到必要的信息，也没有足够的动力来参加项目。道恩应该提前确定需要相关方帮忙的具体时间和内容，并在适当的时候请求帮忙，而不能等着他们主动上门。

▶ 尽早计划培训需求

就算是最简单的 BPI 项目，也需要有一定形式的培训或知识迁移来让相关方知道怎样使用新流程。项目经理应在项目早期就做好培训计划，这能在很大程度上能保证相关方的参与。相关方成为项目的反对者，其中一个很重要的原因就是他们不确定项目会对他们带来什么影响，如他们需不需要发展新技能？有没有人来教他们用不同的方式完成工作？他们能做好工作吗？等等。

虽然因为项目并没有确定下来，项目团队无法制订出详细的培训计划，但是让相关方知道他们会在接受培训后才开始工作这一点非常重要。

图 4.8 列出了尽早做好培训计划需要考虑的因素，其中最重要的是安排团队成员负责培训任务，这样才不会把这一步忽略了。

检查表：针对培训需求提前做好培训规划

是	否	
□	□	是否清楚哪些个人、群体、部门和分部需要接受培训？
□	□	人力资源部（培训部门或学习与发展部）需要参与培训吗？
□	□	需要邀请外部的供应商参与培训吗？
□	□	有没有向员工说明实行新流程之前会提供培训？
□	□	有没有人负责培训这项任务？
□	□	需不需要以多种形式进行培训？（面对面、虚拟平台、在线会议、参考资料）

图 4.8　提前做好培训规划检查表

在收集信息的环节，项目团队在收集当前流程信息的时候可能发现更多的培训需求。而且，对相关方“当前”流程和“未来”流程要求的技能和行为进行差距分析，也能表明培训需求。

类似图 4.9 所示的调查，也可以用于确定培训需求。

姓名	
职位	
在职时间	
在流程中扮演什么角色?	
你用什么设备或工具来使用流程(电话、电脑、特殊的软件等)?	
你用什么技能来完成流程中的职责?	
执行流程时，有哪些关键成功因素?	
使用流程时最大的挑战是什么?	
你怎样才能最快学到新知识(通过阅读、看还是听)?	
你还有其他关于培训需要或当前流程方面的信息要分享吗?	

图 4.9　确定培训需求的调查

▶ 把建立人际关系放入进度安排和项目计划中

作为最佳实践，建立人际关系这一环节必须放入进度安排和项目计划中，列为项目的必办事项。同样，也要把它列入沟通计划中，作为风险计划的一部分，而且要确保安排了专门的团队成员负责这一事项。

吉娜领导过的每个 BPI 项目的进度安排中的第一件事都是为项目建立人际关系。她会安排某个项目成员（如果是复杂度高的项目就亲自出面）专门负责这项任务。只有把它排上进度和沟通计划，人们才会去做。

项目经理不仅要告诉相关方他们对于项目的重要性，还要让项目成员知道为项目建立人际关系的重要性。在图 4.10 中有为 BPI 项目建立人际关系的各种方法。

把这项任务加进项目进度安排中能增加完成任务的可能性，项目团队会根据进度安排分配时间和资源来完成此项任务。

本章重点关注为 BPI 项目建立人际关系及其带来的收益。其实，这么多内容可以简单归纳为两步：

为 BPI 项目建立人际关系（部分完成）
1. 初步的相关方列表
  1.1. 列出支持者
  1.2. 列出反对者
  1.3. 列出不关心者
2. 人际关系建立计划
  2.1. 电子邮件沟通
    2.1.1. 代赞助人撰写发给相关方的第一封邮件（2 月的第一个星期）
      2.1.1.1. 发给赞助人审核
      2.1.1.2. 根据赞助人的意见确定邮件内容
      2.1.1.3. 赞助人发送邮件
    2.1.2. 代项目团队撰写发给相关方的第一封邮件（2 月的第三个星期）
      2.1.2.1. 项目团队发送邮件
    2.1.3. 制定将来发送邮件的进度安排
  2.2. 公司内部时事通讯
    2.2.1. 为时事通讯撰写文章
      2.2.1.1. 发给赞助人查看是否要修改
      2.2.1.2. 根据赞助人的意见确定文章内容
      2.2.1.3. 发给内部通讯部门，将之写进时事通讯中
    2.2.2. 与内部通讯部门合作，制定出将来发表文章的进度安排
  2.3. 部门会议
  2.4. 午餐聚会
  2.5. 网络研讨会

图 4.10 为 BPI 项目建立人际关系的任务

1. 项目团队自己要对项目有深刻的理解：为什么要开展项目？项目对公司和员工个人有什么收益？如何开展项目使得对相关方的影响降到最低？

2. 把这些信息告知相关方。

有时候，要让赞助人和高层领导看到为项目建立人际关系的价值，他们才会明白并同意进行此项工作。有时“建立人际关系”这一说法可能不太好，可以把它称为争取参与、获得认可，确保支持或者分享信息等。用什么言辞术语其实无所谓，只要有用就行。

吉娜与一家工程公司首次合作，她与该公司的执行总裁见面商讨开展项目的细节。吉娜向他解释必须在项目开始前就为其建立人际关系，确保相关方对项目有一定的了解。执行总裁却问道：“什么叫作建立人际关系？是举办聚会的意思吗？难道我们还要戴上帽子一起狂欢吗？我要的是做成项目！”很明显，执行总裁不接受建立人际关系这种说法，于是吉娜对

此进行了解释并还需要说服。此后，每次吉娜帮助管理项目，执行总裁都会拿出两顶派对用的帽子放在桌子上，这是属于他们两人间的小幽默，但是他确实明白了其意义。

第 5 章

分析当前的业务流程

分析当前的业务流程，就是将流程的现有模式图形化（呈现流程图），使得流程改进项目团队能够了解哪里存在差距，哪里具有改善空间。最有效方法就是：通过分析当前流程去寻找问题的根源，再制订处理方案。只要找出问题产生的根本原因，就能够避免同样的事情再次发生。想要找到根本原因，就要不断询问：为什么某件事情会发生？在日本，人们经常使用这种方法来解决问题。他们不断地对问题进行阐述解释，直到确定其产生的根本原因为止。让我们来看一个例子。

一个项目经理曾经被问：为什么生产出来的产品总是不能及时送到顾客手中？去年因产品逾期送达，企业就损失了 15 万美元以上。

项目经理对生产团队进行询问后注意到：

根本原因一：采购（供应商）问题

- 完工的产品经常因为检验不通过而返工。为什么？
  - ▪ 因为产品质量差。为什么？
    - ◊ 因为用了新的供应商。为什么？
      - ◻ 因为新的供应商价格较低，而且预算被削减，在这种情况下唯有停止与旧供应商合作，采用新的供应商。

当项目经理调查产品逾期的其他症状时，他发现：

根本原因二：设备落后或失效

- 机器频繁发生故障。为什么？
  - 多年没对机器进行维护。为什么？
    - ◊ 设备维护合同过期后没有重新签订。为什么？
      - □ 原本打算购买新机器一直没有购买。

通过对“产品逾期送达”这一问题的层层深入探究，项目经理发现，导致产品送达延误的主要原因有两个。只要对这两个方面进行集中处理，就可以改正问题，使产品送达回到正轨。

然而对当前业务流程的分析也可能误导流程改进项目团队。项目团队往往会简单回顾由流程拥有者（Process Owners）图形化的流程，这很容易导致整个流程改进项目失败。当前的流程记录可以用作指南，但绝不能根据字面意思断章取义。

▶ 步骤二概述

图 5.1 描述了 BPI 项目六步法中的步骤二——分析业务流程。

在 BPI 项目的步骤二中，项目经理和他的团队会对当前的业务流程仔细分析，并在某些方面做出修改。这一步骤包括以下几点：通过各种渠道向各种相关方收集资料；评估当前流程的文档；了解企业自创办以来的变化及未来的需求。

在这个步骤中，BPI 团队成员包括流程分析师、流程建模员（Process Modeler）、领导专题组工作坊的引导者（Facilitator）和其他流程咨询团队成员。

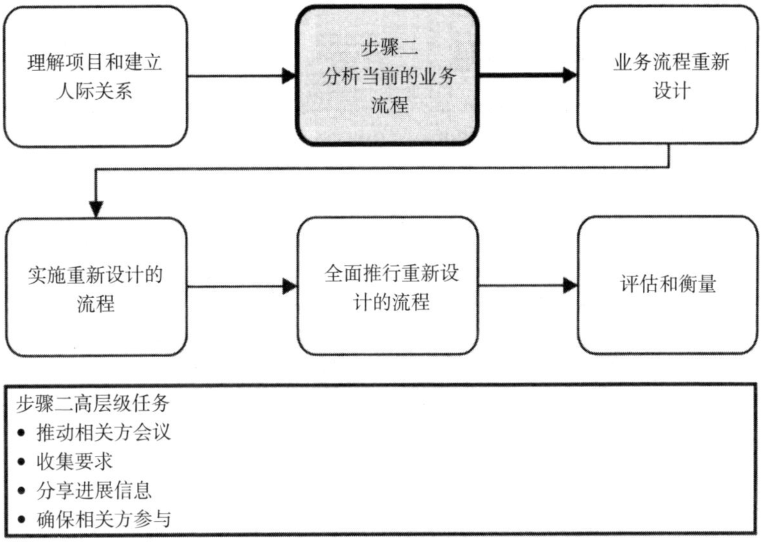

图 5.1　六步法之步骤二

图形化当前流程，对了解哪里存在差距，哪里具有改善空间，起着关键的作用。

当流程图呈现出来后，就可以清楚地知道整个流程包括哪几个步骤，以及各个部分的职责。也只有当流程被呈现和分析后，BPI 项目团队才能开始分辨增值和不增值的活动。同时，呈现流程图使 BPI 项目团队能从流程使用者和流程影响者（客户）两个角度把握整个流程。

一旦当前流程图被正式文档化，那些使用流程的人就可以确认有没有缺失和不准确的地方。这对推进 BPI 项目至关重要。在这一步骤出现的任何问题都会影响后面的步骤，甚至会降低整个 BPI 项目成功的概率。在这一阶段的最后，BPI 项目团队会向赞助人和主要相关方报告发现的挑战和问题。然而，在做这一切之前，所有相关方必须就“有什么问题需要通过流程重新设计来解决”这一问题达成共识。

识别真正的相关方来收集数据

BPI 项目是通过相关方来收集流程信息的，对于这些相关方，他们的背景及关联度远比人数重要。

杰米接到一项任务去收集销售流程中的数据。在这个流程中，销售人员需要在大街上将顾客信息输入客户关系管理系统中，但整个流程并没有达到预期效果。有的销售员觉得这个流程还不错，但有的就觉得在路上输入数据比较困难。杰米要在下一个 BPI 项目团队会议中讨论当前的流程记录。于是，她决定要去和不同的销售员接触，包括在流程中表现较好的和那些觉得该流程难以操作的人，这些销售员的入职时间和销售经验都不一样。另外，杰米还打算和销售经理会面，了解他在这个流程中遇到的困难和这些数据将如何运用于销售。她还和市场部沟通，了解他们如何使用数据。

一般来说，与对 BPI 项目感兴趣并持支持态度的人一起工作会比较容易，但那些不支持 BPI 项目、不希望流程发生任何改变的人更加重要，从他们身上，BPI 项目团队能够得到许多有价值的信息。数据应从流程的支持者与反对者、使用者与抵制者正反两个方面去收集，这样的数据才能更好地反映什么可行，什么不可行。相关方的名单也应该涵盖频繁使用流程的人和偶尔使用的人。另外，必须保证管理者和员工都能提供反馈，有时候管理者不允许员工提供反馈信息。然而，要始终记住一点：管理者极少是真正动手操作的人。只有员工才是日复一日使用流程的人。尽管从管理者的角度去理解如何控制、负责流程，对全面把握整个流程非常必要，但与流程中真正动手操作的人沟通也不可缺少。

尤萨夫，本书的作者之一，曾经花费数小时去说服一个管理者。尤萨夫试图让他相信，记录当前现有的流程，他的员工担任了非常重要的角色，因为他们才是每天与流程打交道的人。然而，这个管理者始终坚信，既然他是负责人，他就能够告诉萨瑟夫在流程中什么可行，什么不可行，没有必要打扰员工。尤萨夫跟他讲了许多流程改进项目的成功案例，这些案例之所以能够成功不仅仅是因为有管理层的参与，更因为有员工的参与。

从整个企业中抽取与流程相关的不同等级、不同经验的人，能够保证当前的流程准确地文档化。BPI 项目中这一步骤准备充足了，其余步骤就会更加顺利。当前流程的建模占用整个 BPI 项目的时间并不多，但必须做好并正确涵盖相关方。

确保各种方法收集数据

流程文档化，作为 BPI 项目的一部分，有许多方法可以收集所需的信息和数据。下面会详细介绍这些方法。

审视文档

企业里有许多现成的文档，例如当前流程的政策和程序，还有一些与流程相关的模板，这些信息都应该翻出来，重新浏览，这是了解当前流程的第一步。

企业通常在开始建立流程时，就已经画出流程图。随着时间发展，员工会有更好的方法完成工作，或者管理者会对流程做出修改，但是流程图始终没有更新。尽管如此，这也让我们更好地去理解流程的原始目的。

一对一访谈

一对一访谈是深入了解流程的最有效方法，而且最好亲自面对面谈。若条件不允许，通过电话会议谈也同样有效。在大多数情况下，一对一访谈能让 BPI 项目团队得到更为详细、忠实的流程反馈。在同事和主管不在场的情况下，员工们更愿意分享他们的看法。

为了保证每个会谈的一致性，会谈应设定一些关于流程的具体问题。开放性的问题能够让 BPI 项目团队和相关方之间的谈话更有效。

图 5.2 列出了一些可用于会谈的开放性问题，以便向相关方收集有关当前流程的信息。

1. 在当前的流程中，哪里对你来说最有效，能够让你完成工作？
2. 在当前的流程中，哪里阻碍你发挥能力，让你不能完成工作？
3. 为了提高效率和效果，你在流程中做出过什么改变吗？
如果有的话，详细告诉我们你的改变。
4. 如果你有机会修改流程，你会如何修改以提高工作效率？
5. 对于业务流程，你还有什么想和我分享的吗？

图 5.2　相关方会谈中的开放性问题

尽管开放性的问题总结起来并不容易，但这些问题能够提供更详细的反馈，这对流程文档化非常有用。

最近一个同事告诉我们，他要负责管理一个大型的多重项目。这个项目是要将过时的电话系统置换为基于 IP 的数字电话系统。他形容这个项目就像用微波替代篝火来煮食。这个客户是个大型的纸制品公司，这个公司分布在多栋大楼里，每栋大楼都有独立的管理结构和理念。例如，他发现一些大楼专门负责生产纸制品，另一些大楼则有行政和管理部门等。不用说，这种拓扑结构导致公司内严重的“部门墙”，也就是从根本上说，左手完全不知道右手在做什么。解决在公司内遭遇严重部门墙的挑战往往需要数月，所以问相关方正确的问题，是取得进展的关键。

专题组

专题组就是在整个企业中抽取一组相关方，聚在一起分享各自对业务流程的看法。在专题组里，引导者以小组的形式提问，参加者发表他们在业务流程中遇到的便利和困难。在小组中，参加者可以自由地交谈，但整个过程必须有序进行，否则很容易失去控制。引导者要保证讨论始终在正轨上，而且要防止个别成员主导了整个谈话，确保每个成员都参与其中。

作者曾经利用专题组的方法，成功地从相关方那里收集到流程信息。如果作者发现参加谈话的个别组员比较安静，就会安排与这些组员进行一对一的面谈，确保他们有机会发表自己的意见和观点。有时候会在专题组的会议中，对提出的问题、建议进行深入探究，但最好还是在会议外进行。

部门会议

当 BPI 项目只涉及一个部门时，部门会议是最有效的收集信息的方法。通过部门会议，BPI 项目可以从相关方那儿了解对于改造的流程什么是可行的，什么是不可行的。部门会议与专题组在形式上相似，参加者都在会上相互分享各自的看法。与专题组相似的还有，整个过程也必须有序进行，确保对话在控制下进行，每个人都有机会发表意见。只有这样，BPI 项目团队才能得到需要的信息，推动项目的后续发展。

尤萨夫曾经帮一家科技公司召开部门会议来图形化一个当前的流程，这个流程被评估作为大型 BPI 提案的一部分。参加会议的除了有各个主管（流程拥有者），还有流程的用户（主题专家）（Subject Matter Experts）。尤萨夫发现，在会议上主管和用户在“每天应该做什么”这一问题上产生分歧。另外，流程的用户会经常顺应经理们，当经理驳斥时会改变他们的说法。为了得到想要的信息，尤萨夫将小组分成两部分，一部分是流程的用户，通过他们可以了解如何运行操作流程；另一部分是流程的管理者，通过他们可以知道如何管理和监督流程。

调查

调查有两方面的用途：第一，调查可以作为专题组或部门会议的一种补充；第二，当 BPI 项目团队难以与相关方会面，或难以安排会议收集数据时，调查就可用作收集信息。通过调查，BPI 项目团队可以了解相关方使用流程的经验，以及他们在流程中发现的便利和困难。

吉娜曾经使用调查的方法，成功地拓展了相关方的名单。BPI 项目团队利用这一名单来收集关于流程的信息。例如，名单中除 5~8 个关键相关方外，还有一部分不愿意发表观点或极少使用流程的人。吉娜于是使用调查的方法向他们收集资料，这一部分信息对 BPI 项目非常有用。一般来讲，在调查过程中吉娜不允许被调查者匿名，因为她需要真实姓名来再次找到被调查者，收集更多的信息。但是在某些企业里，不遵守流程的员工会被处罚。她知道很可能相关方已经改变了流程，让工作更容易完成，在这种情况下，为了得到需要的信息，吉娜会允许被调查者匿名。

用于一对一会谈的开放性问题（见图 5.2）也同样适用于调查。在一对一会谈难以实施的情况下，调查就可以发挥其作用。同样，为了保证一致性，调研应与会谈采用相同的问题。

观察

观察作为 BPI 项目的一部分，是指观察相关方在特定流程中的操作。通过观察，BPI 项目团队可以亲眼看到如何操作流程，并记录下来。

但亲眼观察也会有问题，例如，相关方在平日里并没有遵循正常流程，但在被观察的时候反而依照正常流程操作，这样会导致对当前流程的记录出现偏差。

分析当前的流程时，要集中精力分析实际操作的流程，而不是本应操作的流程。

在对流程的观察过程中，吉娜告诉相关方，她并不是他们的负责人，她来这里是想要和他们一起工作，去改进流程。在这个过程的最后，吉娜问他们平时是如何运作流程的，以及主管不希望他们做什么。通过询问，吉娜给人一种舒适感，让他们更加愿意交谈和说出自己的看法，因此就可以准确无误地记录整个流程运作的过程。

图 3.13 列出了 BPI 项目在开展初期节选的沟通计划。图 5.3 将继续对这一计划进行介绍，但它的重点集中在如何收集记录当前流程所需的数据。

沟通计划：记录当前流程			
对　象	内　容	时　间	方　式
人力资源部	当前使用的流程分析	超过 3 周 （日期从××××）	一对一的 45 分钟访谈 根据收集到的数据进一步调查
会计、财务部	当前使用的流程分析	于××××	2 小时的部门会议
培训供应商	流程存在的问题	1 周	调研方法

图 5.3　沟通计划节选

从图 5.3 来看，由于人力资源小组掌握着流程的所有权和主要使用权，BPI 项目团队将会投入更多时间和他们一起收集有关当前流程的信息。但同时，流程信息还应该通过部门会议向会计和财务部门收集，通过调查的方法向培训供应商收集。

在当前流程信息的收集过程中，为了能够收集到准确的数据，项目团队应做好改变策略的准备。一旦数据出现矛盾，或者由于管理者和用户同时在场而导致信息不准确的情况，BPI 项目团队可以选择将管理者与员工分离，分别召开小组会议。除此之外，还可以选择利用调研方法、一对一访谈等策略。

▶ 图形化当前流程

图形化当前流程是 BPI 项目的一部分，图形化当前流程时要尽可能包含更多的真正相关方。所谓真正的相关方，既包括使用流程的人，也包括监管流程的人。在呈现流程图时，BPI 项目团队需要考虑以下几点：

1．流程的所有输入。

2．和流程中决策有关的业务规则或指南。

3．流程的使能器。

4．流程的输出。

5．增值活动与非增值活动。

另外，BPI 项目团队需要考虑是否将其他流程纳入项目范围中，因为这些流程与被评估的流程相互缠绕，相互影响。如果需要将其他流程纳入项目范围，项目经理必须更新有关的项目文档，并征求赞助人的同意。毋庸置疑，项目范围的改变必然会影响项目的各个方面，如预算、时间和有关相关方。

当与相关方一起分析当前流程时，项目团队有必要把握这些相关方在流程中的角色和职责。通过这些，项目团队可以了解他们与流程的关联度，他们平时是如何利用流程的。

图 5.4 是一个关于当前流程的工作流（Workflow）例子，列出了每个相关方的职责。

图 5.4 不仅展示了整个流程，而且可以让我们很清晰地从图中得知流程每部分的任务。在呈现流程图的过程中，收集信息的项目团队成员想要知道业务规则是如何影响流程决策的。例如，在图 5.4 中，审核发票的业务规则是什么？图 5.5 则是关于流程中业务决策规则的例子。

判定根本原因

根本原因分析，就是寻找某一特定问题的根源。根本原因分析通过问题的症状去判定问题一开始发生的原因。在寻找问题的根本原因时，BPI 项目团队应从以下 3 个问题入手：

1．发生了什么？

2．为什么会发生？

3．如何防止再次发生？

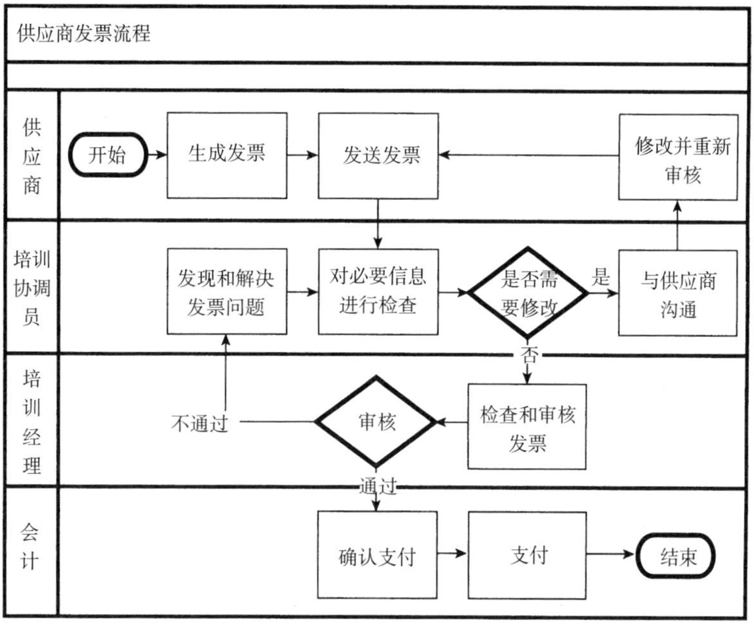

图 5.4　工作流的示例

如果发生……	采取……行动
供应商在培训后不提供发票	培训协调员与供应商联系，在结束培训 3 天后收到发票
发票中有信息遗漏	培训协调员与供应商联系，取得正确信息

图 5.5　业务决策规则的示例

问题产生的原因有可能有以下 3 种：

1．实物原因：例如，机器频繁故障或原材料质量差，导致生产出来的产品损坏较多。

2．人员原因：例如，没有定期对机器进行维护，或负责检测原材料的员工缺乏评估原材料质量的培训，都可能引起生产产品的缺陷率高。

3．组织原因：例如，企业里缺乏机器维护和原料检测的常规程序，或没有分配时间进行这两项工作。

问题陈述与分析为追踪流程中出现的问题提供了方法。通过分析，可以更好地理解如何解决问题。图 5.6 是一个问题分析文档，该文档总结了从相关方会议和根本原因分析中得到的数据，是以前面章节人力资源付款流程改进为例的。

该图主要包括三个方面：相关方在资料收集会议中提出的具体问题，问题产生时对流程的影响，相关方想要实现的目标。在设计“可能”流程时，这些信息将有助于 BPI 项目团队图形化符合相关方目标的方案。

流程中出现的问题都会在与相关方的谈话中体现出来。记录下这些问题，如图 5.6 所示，能突出在“可能”流程建模过程中需要改进的地方，并且有助于 BPI 项目团队发现流程中存在的差距。

项目：人力资源付款流程改进			
问题检测	问题示例	影响	成功措施
流程问题（输入）	发票收到不及时	高	及时将发票送往人力资源主管处（24 小时内）
流程问题（输出）	• 没有及时付款（平均延迟 5 ~ 8 天） • 人力资源经理没有及时审核发票（尤其是当他外出或找不到时）	高	人力资源经理 2 日内审核发票并送往付款处
供应商问题	• 付款延误导致的损失 • 供应商不满意——终止合同	高	供应商满意度上升（不会由于持续延迟付款而中断合同） 不会产生损失（预计每年节省 800~1 000 美元）

图 5.6　问题陈述分析文档片段

如图 5.6 中的问题：人力资源主管没有及时审核发票。在企业中，缺乏明确的业务决策规则来规定当人力资源经理外出或不能处理时该如何运作。为了改进流程，所有流程都必须增添业务决策规则，明确规定当问题出现时如何操作。

判定流程问题的根本原因应将头脑风暴法与因果图相结合。图 5.7 为因果图（也称鱼骨图）。

图 5.7 显示了客户支持服务差的问题症状：电话等候的时间过长；员工态度不友好；对问题解决方式不满等。在这个案例中，最终的结果都是客户满意度低。

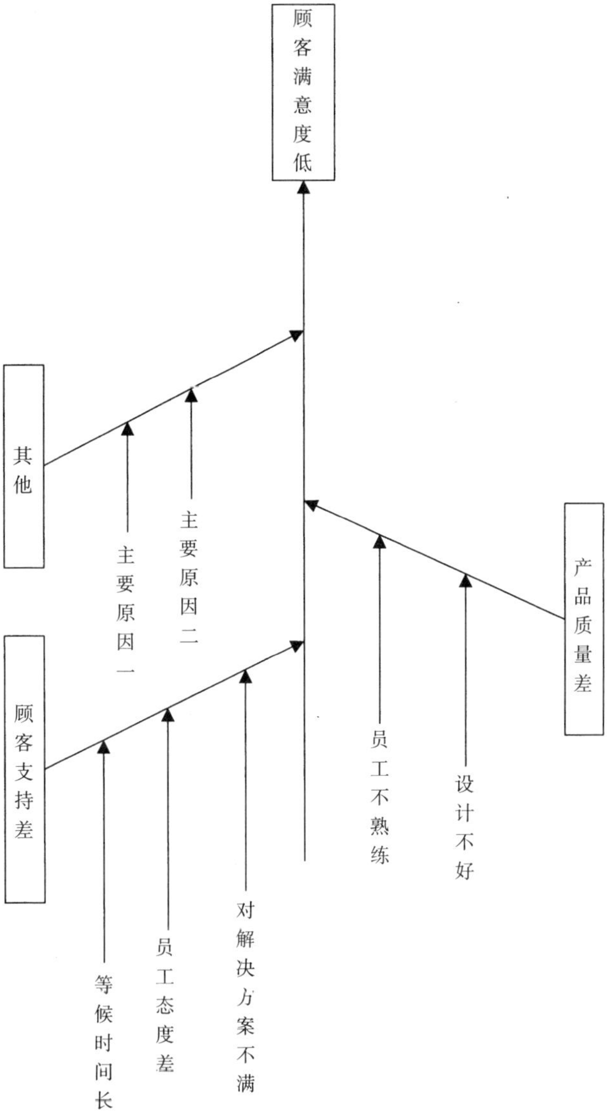

图 5.7　因果图示例

让我们用因果图的形式分析图 5.7 案例，并定义几个术语。

- 类别：原因的分类（如培训、流程、资源等）。
- 原因：问题背后的原因（如检验不够、流程过时等）。
- 结果：产生的问题。

图 5.8 是检查表的一个最佳实践例子。该检查表将用于建立因果图，从而判定流程问题的根本原因。

□	通过头脑风暴法判定产生问题的所有可能原因： 问题的可能原因有哪些？为什么会发生？ 验明真正与流程相关的问题
□	对原因分类： 将原因分组，以便管理 （某些原因可能符合多个类别）
□	建立因果图（鱼骨图）
□	选择根本原因（最基本的问题）： 寻找反复出现的原因以识别根本原因
□	通过数据验明根本原因

图 5.8　建立因果图的检查表

通过因果图，BPI 项目团队可以大概了解所有可能的原因，从而知道这些原因是如何联系在一起的、问题是如何产生的，最终制订问题的解决方案就会相对容易。

对于流程中可以改进的地方，可以运用帕累托法则，也称 80/20 法则。在回顾流程出现的问题时，帕累托法则提出：80%的投诉或问题源于 20%的原因。

一家当地医院在回顾放射科的流程时，发现 80%的服务需求来自医院里 20%的科室。在检查放射科的流程中，大部分相关方都是从使用放射服务的 20%的科室中抽调过来的。

当前流程建模

想要建立当前流程的现有模型，就需要利用从相关方会议和实际观察得来的信息，同时也需要回顾流程正确的运行方式，并且与实际运行方式相对比。

相关方在信息收集会议和画流程图的工作坊上提出的具体问题，对 BPI 项目团队发挥着巨大的作用。BPI 项目团队可以通过这些数据发现流程中存在的问题、改进的建议及改善空间。当流程对第三方（顾客或供应商）产生影响时，应将 BPI 项目团队视作第三方，重新审视整个流程。从第三方的角度观察正在运作的流程，BPI 项目团队可以开发出更符合第三方需要的流程。

为了开发现有模型，BPI 项目应配备流程分析师和流程建模员，他们负责利用从相关方那儿收集到的信息，确保流程的现有模型能够很好地文档化。

流程现有模型的文档化固然重要，但不要拘泥于项目这一阶段的尽善尽美。虽然 BPI 项目团队必须扎实地做好流程文档化的工作，但流程在某些方面还是可以修改和完善的；必须保证收集到所有有关信息并存档，但没必要一次次重复检查至完美，这只会延长项目的时间。

▶ 验证当前流程

在当前流程建模完成后，BPI 项目团队应与流程中的主要相关方再次会面，既包括使用流程的人，也包括管理流程的人，这样才能确保记录下来的内容是准确无误的。

根据项目的复杂度，验证当前流程时应采用以下部分或全部方法。

- 面对面小组会议；
- 虚拟平台；
- 电子邮件；
- 项目门户（The Project Portal）。

在文档化流程的验证过程中也包括对已识别出的根本原因加以验证。在最后定案与赞助人审核前应该完成校对。此外，还要与相关方一起识别流程改进的领域。

快赢对获得认可的意义

寻找潜在的快赢（QuickWins），即立即可应用于当前流程改进的方法，企业应制定有关的标准，这些标准有助于BPI项目团队制定项目的快赢。这些标准应包括：

- 受影响的部门数量。
- 实施的时间。
- 实施所需的预算。
- 管理层与流程使用者的支持。

回顾图 5.5，图中没有明确业务决策规则，当人力资源经理外出或无法处理的情况时该如何操作。在这种情况下，有一种快赢可以建议增添业务决策规则，如图 5.9 所示。这种方法符合部分标准，包括实施时间短，不影响预算，得到管理层和流程使用者的支持。

在关于当前流程的访谈中，员工经常会提出这些快赢。那些使用流程的人已经找到解决问题的应对方案，极少会完全依照文件行事。即使这些快赢的效果不好，但如果是流程使用者推荐的，就不妨实施。这是不断改进流程的好方法。一旦实施后就衡量快赢的成功，展示其是如何改进流程的。

如果发生……	采取……行动
供应商在培训后不提供发票	培训协调员与供应商联系，在结束培训 3 天后收到发票
发票中有信息遗漏	培训协调员与供应商联系，取得正确信息
以下是当前流程两项新增的业务决策规则，有利于快赢解决……	
人力资源经理无法签署	将发票及其他支持文件送往同级别的人力资源经理签名
同级人力资源经理无法签署	将发票及其他文件送往主管人力资源的副总裁签名

图 5.9　业务决策快赢示例

向赞助人和其他关键相关方展示成果

向赞助人和其他关键相关方（包括流程中的经理们）展示文档化的现有

流程（包括发现的根本原因及可实施的快赢）。除此之外，还要报告根据相关方信息总结出的流程改进方法。

基于在步骤二中收集到的信息，如果发现项目范围有变更，那么 BPI 项目团队需要更新项目范围和其他相关的项目文档。如预算和时间表，然后向赞助人报告，获得同意后继续往步骤三推进。在流程文档化后再发现问题，并且需要变更 BPI 项目范围以满足 BPI 项目的需要，这种情况并不常见。步骤二的工作完成得越好，就越能够早对项目范围做出变更。

▶ 为步骤三做准备

一旦 BPI 项目团队已经验证当前流程文档，就可以进入步骤三——业务流程重新设计了。进入步骤三前的准备工作包括：

- 记录所有可用于完善和优化流程的快赢。
- 与相关方联系，让他们做好接下来关于流程重新设计会议的准备。
- 对步骤三中相关方的参与方式做好准备，确保相关方继续支持 BPI 项目团队的工作。

> 作者在项目的每个阶段都会制订一个沟通计划。步骤三的沟通计划包括：如何就步骤三发生的事与相关方沟通？为了让重新设计后的流程能够满足相关方的需要，BPI 项目团队需要从他们那得到什么？小组将用什么方式及什么时候与相关方沟通？

本章介绍了向相关方（流程使用者与他们的管理者）收集关于当前流程信息的方法，阐述了判定问题根本原因的重要性和必要性，以及一些判定根本原因的方法。

快赢的价值在于能够展现流程改造对于解决问题的作用。这些快赢让相关方在项目实施和全面推广之前，看到项目的价值。快赢能驱动相关方参与 BPI 项目。在 BPI 项目相对复杂的情况下，可以采用快赢来避免相关方不知所措。

第6章

业务流程重新设计

业务流程重新设计是BPI项目中重头工作的开端。当然，如果相关方在步骤二中积极参与并乐意共享流程文档化信息，那么就容易推进步骤三。让相关方仅在项目开始的时候参与工作并不等于完成任务了，在BPI项目过程中，也需不断努力让相关方参与其中。

如果步骤二进展不顺利，那么在步骤三开始之前，就需要投入更多的时间来了解在步骤二中产生的问题，探讨这些问题如何解决（如果它们还没有解决）及在步骤三中如何避免它们再出现。

艾莉森在步骤二结束之后，与她的项目团队开了一个简短的经验总结会议。这是一个困难的阶段，因为许多实际使用了BPI项目流程的相关方，对于提供信息不太热心。然而，管理人员有许多关于如何改进流程的想法。在与几位实际使用了流程的相关方谈话后，艾莉森发现在项目早期，他们没有获得足够的项目信息。她想要确保相关方清楚地知道他们将遇到什么和确保她自己能得到他们的认可和支持，她需要这些来设计一个能为他们服务的流程。

▶ 步骤三概述

图 6.1 描述了 BPI 项目六步法中的步骤三——业务流程重新设计。

在 BPI 项目的步骤三，为了使业务流程能够更加高效地为用户服务，项目团队应与正在使用或即将使用流程的关键相关方协同合作，进行业务流程重新设计。项目团队对业务流程不断改善，使它在某种程度上更加符合 BPI 项目的目标。这些目标包括减少成本、改善客户服务，以及其他重构业务流程的相关目标。

BPI 项目团队将使用在步骤二收集的信息来开发“可能”的流程，但是在开始开发“可能”流程方案之前，项目团队需要做更多的调查研究，这包括对行业内最佳实践的研究调查、召开工作坊来制定潜在的“可能”流程，从而进行评估。

对于 BPI 项目团队来说，这个重新设计阶段绝对是一个很大的挑战。对于如何最好地重新设计业务流程，大部分相关方有自己的想法，而这些想法通常与 BPI 团队的想法相冲突，这增加了 BPI 团队实现项目目标的困难。

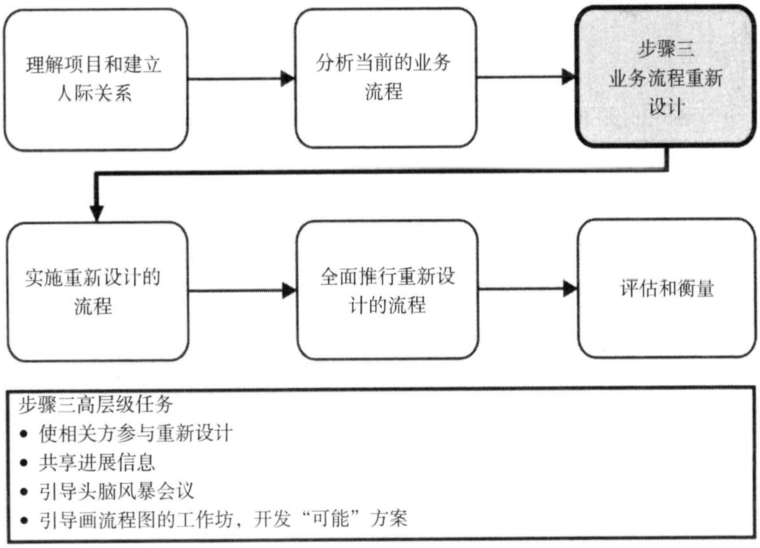

图 6.1　六步法之步骤三

另外，BPI 团队仍然会对那些从一开始就抵制 BPI 项目的人进行管理。不一定每个反对者都会转变为 BPI 项目的拥护与支持者，因此他们仍然需要被管理。

BPI 项目团队应该与所有相关方，特别是参与步骤三的相关方，进行另一次会议，来讨论进入步骤三的事宜。

步骤三的最后成果，是形成一个描述未来流程的正式提案和商业计划，并向赞助人和其他关键相关方汇报。为了推进这个步骤，就需要这些高层人员的支持。这些支持是流程重新设计中试点测试（Pilot Test）的一部分。

▶ 保证相关方参与步骤三

作者的上一个大型 BPI 项目在到步骤三的时候，需要召开非常多的相关方会议，以至于相关方被搞得精疲力竭，对项目完全失去了兴趣。重新让他们参与项目是项目向前推进的必不可少的先决条件。

一旦步骤三开始，在项目开始时制订的沟通/参与计划往往需要加以修订和更新。这时新的相关方可以参加，当前相关方必须确保继续关注该项目。

回顾图 4.4 所显示的 BPI 项目每个阶段可能出现的沟通类型，很明显，相关方在步骤三的有效参与是必需的。

图 4.3 显示了在步骤一和步骤二与人力资源部沟通的部分计划。图 6.2 展示该项目的步骤三。

除了所注释的沟通要点，作为最佳实践，BPI 项目经理将连同其他信息，专门为 BPI 项目团队制订沟通计划。表 6.1 显示了两个专为团队所用的具体沟通计划。

在表 6.1 的示例中，提前为提议反对者和支持者（或支持方）分别计划了两种沟通方案。如之前的讨论，有必要将反对者和支持者分开。每个组有不同于其他组的需求和期望。

人力资源部门沟通计划（节选）				
步骤	对象	内容	时间	方式
步骤三	人力资源部	步骤三综述——项目的下一步是什么?	2 月底	相关方会议（两个候选方案）
步骤三		画流程图工作坊的出席时间表	3 月初	电子邮件邀请整个部门（4 个候选方案，2 个现场的，2 个虚拟的）
步骤三		画流程图工作坊	3 月中下旬	现场和虚拟的工作坊可选方案
步骤三		发送“可能”方案供审核	4 月初	电子邮件和门户网站
步骤三		对“可能”方案的反馈	4 月中旬前	各种论坛、电子邮件、门户网站、现场的、虚拟的

图 6.2 部分沟通计划的示例

表 6.1 特定团队的沟通示例

沟通类型	对　　象	方　　式	完成日期
有关步骤三的详细信息——针对人力资源部和会计/财务部内的利益相关者	人力资源和会计/财务部反对者	一对一访谈、小组会议、聊天	2 月中
在开发“可能”流程中寻求支持——在画流程图工作坊中接触到各位同事，共享信息（尤其是来自反对者的支持）	人力资源和会计/财务部中挑选的支持者	一对一访谈	2 月中

反对者也需要了解项目将如何帮到他们个人。对于每个 BPI 项目，总有支持者真的参与和对正在发生的变化感兴趣。这些人通常是一直在争取促成变化，他们可以带动反对者共同来参与，以帮到项目。

作者之一的吉娜发现了“团队专用”沟通计划的价值。她已经成功地在 BPI 项目中运用了这种类型的计划，以管理项目的反对者，包括需要特别关注的相关方，这类相关方被要求透彻理解这个项目，从而能够积极参加和向团队提供信息。

▶ 研究当前的最佳实践

从多个渠道——组织的内部与外部寻找流程重新设计的灵感。

决定“可能的”流程的第一步就是看组织内部。因为毫无疑问，总有工作出色的员工，他们用自己的最佳实践来完成工作。可以通过了解他们的成功、研究当前业内的最佳实践，从而找到适合组织的方法。

最佳实践也可在行业外找到。当扩展到行业的外部进行研究时，BPI 项目团队能了解到更多的改进方法，而不局限于 BPI 项目的当前流程。

实施最佳实践将推动业务整体运作的改进。就 BPI 项目来说，就是通过特定流程的改进以促进工作效率及效益的提高。

了解竞争者

如果可以确定和了解竞争者如何工作，BPI 项目团队就能与类似企业的流程和实践对标自己的当前流程。虽然这类信息来之不易，尤其是许多公司对其流程和程序守口如瓶，因为毕竟这是它们的核心业务。BPI 项目团队可以对标绩效（Benchmark Performance），包括对现有顾客进行调查、向销售部及市场部收集信息，或调查组织所属的行业协会的成员。

践行他人最佳实践

每个公司都有最佳实践，其中一些对于流程改进有帮助意义。但是，他人的最佳实践不能直接照搬，必须进行修改及调整。即使属于同一行业，公司也需要调整最佳实践来满足完成工作的特定要求。这也是基于该公司客户的特有利益。他人的最佳实践只是优化当前流程的基线（Baseline）或开端。结合最佳实践，以新的方式来开发和创新重新设计，才能真正为本企业服务。

在开发“可能”流程之前，BPI 项目经理可将对内部和外部的研究进行责任分配。部分内容如表 6.2 所示。

表 6.2 责任分配节选

内 容	研究类型	小组负责人	报告日期
与内部相关方联系，确定有最佳实践的人选名单	内部	约翰	×月×日
评审从相关方处收集的当前流程数据/当前流程文档记录	内部	艾莉森	×月×日
研究行业（协会）最佳实践	外部	山姆、杰克	×月×日
研究竞争者的最佳实践	外部	萨拉、阿比盖尔	×月×日

▶ 新流程需要的标准

在 BPI 项目的早期，项目赞助人从领导的角度发布流程改进的目标，该目标很可能与企业战略行动（Strategic Initiative）和挑战紧密相连。战略行动的例子有：

- 缩短制造时间。
- 缩短加工时间。
- 减少客户投诉。
- 降低成本。
- 缩短为客户交付服务的时间。

这些目标有利于制定标准来评估“可能”流程，如：

- 执行重新设计的时间。
- 受影响组织的数量。
- 执行费用。
- 可能的风险。
- 预期员工的支持度。
- 预期高层管理的支持度。

在先前章节中，我们用过人力资源流程改进的例子。如图 6.3 所示，BPI 项目的目标主要在于当前流程及未来流程的完成状态，即当前流程和期望流程的差距。

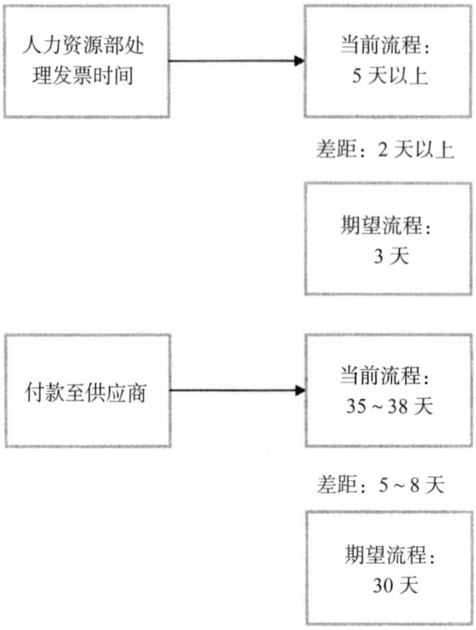

图 6.3　BPI 项目目标示例

这些目标最先出现在项目章程里，然后在项目范围说明书中也有（参见第 2 章中的可下载文件）。

对于 BPI 项目中的重新设计的流程，如人力资源管理流程改进，都必须满足这些目标。在这个例子中，在收到供应商发票后，处理发票的时间不应多于 3 天。项目的最终目标是按协议在 30 天内付款，以提高供应商的满意度。项目的相关标准包括如下几点：

- 预期人力资源员工的支持度。
- 供应商需求的期望。
- 付款的容易程度。

当然随着对当前流程的分析，项目团队可能发现一系列相关方提出的目标，而在开发“可能”方案时，这些目标应包括在考虑范围内。流程改进必然会减少人力资源员工处理发票及跟进处理供应商查询延迟付款的时间。

标准和权重

确立各项标准的权重是 BPI 项目团队评估“可能”方案的必要前提，同样需要开发是否达标的尺度，如表 6.3 所示。

表 6.3　权重和标准示例

权　　重	标准符合度
3 = 必须具备	2 = 符合所有标准
2 = 应该具备	1 = 符合部分标准
1 = 最好具备	0 =不符合标准

图 6.4 提供了“可能”方案评估表示例，在重新设计 BPI 项目中使用了加权标准。

“可能”流程评估表
项目：人力资源流程改进

项目要素：发票处理时间改进　　方案一

建议的改变描述：

- 不需经培训协调员同意，直接送发票给培训经理
- 要求供应商在发生业务当天提交发票
- 更改合同注明发票错误将导致延迟付款多达 5 天

标　　准	权　　重	标准符合度	总　　分
减小处理时间至 3 天以内	3	2	6
提高供应商满意度	3	1	3
让流程更容易遵循	2	2	4
减少涉及的人员	2	2	4
在组织最低层进行批准	3	0	3
		合计：	**20**

使用的尺度：

权重：	标准符合度：
3 = 必须具备	2 = 符合所有标准
2 = 应该具备	1 = 符合部分标准
1 = 最好具备	0 = 不符合标准

图 6.4　“可能”方案评估工作表示例节选

每个可能的设计方案都要有一张评估表，利用评估表的信息，来决定哪个方案适合给试点组实施运行。

按照全套标准参加潜在重新设计方案评估的项目成员应包括：

- 流程重新设计小组成员。
- 流程咨询小组成员。

画流程图工作坊

在第 5 章中，我们讨论了和相关方一起证实当前流程的各种方法。其中一种就是召开面对面小组会谈，也称画流程图工作坊（Process Mapping Workshops）。在本章中，我们介绍更多有关画流程图工作坊，尤其集中在如何收集关于流程的可能方案的意见。

开发流程可能方案，需要一些角色领导和支持画流程图工作坊，包括如下成员：

- 流程重新设计小组成员。
- 工作坊引导者。
- BPI 项目经理。
- （内外部）关键相关方代表。
- 流程咨询小组成员。

工作坊必须在完成对可能方案的研究和可能的重新设计方案的分析后，才能召开（如表 6.4 的例子）。

画流程图工作坊会对“可能”方案进行审核和扩展，从而更好地进行评估，排除不切实际、不可行的方案。一个好的引导者还应记下参与者新提出的主意，并将这类信息囊括在流程工作坊内容之中。

理想的工作坊最后会通过两个或三个“可能”方案。这些“可能”方案将被建模，并进一步评估，展示给赞助人和其他相关方，经评审和批准后成为未来模型。

工作坊的准备工作

流程工作坊应根据参与讨论可能方案的相关方人数制定，有可能需要召开多次。

鉴于面对同一群体客户但各部门职能非常不同的情况，各部门绝对有必要举行各部门的工作坊。如果不同部门混杂在一起，容易导致意见不合，难以达成共识。在工作坊中完成了可能方案后，各部门中的两位代表（由部门负责人选定）带着各部门流程工作坊开发的方案，来参加最终的“未来”流程开发会议。

工作坊召开前，应确认如下工作是否做到位：

- 关键参会人员名单。
- 当前流程的流程图。
- 需要在“可能”流程方案中处理的当前流程的差距。
- 一间能容纳所有相关方参与工作坊的会议室。
- 方便互动的房间设施，如圆形、椭圆形的会议桌。
- 活动挂图、白板及足够的用于记录想法的便利贴。

开发议程

为画流程图工作坊制定详细的日程表，如表 6.4 所示。

表 6.4　画流程图工作坊的日程表

任　务	时　间	参与人	预期成果
介绍和破冰	45 分钟	所有人	每个参与者都清楚自己的角色和职责
就工作坊的目的、目标和基本规则达成共识	20 分钟	项目经理（目标） 引导者/所有人（合作规则）	对工作坊的目标、基本合作规则达成共识
检查之前成果：流程的时间、背景、当前流程的文档等，之前的问答信息	45 分钟	项目经理 （项目状态） 引导者/所有人	了解、分发当前流程的文件和流程图

续表

任　　务	时　　间	参与人	预期成果
休息	15 分钟	所有人	
就“可能”流程的几个方案进行讨论，研究流程是否符合相关方需要	75 分钟	引导者/所有人	对“可能”流程进行展示，并讨论可做哪些方面的修改
休息	15 分钟	所有人	
将“可能”流程的可选方案缩减至 2 ~ 3 个	60 分钟	引导者/所有人	和相关方讨论，对 2 ~ 3 个方案达成一致
进一步完善这 2 ~ 3 个“可能”方案	75 分钟	引导者/所有人	进一步完善方案
下一步工作介绍和对画流程图工作坊的评估	30 分钟	引导者/所有人	就后续工作达成一致，确定工作坊的有效性

图 6.5 是一份画流程图工作坊检查表，检查表中列出了在工作坊前需要送给参加者的资料，这些资料应在工作坊召开 1.5 周之前送达。

本章剩余部分，我们将仔细介绍画流程图工作坊的内容。这是 BPI 项目步骤三的重要内容。项目团队不仅要保证工作坊顺利举行，还要使相关方和参加人员活跃参与其中。除此之外，还需保证“可能”流程（来自“可能”流程方案选项）的开发和项目的整体目标、赞助人的目标及相关方的需求相吻合。

画流程图工作坊的文件

□	详细的议程，包括与会人员、时间、地点，是否需要准备食物/饮料等
□	在工作坊之前要准备好的文档，包括当前流程图、差距信息、“快赢”及“可能”流程评估表
□	重新设计流程的目标——BPI 项目要实现的目标（商业计划）
□	在讨论之前，要准备经研究和与相关方讨论过的“可能”流程方案
□	项目经理及其他 BPI 项目团队成员的联系方式及负责工作坊所有问题的联系人
□	其他与相关方相关或感兴趣的信息

图 6.5　工作坊检查表

引导工作坊

工作坊的引导者是一个至关重要的角色，因此必须由一个协调能力强的人来担任，这样的人能够在相关方考虑流程重新设计可选方案时获得主意。引导者不应该是画流程图工作坊的直接参与者，外部的引导者会是最好的选择。由于在工作坊中，每个人都有自己的主见，都希望流程设计能够满足自己的需要，所以会存在许多争议。另外，需要注意的是，有部分员工会倾向于维持当前流程，对是否改进流程犹豫不定。

头脑风暴技术

即使已经展示过流程重新设计的创意，也有必要召开一个头脑风暴会议（Brainstorming Session）来产生新的创意。只要做好这一步，头脑风暴法会给流程带来创新。就以下问题进行提问，可以提高流程改进的积极性。

- 如果企业在行业内排行第一，我们的工作会有何不同?
- 如果企业具有最好的顾客服务，我们会怎样与顾客互动和沟通?
- 为了更容易实现我们的长期目标，企业这时可以做出什么改变?

这些问题让参与者深入思考“可能”流程的方案，这些潜在流程改进方案是否能够回答这些问题？如果不能，就需要进一步修改流程，回到图6.4。在工作坊中，参与讨论的每个人都会收到一份评估表，引导者的日的就是要就权重标准与可能方案的可行性达成共识。根据相关方在评估表上反馈的信息，就可以对流程进行更新和改造。

> 作者曾经接到这样一个案例。在这个案例中，“可能”流程的评估表已经在工作坊中完成了。他们发现，让相关的BPI项目团队成员与关键相关方一起制定工作表，再分享信息，最后定案，这样做更加有效和便捷。而且这个方法让相关方不仅参与到步骤三中，而且参与到制定稻草模型（Straw Model）的过程中。

在画流程图工作坊中提出的选案，并不是唯一可以考虑的选择，也有可能画出与当前流程完全不同的新流程，运用头脑风暴法创造新方案。在头脑风暴的过程中，引导者可以鼓励参与者参考别人的观点，创新出新方案。

小组根据情况可以尝试很多种头脑风暴法如：

- 便利贴（Post-Its）：每人将自己的想法写在便利贴上，收集起来，分类后贴在墙上展示。当相关方较为安静、倾向于匿名发表意见时，可以使用该方法。
- 在线头脑风暴法（Online Brainstorming）：借助虚拟工具，异地的相关方可以在网上分享想法。可借助的虚拟工具有很多，如 GlobalMeet®, Stormboard, and Glinkr® 等，谷歌搜索上也有许多免费的类似工具。
- 专家会议（Charette Procedure）：该方法通常用于相关方人数较多时（多于 10 人）。可将相关方分成几个小组，先在小组内部讨论，得出观点。然后这些观点会在各个小组中传阅、讨论，不断增加和修改。专家会议也可以用于讨论多个问题，每个小组负责一个问题，并且研究解决方法，然后再与其他组分享。

运用轮循头脑风暴法确保参与度

吉娜曾经主持过一个超过 20 人参加的虚拟画流程图工作坊，这时普通的头脑风暴法已经不再适用得出“可能”流程。为了保证所有出席者都能够参与其中，吉娜决定使用“轮循头脑风暴法”，让每个人轮流说出自己的观点。

轮循头脑风暴法，就是相关方轮流发表自己观点。当头脑风暴团队过大不易分享意见时，就可以采用这种方法。在吉娜的案例中，参与者轮流说出自己的观点，他们也可以扩展别人的观点。基于之前的数据收集和相关方访谈，轮循头脑风暴法也可以用于在画流程图工作坊中反馈关于“可能”流程的方案。

有效的聆听技巧

有效的聆听技巧对于引导整个流程工作坊至关重要，同时对于整个 BPI 项目来说也是不可或缺的。有效聆听，是指通过询问问题、留意语言和肢体动作，来理解人们所要表达的内容。

思考以下例子中相关方与项目团队的对话。

相关方："现在实行的流程已经足够好了。当然，它不是最好的。但我们使用了那么久都没有发生过问题。我从来没有听说过有人对这个流程不满。"

BPI 项目组员运用了有效聆听的方法，知道这个相关方很可能已经看到整体上流程改进的必要，只是有点担心而犹豫不决。运用有效聆听的方法，可能有如下一个适当的回答：

BPI 项目组员："您说得没错，的确没有人对流程不满，而且我也理解为什么您觉得当前流程还可以。但随着企业的发展，为了迎合客户需要，我们必须做出改变更好地完成工作。而且我们只是对流程进行微调，并不是彻底改变。如果您能够就流程的某方面做出改变从而整体上让工作更容易，您会改变哪方面呢？另外，在流程真正实施之前，你们会有时间去了解新流程，并接受新流程的培训。"

在上面的对话中，项目团队员做到从相关方的角度出发，减少他们对流程改造的顾虑。BPI 项目团队成员让相关方觉得自己拥有项目的部分控制权，能够参与到流程改造的工作中。这样一来，相关方不仅会觉得自己的看法得到他人的肯定，而且也能为项目做出贡献。相关方整体上会更容易接受 BPI 项目。

思考以下相关方与项目经理在一个 BPI 项目中对话的例子。

相关方："流程改进项目完全没用，必须马上停止！"

项目经理："我知道您非常烦恼。您能告诉我，您觉得项目哪里不好吗？”

相关方：“谁能保证改进对企业有效？万一流程变得更加糟糕呢？”

项目经理：“我理解您的顾虑，但我们不会实施任何未经测试的流程。我们将会召开相关方会议，讨论流程改进带来的改变。我们还会征集志愿者，对流程的任何改变进行测试。这样一来，我们能够在定案未来流程之前了解什么可行、什么不可行。”

相关方：“哦，那还好。我还不知道在全面实施之前还会有先行测试。我很乐意参加。”

同样，在这个例子中，项目经理努力让相关方冷静下来，并引导他说出项目存在的真正问题。而且项目经理就相关方提出的问题进行解释。具体可以回顾图 6.6 中有关有效聆听技巧最佳实践的检查表。

有效聆听技巧的最佳实践

☐	与相关方眼神交流，分享观点
☐	聆听时要集中注意力，并点头表示同意
☐	鼓励相关方口头或书面表达意见
☐	对提出的观点进行确认和真诚地提问，从而更好地理解
☐	反馈或总结相关方的发言

图 6.6　有效聆听技巧的检查表

组织流程工作坊中的观点

要确保工作坊中有一名记录员，负责记录画流程图工作坊中提出的观点。这个人不应是工作坊的参与者，当然也不可能是会议的引导者。

表 6.5 提供了组织流程工作坊中的观点的一些最佳实践。

表 6.5　组织流程工作坊中的观点

应考虑：	意义/好处
使用便利贴	让观点都能清楚地看到，贴在墙上，易于分类和移动
使用互动式的白板	更容易地输入计算机，与参与者分享信息
使用“停车场”（Parking Lot）	将明显无法实现的观点放在“停车场”以免遗忘丢失

续表

应考虑:	意义/好处
使用大张纸绘制“可能”流程图	“可能”流程在大张纸上更容易看清。一开始可以用便利贴，当流程相对稳定时就应转到大张纸上
使用绘制流程图的软件	流程图软件可以取代大张纸，让“可能的”流程更好地在人们面前展示

设计“可能”方案

在设计“可能”方案的过程中，需要考虑“可能”方案是否符合新设计的流程标准。同样，也需要保证方案符合 BPI 项目范围及满足相关方的需要。这会非常棘手，因为在流程重新设计中，每个相关方都会有各自想要实现的目标。

图 6.7 列出了设计“可能”方案时需要考虑的事项。通过对表中事项的考虑，可以确保参加会议的人员都清楚流程改进的要求。例如，表中的第一项：是否去除了非增值活动?

□	是否去除了非增值活动?
□	是否开发出角色/职责表，可以清楚地找到每个角色在实施流程中的职责?
□	为了提高流程完成的效率，是否有任何需要或建议来更改汇报关系?
□	“可能”流程是否需要培训? 如果需要，是否已经开发了培训大纲?
□	实行“可能”流程时需要哪些资源? 这些是否可以找到?
□	实行“可能”流程的预算是多少?
□	实现“可能”流程的预期时间是多长?

图 6.7 “可能”方案的检查表

在前面章节人力资源流程改进中我们曾经提到一个案例。在该案例中有一项非增值活动：供应商将发票发给人力资源部审批，人力资源部在发票上添加订单号码后送回给供应商，供应商在添加订单号码后又要再次送回给人力资源部审批。

图 6.8 是前面讨论的人力资源流程改进项目的潜在的可能方案。

回顾图 6.4，是通过“可能”方案工作评估表来反映潜在的“可能”方案。图 6.8 则在工作表中详细地描述了“可能”方案，而且该“可能”方案中去除了增加流程时间的非增值活动，也就是发票需要培训协调员初审。在该方案中，发票将直接送往经理处审核，而培训协调员将会在发票生成前就参与流程中，避免发票提交后的多重审核。为了更好地评估和微调工作表，项目团队会与相关方一起参加画流程图工作坊（见表 6.4）。

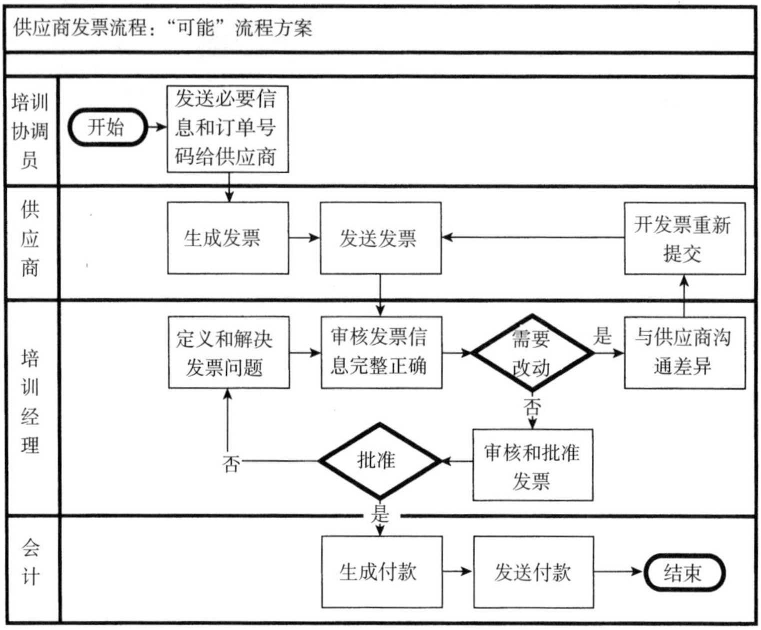

图 6.8　潜在的“可能”方案

对工作坊进行评估和总结

当 BPI 项目团队与相关方生成 2～3 个可行的“可能”方案时，画流程图工作坊就顺利完成任务了。

图 6.9 是总结画流程图工作坊时的检查表。当工作坊真正结束时，项目经理必须检查图 6.9 所列的每一项，BPI 项目团队才算准备好进行到下一步，和其他人验证设计，获得反馈，以及设计未来流程。

□	是否开发了 2 ~ 3 个可行的“可能”方案?
□	是否就“可能”方案达成共识、提交审核?
□	是否所有相关的相关方都参与了?
□	这 2 ~ 3 个“可能”方案是否满足所有标准?
□	这 2 ~ 3 个“可能”方案是否满足 BPI 项目团队的目标?
□	“可能”方案中是否去除了非增值活动?
□	是否开发了其他必要的高层级信息以支持“可能”方案：必要的预算，需要的资源，培训需求，以及角色职责?
□	“可能”方案是否开发充分，以便进一步评审和获取其他意见?

图 6.9 总结画流程图工作坊的检查表

好的项目经理都知道评估工作坊的重要性（经验总结）。即使设计 2 ~ 3 种可行的流程方案的目标已经达到，但画流程图工作坊对所有参与者来说是否都满意? 就以下问题向参与者提问，就可以衡量出参与者对工作坊的满意程度：

- 在你看来在什么方面做得比较好呢?
- 你的观点能够被公平讨论吗?
- 你希望该画流程图工作坊做出什么样改进?
- 关于“可能”流程，你还有什么想说的吗?

▶ 验证你的设计

不可能每个相关方都参加画流程图工作坊，但大多关键相关方有望能够参加。画流程图工作坊后的下一步，就是确保编制准确的“可能”流程图，可提交给赞助人和其他关键相关方。

此时，流程需要专业和正式地图形化（尤其是用过便利贴）。正式的“可能的”流程图会向相关方展示，寻求反馈，根据反馈做出选择，进一步开发，成为“未来”流程。

寻求反馈

向关键相关方（如未参加工作坊的管理层人员）展示 2 ~ 3 个“可能”

方案，并寻求他们对方案的正式反馈。每个“可能”方案应包括以下信息：

- 该方案是如何实现的，或有利达成 BPI 项目目标的。
- 实施方案所需预算。
- 实施方案所需时间。
- 实施所需资源（部分 BPI 实施团队）及试点测试所需资源。

选择“可能”方案进一步开发成“未来”流程的反馈应来自：

- 发放后负责监督流程的管理层人员。
- 日常工作中使用流程的员工（既包括频繁使用流程的员工，也包括偶尔使用流程的员工）。
- 需要利用流程的供应商。
- 变革管理专家（Change Management Experts）。
- 流程培训人员。
- 相关领域专家——财务、人力资源、销售和市场人员（流程中的专业性业务部门人员，前面提及的人员也可归于此类）。
- 质量保证团队成员（Quality Assurance Team Members）。
- 风险管理团队成员（Risk Management Team Members）。

对每个“可能”方案进行评估，再选择出一个最终方案用以展示和提交给赞助人获得批准。

以下问题示例可用于寻求反馈：

- “可能”流程方案是否包括了所有必要的活动？
- 是否识别出了非增值的活动？
- 是否存在遗漏的角色和职责？是否识别出了不必要的角色？
- “可能”流程方案会对客户（供应商、其他部门）造成什么影响？
- “可能”流程方案是否有不可行或无效的方面？
- 对于管理者而言，是否存在难以管理或难以监督的方面？

缩减“可能”方案，得出未来流程

在寻求完反馈后，BPI 项目团队会选择出将成为未来流程的“可能”流程。先前在画流程图工作坊中开发的两三个“可能”方案，在经过与更多的相关方分享后，会最终选出未来流程。这个流程不仅要符合各项标准，还要得到组织中各级相关方的支持。当然，在最后形成未来流程前，还要根据收集到的反馈，对流程进行调整。在审核“可能”方案时，应考虑以下方面：

- 实施的技术可行性。
- 大概成本和收益。

在前几年的一个 BPI 项目中，BPI 项目团队在寻求相关方的反馈之后，选出了两个“可能”流程，然后根据所有相关方的观点和建议，进一步对这两个方案进行调整，创建了一个未来流程，使它更有效，效率更高。

在交给 BPI 项目赞助人审批前，要与所有相关方分享两件事：一是对收集到的反馈进行高层次的概览；二是对“可能”流程进行选择。这让相关方参与其中，并觉得自己为未来流程的开发做出了贡献。当相关方觉得自己有强大话语权时，他们会更容易接受所有流程的改变。

同时，项目团队也需要对使用新流程或正在接受培训的员工进行激励（尤其是在相对复杂的 BPI 项目中）。在全面实施新流程之前，必须确保评估系统落实到位，以保证流程按预期进行。在第 8 章将会详细讨论激励项目、培训及评估。

▶ 向赞助人进行汇报

向赞助人做出清晰、准确无误的工作汇报，是 BPI 项目经理所需具备的一项重要技能，这通常适用于向赞助人和关键相关方进行现状报告及定期沟通，在汇报未来流程时尤其必需。汇报目的是通过向赞助人及其他关键领导推广未来流程并获得认可支持，以使改进往前推进。汇报主要内容包括如下：

- 未来流程综述，应重点说明未来流程是如何符合 BPI 项目中所列的标准及目标。
- 目前参与项目的分部/部门。
- 如何利用未来流程来提高效果和效率。
- 未来流程（包括测试及投入使用两个过程）所需的时间、预算及资源。
- 考虑到的其他成本：工资及日常开支、技术需求、通信、设备、政策及程序开发、组织变革影响、经营中断影响和培训需求。
- 参加试点测试的人员名单及选定原因，以及试点测试的期望。

向赞助人及其他关键相关方进行汇报的目的是获得批准，以推动未来流程的试点测试，这包括获得所需资金及资源的承诺。

BPI 项目经理和其他项目关键成员进行汇报准备工作时，应全方位考虑会议中将会提出的问题及挑战，并提前准备好答案，以便在会议中及时回答所提问题，而不会拖延决策。

促使赞助人做决策的最佳实践

吉娜在一家制造公司工作，并与该公司的 BPI 项目团队一起共事。他们所设计的“未来”流程充分满足项目目标，并且其效率比预期更高。毫无悬念，这项流程能通过审核。在进行决策时，赞助人与高级主管却不能决定是否继续发展该项目和进行“未来”流程测试。原因包括不确定该流程测试所需时间，以及当前的修改流程是否合适。毋庸置疑，建议的未来流程有助于管理所有正在进行的工作，但也会直接影响将要实施的许多关键项目。

图 6.10 展示了如何促使赞助人和其他关键相关方做出决策。

如果接下来要进行决策，BPI 项目经理应该选定日期，跟进赞助人及关键领导，如果项目经理不对赞助人及高管进行跟进追踪，决策的最终制定往往比预期慢，并且会超过预定期限，难以快速推进项目。

☐	给出“未来”流程总览图——用图形显示流程中所有的角色和职责
☐	突出“未来”流程如何符合赞助人的目的/目标，以及如何解决 BPI 项目所关注的问题
☐	给出“未来”流程是如何开发的故事： 相关方参与 考虑因素
☐	给出“不作为”方案——如果流程不变会怎样
☐	实施“未来”流程的成本及需要的时间和资源（包括工资及日常开支、技术需求、通信、设备、政策及程序开发、组织变革影响、经营中断影响、培训需求
☐	实施未来流程需要决策什么（例如，分配预算、时间批准、资源承诺）
☐	随时准备好其他可考虑的方案（“可能”流程）

图 6.10　促使赞助人做出决策的步骤

▶ 确定未来流程

在赞助人和其他关键领导批准之后，就正式确定未来流程：

- 正式给出未来流程图（根据高管会议可能需要微调），描绘角色和职责，突出对当前流程的改动。
- 开发试点组计划，包括测试新的未来流程的时间和期望。
- 突出未来流程的收益，例如，改进客户服务、降低错误率、改进质量、减少成本。

▶ 与衍生相关方分享

在有庞大的相关方群体 BPI 项目中，对那些没有参与“可能的”流程或未来流程开发中的衍生相关方，现在是沟通的时机点。衍生相关方包括偶尔在流程中工作的人员（很可能作为某人出差的后备人员），又或者受流程影响的相关人员（如由于流程变化，相关方接受报告的来源由莎莉变成鲍比）。衍生相关方的参与，可以对相关方批准未来流程起到修正的作用。通常可召开虚拟会议或举行面对面会议，也可通过电子邮件及项目门户网站等形式与衍生相关方进行沟通。但如果能直接进行沟通，如举行虚拟会议或面谈形式，效果会最佳，也更人性化。

在向衍生相关方介绍未来流程时，应包括调整优化流程的收益，这些收益不仅有利于组织，也有利于相关方：他们如何在改变后的流程中获得收益和找到价值？改变对他们有什么意义？

▶ 为步骤四做准备

现在完成了对未来流程的定义、图形化及审批，BPI 项目团队可以开始准备步骤四，即实施重新设计的业务流程（试点测试）。步骤四的准备工作有：

- 与试点组成员进行沟通。
- 开发全方位的沟通计划。
- 成立推广团队，协助试点组工作。
- 开发变更管理计划，以管理对未来流程的变更或建议。

本章主要分享了如何让相关方在开发“可能”流程方案过程中积极参与，并取得他们的支持和帮助。在开发新的流程过程中，相关方参与度越高，流程实施后他们的积极性也就越高。本章还重点介绍了如何推进设计“可能”流程方案的工作坊。从庞大的相关方团体中高效获取所需信息，能确保画流程图工作坊的顺利召开。当画流程图工作坊出现混乱及不可控制的局面时，再想获取此类信息是极为困难的。

第 7 章

实施重新设计的流程

到了这一步骤，BPI 项目团队又向目标迈进了一大步。未来流程已经设计好，并准备进入测试。试点测试将会由流程使用者和管理者来进行，然而，在这一阶段仍然不能松懈。项目团队要严格监控测试，确保参与者认真参与。

在每个项目中，作者都会召开一个经验总结会，检查流程的长处和不足。参加会议的人有 BPI 项目团队成员、项目赞助人及其他关键相关方。在某个项目中，步骤三后的经验总结会议改变了作者原来的沟通计划。BPI 项目团队发现：由于沟通进行得过于频繁，一部分相关方会不太理睬，不参与其中。这也是许多相关方不注意即将召开的会议的原因。通过这项反馈，BPI 项目团队按沟通计划减少了沟通的频率。

本章将集中讨论流程的试点测试。另外，还会介绍向 BPI 项目组汇报的子小组，子小组要确保测试者的参与，并在问题出现时，成为联系纽带。

▶ 步骤四概述

图 7.1 展示了 BPI 项目的步骤四——实施重新设计的流程。

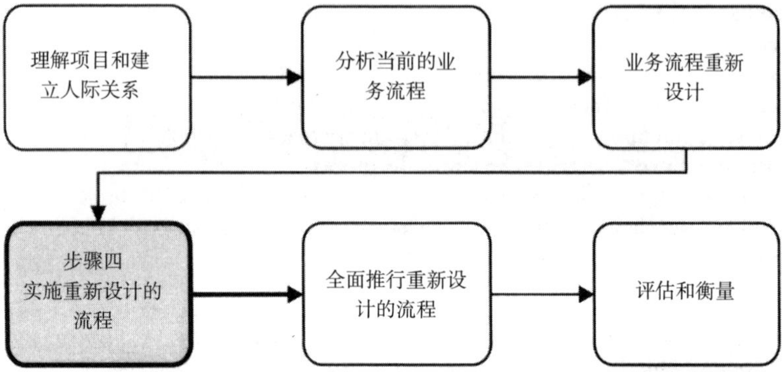

阶段四高层级任务：
- 与相关方分享重新设计的流程方案（未来流程）
- 让试点组测试新设计的流程
- 提供给相关方定期的更新
- 沟通培训方案

图 7.1　六步法之步骤四

在这个阶段，BPI 项目团队会与部分相关方合作。这些相关方是通过试点测试挑选出来的，并用于操作新的未来流程。基本上，组织中只有他们会使用新流程，其他人仍继续使用原有流程。本章将会对试点小组进行详细介绍。

BPI 项目团队在步骤四的目标是为全面推行新流程做准备。在这个阶段，未来流程存在的问题都会在全面推行之前被解决，这样全面推行新流程会非常顺利。如果在试点测试中不能发现流程存在的问题，流程的全面推行将会非常麻烦，并且相关方有可能拒绝使用新流程，这会影响流程的最后结果。

▶ 理解实施风险

在第2~3章，我们曾经提及风险管理。在步骤四中，考虑项目风险对BPI项目团队来讲至关重要。

作者提到过，相关方在流程的一开始会对改变感到兴奋，但这种情况不会保持很久。在一个快完成的大学BPI项目中，流程的改进会增强对大学新生的支持。几乎所有的相关方都对此表示支持，并且他们都参与到流程的早期设计和建设过程中。然而，当试点测试小组开始使用未来流程时，整个项目完全崩溃了。即使人们一开始对改变感兴趣，但到了真正运作的时候，人们的表现不一样了。这也是作者在BPI项目团队中没有提前预测到的风险。

步骤四存在的风险包括：

- 由于担心新流程不可行，在实施后工作跟不上，员工会对使用新流程不感兴趣。
- 缺乏资源测试新流程或资源被其他项目占用。
- 缺乏管理层对流程改进的支持。
- 对试点测试者的培训不够。
- 与试点测试者的沟通不够或无效。

在项日的这一阶段，如果不能对风险进行确认和管理，整个项目都会被延误，甚至还会降低项目在组织里全面推行后的使用效果。

回顾风险管理计划

一般来讲，项目团队应定期复查风险管理计划。在BPI项目中，至少也要在每个步骤的开始对风险管理计划进行回顾。通过回顾，可以发现项目仍存在的风险有哪些，哪些是已确定的，以及新风险存在于哪里。例如图 7.2

就是一个完整的风险登记册，是人力资源付款流程改进 BPI 项目在步骤四所识别的风险。

在图 7.2 中，一个新的风险出现了：企业环境发生了变化，因此试点测试小组有 3 位成员要离开。在这个例子中，项目团队决定继续推进测试，针对风险另外新增一名成员，这位新增的成员是人力资源部的员工。可以假定，项目团队认为其他推行测试人员足以完成未来流程可行性的测试目标。

步骤四　风险登记册的例子

项目名称：人力资源付款流程改进		日期：20××年 4 月
风险号/WBS 号 WBS 号：XIX	**风险描述**：上个月组织内人员变动率的上升以及人力资源部门在招募新员工，试点测试组测试未来流程的 3 名成员时间紧张	
风险类别： 相关方		
可能性：5（已经发生）	**影响程度**：4	**总等级**：20
优先等级：高		
如何处理风险？由其他组员继续推进测试，这 3 个人将排除在测试小组外。 从人力资源部门调入一名新进管理人员担任测试员。艾莉森将会多花些时间指导其参与项目		
负责人：**（名字和角色）**艾莉森·杰克逊，BPI 项目团队成员		

图 7.2　完整的风险登记册

▶ 使用试点小组

在本书前面提及，进行试点测试，是为了在流程推行之前检验流程，了解它的实际工作效率和效益。除此之外，它还能帮助 BPI 小组实现：

- 确保流程按流程图运行。
- 降低全面推行时的风险。
- 在全面推行时增加流程使用者的认可度，因为部分用户已经在用。

通过试点组，对新流程或优化的流程进行测试，还有助于：

- 在可控环境下完成对流程的测试。
- 了解未来流程何处需要进行变更，从而进一步改进流程。

可能有这样的争议：在人力资源付款流程例子中，流程影响有限，没有必要进行试点测试。其实在任何规模的 BPI 项目中，一定形式的试点测试都是有价值的。

毫无疑问，复杂的、跨区域或部门 BPI 项目要进行试点测试。因为推行和实施的代价高昂，失败的话可能导致不可挽回的重大负面影响。

用文档记录下试点测试者的职责，如图 7.3 所示。这样做可以让试点测试者准确理解他们在未来流程中的角色和职责。

角色	未来流程测试组成员（测试者）	
职责	项目阶段	具体职责
	测试前	通过以下方式参加 BPI 项目： • 确保理解流程改进的愿景和商业计划 • 贡献流程改进的想法和建议 • 提供对当前流程的看法 • 提出问题或挑战假设
	测试中	为 BPI 项目成功做出贡献： • 利用制定的方法论、工具、流程和程序测试流程 • 例行报告测试进展 • 报告出现的问题及详细的细节 • 回复在线提问及其他人的问题或反馈 • 实现测试里程碑
	测试后	为全面推行新流程做出贡献： • 与接口人、同事等共同支持新流程的推行 • 回答接口人、同事等对流程的问题

图 7.3 流程测试者的角色和职责文档

参与试点小组

在第 3 章中，我们曾讨论过试点组成员的选择问题。他们是项目中重要的一分子，所以必须对他们给予高度重视，并随时与他们保持联系。不管是在当前流程信息分享中，还是在最新流程状态的报告中，他们都在 BPI 项目中担任着重要角色，协助未来流程的设计。测试者应从全局出发，认识流程，了解未来流程是如何开发的。他们不仅应知道未来流程所带来的好处，同时也要注意在流程中所存在的问题。

在步骤四开始前，要与试点组进行面对面会议或虚拟会议，商讨内容如下：

- 未来流程的简单回顾，包括任何与流程中相关的角色与职责。
- 测试未来流程所使用的测试步骤/方法论。

- 测试流程安排，包括检查会议召开的时间。
- 评估计划及如何对未来流程的测试进行评估（如召开会议、调查等）。
- BPI 项目团队安排的联络员应该帮助解答问题（如果试点组中包含远程小组成员，要确保项目成员能为远程测试人员提供有效的帮助）。
- 使用门户网站（或其他论坛），以此记录测试中产生的问题。

培训试点小组

早期在制订 BPI 项目计划时，就应同时制订好试点组的培训计划。同时，在测试开始之前，项目团队应与测试成员商讨好培训计划。

在培训中应说明如下几点：未来流程与当前流程的不同之处；未来流程的角色及其职责；预期效果与其所面临的挑战。在培训过程中，测试人员要检验整个流程，阅览相关文件资料，向 BPI 项目团队报告其中的问题。

制订计划，保证未来流程在安全的环境中进行测试，但在流程测试过程中，公司会照常运行。对于相对复杂的项目，则需在不影响顾客及公司财务的安全环境中进行测试。在这种时候，进行测试的顾客信息及数据并非是真实的顾客信息，而是样本数据。只要流程对业务影响比较大，它都需在安全的环境下进行测验，保证不影响公司财务，不损害顾客权益，不给测试人员带来风险。

培训的主要内容如下：

- 如何在测试中收集信息，协助 BPI 项目团队解决流程中的问题。
- 如何在数据库或门户网站上发表日志（也可利用论坛发布）。
- 测试安排及测试预期成果。

保证有效地测试新流程

前面曾提及，制订实施方案极为重要。所以在制订计划时应明确两个问题：被测试的主体是谁，测试的方法是什么。这样做能确保在流程中成员各司其职。但是，在测试开始前，必须确保一切按照计划进行，从而减少测试中的误差。这包括：

- 使用流程所需的完整、准确的文件和指南。
- 试点组成员接受过培训，掌握要运用的技术。
- 进行其他更新或变更，以适应新流程，高效完成测试。

在测验过程中，可通过面对面会谈、虚拟会议、电话会议等方式进行定期反馈，实时报告测试的最新进程。在相对庞大的试点组中，则可根据分工与职责来划分小组，并以小组为单位进行反馈。这样在会议中，职责相同的团队成员就能分享他们在流程测验中的不同体验。

图 7.4 是一份检查表，确保参加测试的人员准备好进行测试。

试点组是否准备好未来流程的测试工作

□	试点组成员已被培训了新流程的工作要求?
□	制订了测试中的沟通计划?
□	试点组成员理解了新流程的愿景及商业计划?
□	制定了评估标准?
□	制定了测试反馈方式?
□	为测试者提供了循序渐进的文件及指南?
□	明确了测试中的角色与职责?
□	试点组经理已经认识到测试的重要性并对测试时间做出了承诺，支持员工参与测试?
□	测试者后备人员（如需要）也已接受了培训，并准备参与完成测试?

图 7.4　试点组测试工作准备检查表

建立反馈机制

在前一章中，我们简要介绍了门户网站、数据库等系统。通过这些系统，可以高效获取流程信息，了解流程开发进程及存在的问题。除此之外，也可通过网上调查进行反馈。发放开放型调查问卷，并让测试人员反馈他们的意见，是最有效的反馈方法。事实上，反馈收集与方法论是项目中的最佳组合，这一组合能协助测试者与 BPI 项目团队分享信息。在未来流程测验中，可考虑以下反馈方式：

- 网上调查。

- BPI 项目门户网站。
- 召开面谈或虚拟会议。
- 正常的电话会议。
- 对测试者进行一对一记录。

对相对庞大的试点测试小组而言，提供各种行之有效的反馈渠道尤为重要，因为提供的反馈方式越容易，就越能得到反馈信息。

在为一家营销公司进行流程测试时，我们要求测试者通过门户网站、电子邮件、两周例行电话会议等方式进行反馈。不参加电话会议的测试者，则要通过门户网站、电子邮件等方式向 BPI 项目团队进行反馈。通过这些反馈方式，BPI 项目团队再也无须为追踪反馈而奔波劳累，大大提高了工作效率。但在极少数状况中，因为要提前达成期望，BPI 项目团队还是要亲自追踪反馈意见。

▶ 确定和选择子小组

执行相对庞大、复杂的 BPI 项目，尤其当项目中还包含远程及虚拟团队人员（相关方）时，就必须要成立子小组。有些 BPI 项目包含大量关键模块或迷你项目，子小组则为这类项目服务。例如，假设 BPI 项目中有 3 个流程受项目影响，且每个都与公司特定分部紧密相连，受主项目（项目群）管理，子小组主管带领他的团队管理相应的扩展项目。

在这一阶段中建立子小组，能支持大规模试点组的工作。并协助试点组之间进行沟通，尤其对远程小组或虚拟小组而言。

如图 7.5 所示，在 BPI 项目的步骤四，两名主管带领各自的子小组，为各自的试点组服务。一组负责协助管理人员，另一组则负责协助流程使用者。

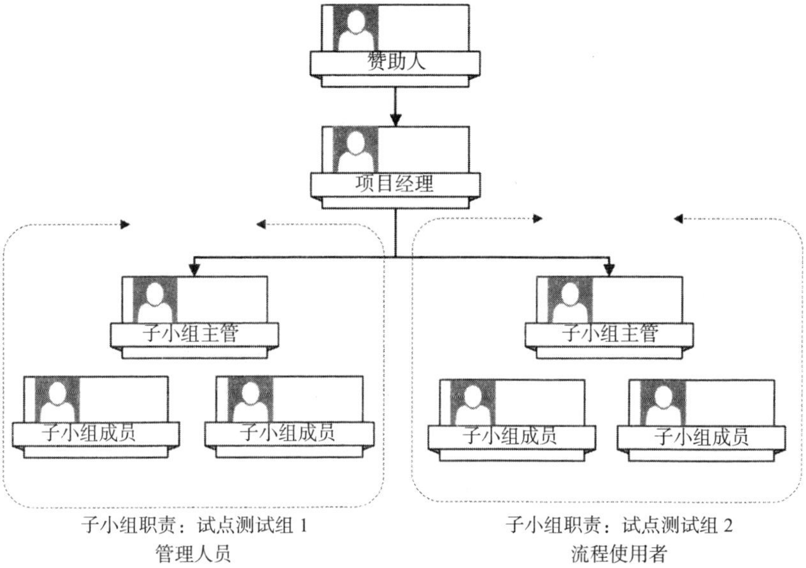

图 7.5 组织图

如图 7.6 所示，远程测试者和虚拟测试者无需对特定试点组负责。但是，他们要负责回答各种问题，并联系其他远程及虚拟测试者。图中，位于俄勒冈州的萨拉负责联系位于俄勒冈州、华盛顿、加利福尼亚及墨西哥的测试者。而在芝加哥，杰克逊担任子小组主管一职，负责监督杰克、莎拉和西拉杰的工作。

如果测试人员分布范围广，必须任命一名便于联系的联络员，以便及时整理测试人员的问题。

有一家公司在美国中西部及西部海岸地区有许多办公室，但每个地方仅有一两个测试者（总共 10 个人）。BPI 项目团队发现，一个项目成员负责 10 个测试者，工作效率最佳。然而，犹他州的联络点共有 12 个测试者，为了提高工作效率，项目经理让一个位于亚利桑那州的项目成员来做他们的联络员。

图 7.7 中列出了子小组成员及其主管所需具备的经验、技能及能力。

综上所述，子小组成员要关注客户并且非常有耐心。测试期间，全程都需他们耐心完成工作。除此之外，他们必须精通未来流程，懂得如何按预期去影响组织及那些使用或管理流程的人员及顾客。他们还要学会与相关方一起制定期望。当面对一些相关方，他们期望自己针对未来流程的改进建议被采用时，这项技能显得尤为重要。

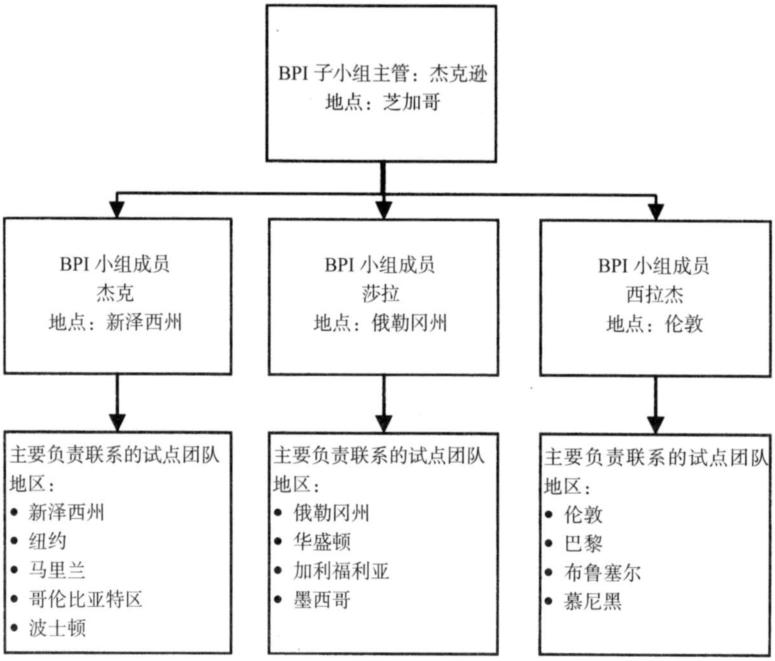

图 7.6　远程测试者的职责

子小组主管		子小组成员	
□	领导远程/虚拟团队的经验	□	与他人团结协作
□	制定流程及期望的能力	□	让他人参与的沟通能力和倾听技巧
□	公司中有强大的关系网	□	理解 BPI 项目愿景/目标
□	懂得激励相关方及团队成员	□	共享信息，与试点测试员沟通期望
□	有合作精神	□	例行更新项目状态
□	能跨越文化隔阂有效沟通	□	成为相关方与子小组主管间的桥梁
□	强大的解决问题、管理冲突技能	□	使用培训系统，获取反馈，保证对测试员反馈进行例行评估
□	成为子小组与项目经理间的桥梁	□	制定日程，定期与试点测试者会面

图 7.7　子小组成员及其主管所需技能、经验及能力检查表

促使子小组成功

为了实现这一目标，BPI 项目经理要确保流程必须在主管的领导下进行。考虑到试点组的规模，子小组必须依照程序，与核心 BPI 项目团队及试点团队成员进行合作。对于那些结构复杂的试点组，例如，一些包含远程成员及虚拟成员的小组、流程中包含较多测试的小组，或参与流程的相关方过多的小组，必须建立相关体系，保证流程的一致性，小组成员要以文件方式上报测试结果。

表 7.1 所示的一系列流程，能促使子小组实现其职能，获得成功。

接下来，我们将介绍更多有关流程实施的内容。

表 7.1 子小组过程和程序

过程/程序	描　　述
解决问题/管理冲突	在测试中，测试员之间会产生冲突与问题。因此，必须制定流程来管理这些问题，解决冲突，从而使子小组不会过于依赖 BPI 项目团队
从试点组中收集反馈，包括流程更改需求	尤其是多个子小组管理较大的试点组项目，要制定流程以收集反馈（非正式及正式手段），管理更改需求。BPI 项目经理不希望试点组测试员提出更改就一定要改动
交流与沟通： • 试点团队成员与子小组成员之间 • 子小组与 BPI 核心小组之间 • 远程/虚拟子小组之间	参与项目的小组之间应有正式的沟通渠道（谁与谁沟通，什么时候沟通），这些渠道对于大型 BPI 项目信息的正常共享来说是基础
子小组报告工作及报告关系有正式渠道	除了子小组汇报工作的程序，还需要制定沟通渠道和途径及报告工作进展的职责

确定子小组的角色与职责

在子小组中，必须分工明确，职责分明。小组成员必须明确两个问题：他们需要做什么，完成任务的期限是什么。远程成员不能越俎代庖，不能让测试员分散注意力，要让他们完成好分内的工作。

为保证流程顺利完成，客户带吉娜参观他们流程步骤四的工作。

在访谈中，吉娜明白了大致状况。显然，子小组并不明确这两个问题：他们需要做什么，完成任务的期限是什么。一个测试者（相关方）告诉吉娜，与她联络的是3个来自不同子小组的成员，他们下发的指令也各不相同。另一个测试员告诉吉娜，她所反馈的问题一直得不到任何回复。由于不确定谁是她的联络员，她只能通过电子邮件向4个人分别反馈。

回顾图7.6，杰克、莎拉及西拉杰这3位成员，他们主要负责各自领域的联络任务。这幅图简要说明了成员对各自试点组的职责。然而，BPI项目经理还会对图进一步进行分解，深入明晰联络员的其他职责（见图7.8）。在图7.8中，子小组成员不仅担任联络员一职，还要负责其他相关工作，包括召开会议、电话联系等。

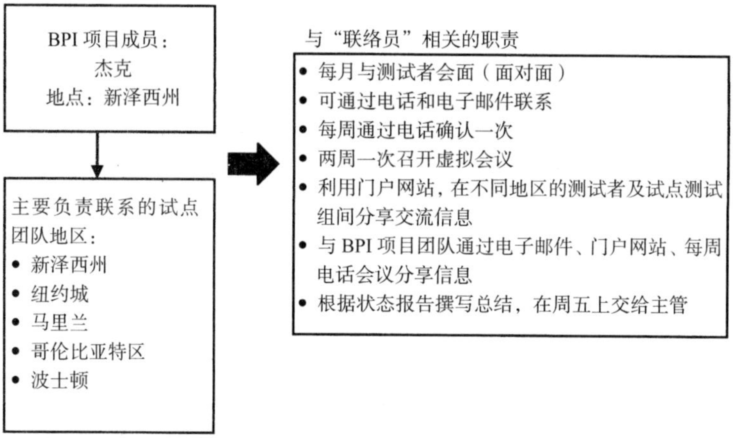

图7.8 联络员职责

当然在这一步骤中，项目中还包括其他角色：技术支持人员、流程图绘制人员、流程设计人员，还有一些愿意加入项目的人员。例如，在这一步骤实施前，流程图绘制者就要提供流程总览给流程测试人员；作为流程中的一分子，技术支持人员要对测试者进行培训，教导他们如何使用技术。

例会

不管是在测试前，还是在测试中，BPI 项目团队都要召开例会，从而推动项目的发展。当参与的子小组较多时，主管代表小组与 BPI 项目经理及其他核心团队成员召开例会。主管收集组内信息，并将情况汇报给经理。图 7.9 展示了报告的传达过程：从相关方到子小组成员再到主管，最后交由 BPI 项目经理（BPI 核心小组）。

如图 7.9 所示，子小组成员从试点组相关方中收集相关信息，并进行总结，报告给主管。主管对所有信息进行汇编，报告给 BPI 项目经理。经理将这些信息与其他所需信息相整合，以报告形式上交给项目赞助人。

除此之外，还要进行日常沟通，召开例会。在图 7.8 中曾提及一些会议，这类会议要求子小组与测试员一起参加。此类会议内容会正式编入沟通报告模板之中，并将用于阶段四。

例会内容如下：

- 试点组人员的培训会议。
- 对所有相关方的常规信息会议。
- 决策制定会议。
- 头脑风暴或问题解决会议。

实施过程和程序的必要性

在试点测试阶段中，必须按照步骤实施未来流程。测试者将在相同条件下以相同的方法完成工作，这确保了测试的一致性，保证未来流程在测试时与全面推行时一致。

这样的过程和程序将确保：

- BPI 项目团队与试点组之间进行正常沟通。
- 所有测试者执行未来流程的方法一致。
- 使用未来流程时，依照文件及指南。
- 收集例行反馈，优化未来流程。

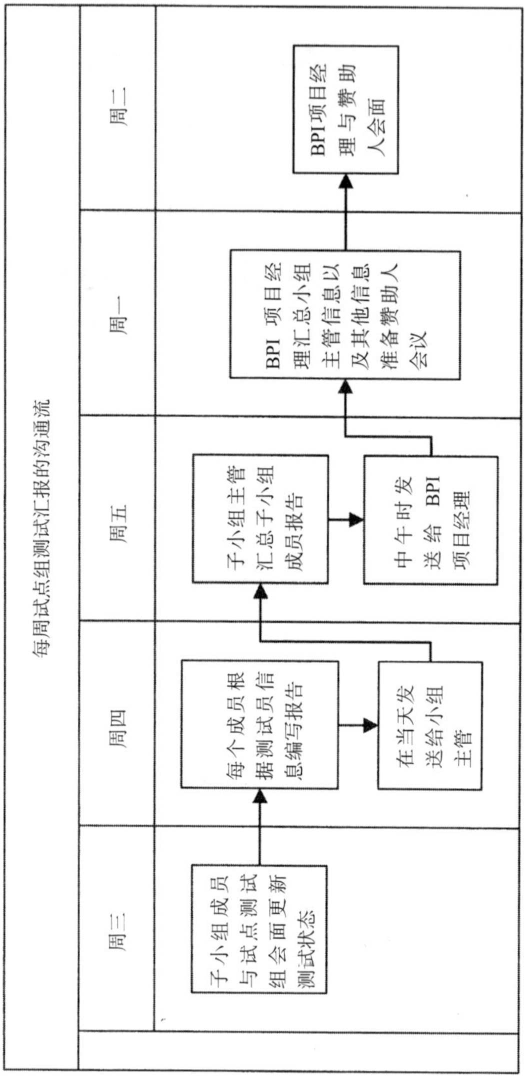
每周试点组测试汇报的沟通流
周三
周四
周五
周一
周二
子小组成员与试点测试组会面更新测试状态
每个成员根据测试员信息编写报告
在当天发送给小组主管
子小组主管汇总子小组成员报告
中午时发送给 BPI 项目经理
BPI 项目经理汇总小组主管信息以及其他信息准备赞助人会议
BPI项目经理与赞助人会面

图 7.9 汇报流

一些当前流程、程序及指南并不再适用于未来流程，因此，对于试点组测试人员，给出清晰的现有流程与未来流程的差异比较图表，是比较好的做法。

登记并进行状态报告

在前一部分中，我们曾讨论过这一内容。在步骤四中，由于成员容易退回到老的做法（不止一次发生过这类情况），所以，定期登记流程测试的有效性，并向 BPI 项目经理、赞助人及其他关键成员汇报状况，是极为重要的。

在状态报告中，要明确以下问题：需要报告什么？是否应在步骤四之前提前制定好报告？是否要根据需要更新报告内容？

> 项目经理杰里米要求子小组主管每周更新测试状态报告。通过这些报告，他注意到了测试中的问题。显而易见，一些测试者非常苦恼，因为每次只有等到召开下一次状态报告会议时，他们才收到回复。为了解决这一问题，杰里米要求主管每周向他上交一份进程报告，在报告中提出问题，及时召开会议，并提出解决方案。

表 7.2 是一个部分完成的沟通计划表，用以确保 BPI 项目正常的定期报告。

在网站 www.jrosspub.com/wav（以下简称 J. Ross 网站）中的 Web Added Value™（WAV）资源下载中心，也可下载沟通计划表模板。

表 7.2 沟通计划工作表（部分）

项目角色	沟通内容	沟通方法	沟通频率
子小组主管	报告子小组状态	与 BPI 项目团队会面	每周一次（周五早上九点）
项目经理	向赞助人更新未来流程测试状态	领导会议	每月一次（每月第一个周一）
流程培训员	通过面对面或虚拟培训更新状态	项目门户网站和电子邮件	根据需要而定

例行反馈

例行反馈是步骤四中必不可少的一部分。通过这一方式，BPI 项目团队了解在未来流程中，哪部分是有用的，哪部分没有用。然而，只有通过制订详细的沟通计划及期望，才能获取这类信息，仅仅询问测试者运行状况是远远不够的。要采用正式的反馈方法，制定期望，保证测试者按照规定完成反馈，从而最终实现沟通目标。

在收集测试信息时，应考虑一下问题：

- 测试者是否掌握测试成功所需的方法？
- 测试者是否获得充分的培训？
- 所提供的文件及指南是否清晰、准确、容易执行？
- 确保未来流程测试成功的有价值的额外信息是什么？
- 遇到的挑战有哪些？
- 流程是否按步骤进行？是否有偏差？如果有，偏差在哪里？偏差是什么？偏差为什么会产生？

针对最后的问题“流程是否按步骤进行？是否有偏差？”，在流程测试中，通常会制定期望，要求测试按照文件、指南等进行。测试者不理解流程步骤，培训不够充分，或发现有更好的方法，这些都会导致出现偏差。在反馈中，制定并调整期望，就能避免偏差的出现。改进可以被考虑，如果要实施，就要分配给所有的测试组进行测试。

一个成功的BPI项目经理会建立一个平台，要求成员寻找最佳的方法，来测试未来流程。在推行流程之前，他有效地鼓舞员工对流程进行改进。一旦发现改进方法，就在第一时间与 BPI 项目团队联系，这是他对成员唯一的要求。然后他会召开会议，评估这些改进方法。在联系中，必须包括如下内容：

- 流程原始模块或步骤是什么？

- 怎样能使之改变？
- 怎样会更好（如缩短时间、提高准确率、降低失败风险）？

利用协同门户，收集反馈及共享信息

通过表格、会议、电话会议及项目门户网站等一系列渠道，收集反馈信息将变得更加容易。利用门户网站，如微软办公平台（Microsoft SharePoint™）、百会（Zoho）、Basecamp 或其他门户软件，能随时实现信息共享。除此之外，协同门户网站还有如下优势，包括：

- BPI 项目中所需模板。
- 当前项目的状态信息。
- 提供提问平台，能随时与 BPI 项目团队成员及专家取得联系。
- 测试及其他相关安排的内容。
- 项目团队成员、相关方及其他人员的联系方式。
- 有关未来流程的培训资料。
- 流程图（现有流程、未来流程）。

要在 BPI 项目中使用门户网站，就要确保成员受过培训，并可以访问网站信息。

管理流程中必要的更改

步骤四的主要任务就是在流程全面推行前，完成对未来流程的测试。文件中的流程毫无瑕疵，但一经测试，其缺点就暴露出来了。所以在测试中，相关方会根据测试提出相应的更改请求。无论更改多小了，都要通过正式表格或门户网站等渠道，收集各类更改请求。

如图 7.10 所示例子是一幅用于收集更改请求的完整模型。从图中可知，这一更改请求与部门（市场部）战略相符。一旦完成收集任务，通过合理渠道向 BPI 项目团队报告，决定是否同意更改。与部门战略相符合的更改通常会通过审核（该模板可在 J. Ross 网站下载）。

BPI 项目联系人 桑德拉·怀特	**更改申请相关方** 吉姆·斯玛特，社交媒体主管 （试点小组测试员）
对未来流程的更改描述 公司博客帖子只转到 Pinterest、Twitter 和 Facebook，没有自动提交到 LinkedIn 和 GooglePlus	
流程更改原因（解释要具体） 作为我们明年的营销策略，除了已有其他社交媒体渠道，需要自动提交给 LinkedIn 和 GooglePlus，以更好地使用这两个渠道	
如果不变或不批准更改对流程的影响 我们将手工提交博客帖子到 LinkedIn 和 GooglePlus。如果必须手动而不是自动递交，运行将有风险和错误	
决定 （批准、退回）	
判定理由	
批准人	**日期**

图 7.10　流程更改申请表示例

制订计划，收集所有的更改请求，确保 BPI 项目成员与相关方负责监督项目，做出最终决策，是很好的做法。

在步骤四早期设置期望，并确保试点团队成员及其他相关方明确这一期望。通过一系列程序，更改需求经过正式申请和批准，从而确保项目保持在正轨上，只有增强和优化流程的更改才会被采纳。

在流程改进过程中，包括执行主管、领导及中层管理者等相关方都会参与其中。在实际测试前，作者认为，无论谁提出更改，无论这一更改多么必要，必须通过合理渠道收集更改请求。高级主管必须明白，如果渠道不正当，再微小的更改也是不被允许的，更改决定必须经过正式的程序。若违反这一规定，其结果会对客户造成直接影响。

▶ 进行调整，定案流程

一旦完成对未来流程更改的评估，并执行完必要的更改后，就要将这一更改投入测试中（不少于一次）。由于中途更改，测试会因此中断，然后再重新启动。如果更改处于非测试阶段，则需停止测试，直到更改完成为止，然后从中断处重新开始测试。对于一些主要更改，例如，在未来流程中，这类更改会影响多个步骤，则必须在重新设计后，才能重启测试，而测试重启必须从头开始，测试员需接受新的培训。即使微小的更改，这些措施也是必要的，它能保证调整后的流程是稳定的，其更改后是可以运行的。

通过一系列必要的更改，对未来流程进行定案，更有利于在组织内进行全面推广实施。

获得试点组的认可

在与试点组的最后一次会议中，应完成以下任务：

- 讨论最终决定的未来流程，着重突出接受的更改及不被接受的更改。
- 从测试中得到的教训总结。
- 与试点组定案未来流程。

可以用一个简单的表格，按优先级次序突出每个更改请求（基于对流程的影响），不管是否被采纳，都应告知试点组。如果试点组提出的更改建议没被采纳，BPI 项目经理或代表最好与他们联系，感谢他们的付出，并向他们解释其中原因。

作为最佳实践，作者总是腾出额外时间，基于必需的更改，持续测试未来流程。未来流程越复杂，受到影响的组别就越多，可变因素就越多，进一步的测试执行时间也就越长。

向赞助人和关键相关方展示

若展示报告获得通过，将会在公司内推行最终确定的未来流程。在推行之前，必须在报告中明确以下几点内容：

- 确保支持新流程所需的技术与设备得到更新。
- 制订培训计划及课程（本章之后还会提到）。
- 在推行新项目前，对 BPI 项目成员进行培训。
- 新组织结构已经为推行做好准备（汇报结构、角色和职责的变化）。
- 制定好新政策、程序及业务规则。
- 制定好评估衡量机制及激励机制。
- 制订好推行计划（逐个部门），受影响的分部和部门的关键领导已经被通知，并准备就绪。

要向赞助人及相关方展示推行计划和时间表（包括预算和资源），获得批准后继续进行后续工作。

▶ 定案培训计划

项目越复杂，就需要越完善的培训计划。培训应随着最终流程的开展而开始实施。可根据图 7.11 所列，检查培训对新流程是否有效。

☐	新流程使用者是否有逐步使用的快速参考文档和指南?
☐	（如必要）有尽可能健全的培训指南?
☐	培训有多种方式进行（面对面、虚拟会议、虚拟课程）?
☐	培训排在不同的时间段以适应使用者的工作安排?
☐	流程中的培训员已受训并准备就绪?
☐	有流程培训后的支持?
☐	通过虚拟课程、门户网站上的问答专栏等培训跟进工作已准备就绪?
☐	培训时间已通过 Outlook 等时间工具发出邀请，让员工安排参加?

图 7.11　培训检查表

需要注意的是，如果在测试阶段，除个别需要修改外一切都顺利进行，那么对于新流程的员工培训可提早进行。然而，如果在培训之后才发现流程存在问题，则需要重新培训。在测试完成之前对用户进行培训的决策是非常难做的，很难得到受流程影响的相关人员支持。如果培训开展过早，流程又需要重新修改的话，BPI 项目团队很可能失去相关方的支持，而相关方的支持对于项目的成功是至关重要的。有关培训将会在第 8 章进一步讨论。

为步骤五做准备

当得到批准，可在组织内全面推行新流程时，应遵循以下几点：

- 用于管理相关方期望的变更管理计划必须得到实施。
- 运用多种沟通渠道讨论新流程。
- 子小组与新流程使用者进行沟通。
- 讨论并确定培训和激励计划。
- 制定常规检查日程表，对流程的使用进行检查。

试点组的测试者是新流程的支持者，他们一直使用新流程，他们知道新流程是如何运作的，以及流程改变的作用和价值。项目团队可以依靠这些人员，把流程的有效性和价值传播出去。另外，这些人员也可以加入子小组，解答其他流程使用者的疑问，并与他们进行互动。

本章重点讨论了利用试点组测试者来评估流程，确保流程按计划进行，并符合 BPI 项目目标。在这个阶段，未来流程可以进行小规模的实施，以便在全面推广之前找到流程存在的问题。因此，收集测试者的反馈非常重要，但收集反馈并不是一件容易的事。

为了增加从相关方处得到信息的可能性，项目团队可以与他们进行讨论。讨论在测试过程中需要什么，以及什么时候需要。在最初的相关方会议上确定的期望，此时应该再次强调，这样项目团队就可以节约向相关方收集信息的时间。图 7.3 详细描述了试点测试小组成员的职责。

第8章

全面推行重新设计的流程

在BPI项目的这个步骤之前，项目团队已经对未来流程进行了试点测试，解决了在使用过程中出现的问题。最终新流程已经定案，并在组织内全面开展。作为这个步骤的一部分，向人们展示试点测试的结果非常重要。毫无疑问，好的结果能让用户参与流程，并对更改感到兴奋。这些都将在本章进一步讨论。

在BPI项目中，项目团队要展示试点测试的成果。这些成果包括主要测试者的评价。在全面推行之前，一位受人尊重的资深员工对流程做出这样的评价："非常荣幸能够参与新流程的试点测试。这太了不起了！我对这些更改都非常满意。我完成工作的时间足足减少了40%。"这种类型的评价会在企业里迅速传开，使其他人也参与到新流程的更改中。

在BPI项目中，项目团队始终通过定期沟通在组织内（尤其是受BPI项目影响的）更新状态。接近步骤四时，这种类型的沟通会增加。在这些沟通中，人们会分享试点测试的成果，以及在组织内发生的新变化。通过对这些信息的了解，项目团队可以保证流程对组织更加有效。

项目团队经常认为，一旦流程在企业里全面实施了，他们的任务也就完成了。然而实际上并非如此，他们需要负责流程的维护并继续推动其发展。BPI 项目团队需要停留一段时间，确保流程顺利运作。在这个阶段，BPI 项目开始过渡到维护/操作阶段。

大部分内容都将会在本章内讨论，包括与相关方就全面推行新流程进行沟通，安排培训。培训必须提前计划，并在全面推行新流程前实行，以确保跟上步伐。另外还有一些培训可在初次培训和流程推行后开展。通过培训，流程的用户在使用新流程时会更加顺利。这都将在本章内讨论。

步骤五概述

图 8.1 展示了 BPI 项目的步骤五——全面推行重新设计的流程。

在步骤五，应该将组织看作一个整体。根据试点测试所得反馈，对流程进行更新后，再最终定案未来流程。相关方对流程可能有以下疑问：

- 是否容易学习，是否会提供培训?
- 员工是否更有效地完成工作?
- 流程是否已经被他们信任的人（接口人或同事）试过和证实?

当然，问题也会围绕以下几个方面：

- 流程的稳定性如何?
- 是否能够立即使用?
- 要提供什么支持?

本章的重点讲放在与相关方的沟通中，确保问题能够得到正确回复，即使他们并没有提出问题。

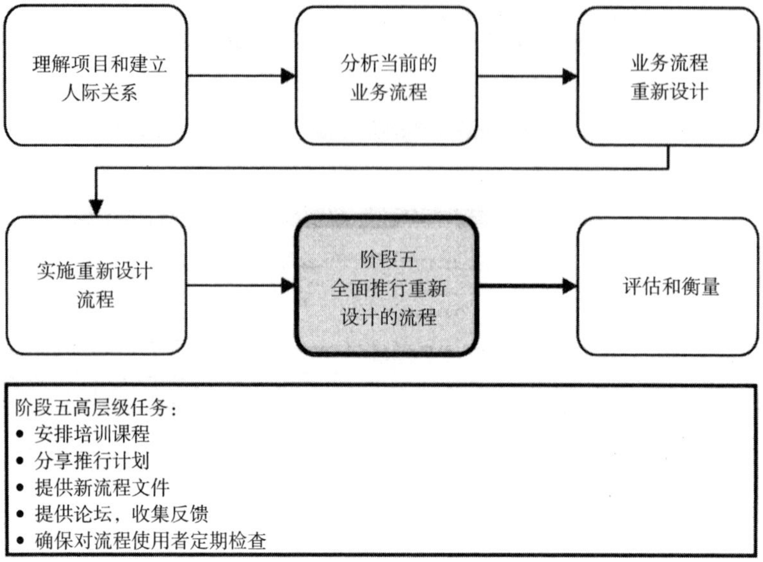

图 8.1　六步法之步骤五

▶ 受控的推行方式

即使流程已经设计好，完成测试并最终定案，准备投入企业中，但也需要对流程进行控制。以下例子假设 BPI 项目团队将会在销售部、市场部和运营部运行新流程。销售部是最依赖流程的部门，其次是运营部和市场部。为了更好地对各部门进行控制，项目团队应制订流程的实行方案，如图 8.2 所示。

由于各个部门对流程的使用情况不同，他们的流程实施计划也会有差异。因为销售部是最依赖流程的，所以流程最先在销售部实行。

如果流程的实施涉及组织内相当一部分人员，可集中对某一部门或部门内的某一工作组进行控制，如图 8.3 所示。

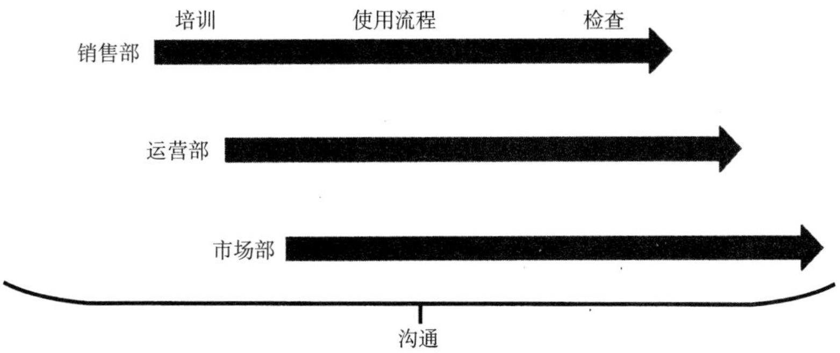

图 8.2 推行流程的各层级示例

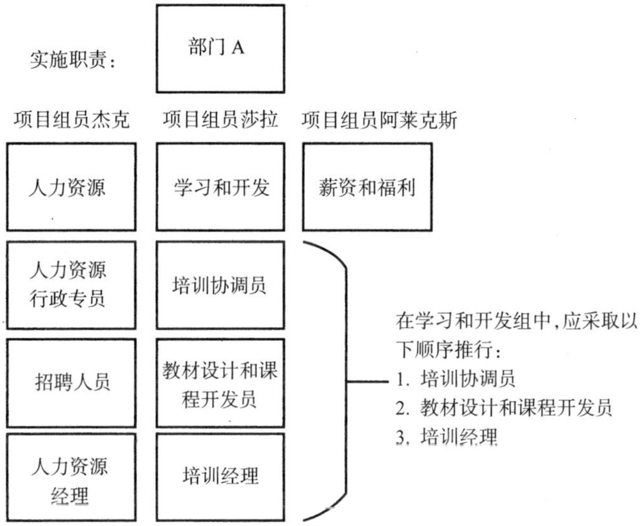

图 8.3 推行流程示例

在图 8.3 中，BPI 项目团队成员萨拉负责带领部门 A 的学习与开发小组实行新流程。她依次将流程实施于培训协调员、教材设计员、课程开发员及培训经理。

流程的开展涉及的部门越多，对流程实施监督就越有益处。这些益处包括：

- 得到越多部门的重视。
- 培训班的规模越小。

- 更聚焦的沟通。
- 有机会改进流程实施过程中出现的问题。

要注意的是，并不是流程的所有部分都会立即推行。在大型流程改进项目中，流程各个部分的实施会有差异。容易操作和实行的部分部门会更先开展，因为困难的部分一般会有更多的反对者，花费的成本也更多。

有一个制造业客户，作者立即实施 2/3 的流程改进，剩下的 1/3 需要新的设施和等待定案。在那些设施完全准备好让员工迁入之前，那 1/3 部分无法实施。

将变更管理计划付诸行动

第 3 章中描述了如何制订变更管理计划。在对未来流程进行试点测试后，变更管理计划可能也要做出修改，以更好地配合流程的全面推行。修改后的变更管理计划在 BPI 项目中同样有效。然而，变更的重点应放在流程在运作过程中不如预期的地方。如果试点测试成功，这些问题可以不予考虑。此时流程也不应该重新返工。

作者经历过唯一一次 BPI 项目在试点测试后需要返工的情况。那是因为试点小组的成员并不是日常使用流程的人，一旦流程全面推行，不仅达不到预期效果，而且对于用户来讲，可能还要付出比先前更多的努力。

变革管理中人的方面

在第 11 章中会对变革管理中人的方面进行详细介绍。在这里，项目团队要记住：任何流程变革都会对组织内人员造成影响（无论变革的复杂度是多少）。

作者曾领导一家企业的一个业务流程变革项目。在该企业中，一组共 5 个员工需要输入客户信息到系统中。在当前流程中，输入每个客户的信息需要 15 分钟。随着企业不断扩展，管理层想要把输入数据的时间缩至 8 分钟。这听起来很不错，为员工节省了时间，但对于员工来讲却不是一件好事。他们会有着许多顾虑，例如，他们是否能够掌握新的流程？他们可以继续干下去，还是企业想要解雇他们？

BPI 项目团队在全面推行流程中的作用就在于帮助更多的相关方适应新流程。项目团队会有专门人员帮助员工适应新流程，例如，小组内的相关部门专家在这时就充当万事通的角色，负责解答相关方的疑问。当需要沟通的时候，组织内一些人脉较广的员工就会发挥其强大作用。

表 8.1 是几种常用的帮助他人适应变革的方法。

表 8.1　帮助他人适应变革的方法

方　式	内　容
参与对话	与相关方讨论流程变革。与他们讨论流程变革的好处，以及向他们展示为了确保流程变革的成功，项目团队做了什么努力？
成为“万事通”	利用相关部门专家，鼓励相关方提问。项目团队成员可以为需要特别支持的人提供资源。在一项复杂的项目中，项目团队需要至少一位相关部门的专家来支持、鼓励相关方
鼓励提问	毫无疑问，许多有疑问的相关方并不愿意提问，因为他们不想表现得愚蠢和尴尬。让项目团队成员与相关方沟通，鼓励他们提问。此外，也可以通过小组讨论或面对面谈话的方式。 要确保项目门户网站里有专门的版块，供新流程使用者提问，常见问题要有答疑（FAQ）

▶ 沟通新流程

之前的沟通计划在这时将需要更新。新的计划要包括关于全面推行最终流程的内容。在这个阶段，沟通应集中在以下几点：

- 实施新流程的时间安排。
- 新旧流程的过渡阶段。
- 有关新流程的培训及培训的方式。
- 可用于帮助相关方使用新流程的资源（人员、文件、网上支持、联系点等）。
- 制定流程运行的检查时间表及检查方式（会议、电话、门户网站）。
- 配备新设备或使用新技术。
- 更新员工的职责，以反映新流程的使用。

在步骤五中，讨论的目标就在于让相关方参与变革，以增加实施的成功率。围绕新流程会为员工提供培训，保证他们能够顺利运作新流程，从而减少他们对新流程的顾虑。

▶ 为新流程建立人际关系

一个成功的 BPI 项目应该在开始的阶段就让相关方参与进来，以建立人际关系。同样，为新流程建立人际关系也是非常有必要的。为了鼓励相关方参与，项目团队可以让试点组的测试者分享他们使用新流程的成功经验。试点组的测试者都是新流程的支持者。他们对于新流程的评价比领导层，甚至比项目小组的评价更具有可信度，因为他们都实际操作过新流程，并大获成功。不要低估试点组测试者鼓励相关方参与流程的作用。

可以考虑在步骤五开始的时候召开会议。在会议上与最大的相关方群体联系，并就以下内容进行讨论：

- 新流程全面推行的信息。
- 新流程实施过程中的主要联系点。
- 培训信息和其他为新流程用户提供的相关文件。
- 从测试中得来的有关新流程反馈，这可以用案例学习的形式，在会议中分享，或者让一些试点测试组在会议中发言，分享对新流程的看法。

在步骤五开发合适的沟通渠道

在第 4 章中曾提及沟通渠道，大部分渠道在步骤五中也可以继续沿用。然而，相关方群体因新流程的实施而扩大，因此需要新增其他沟通渠道。

作为一项最佳实践，可以使用图 8.4 中的表格来决定在步骤五中采用什么沟通渠道。

需要什么沟通渠道?

相关方		可考虑的沟通渠道
□	高管及高级领导	• 在领导会议上展示 • 与领导进行一对一谈话 • 电子邮件
□	中层管理人员	• 电子邮件 • 门户网站 • 部门会议
□	员工	• 电子邮件 • 门户网站 • 午餐谈话 • 小组会议
□	远程员工	• 电子邮件 • 门户网站 • 虚拟会议 • 电话会议
□	外包商/供应商	• 电子邮件 • 登门拜访 • 门户网站 • 在公司场所会面

图 8.4　确定沟通渠道的检查表

如第 4 章所提，渠道的多样化可以让项目团队接触更多的相关方，并从他们身上收集流程信息。

沟通包括辅助性的外部沟通，这种类型的沟通直接反映了流程是如何影响客户、销售商和供应商的。另外，应采用独立沟通的方式通知外部相关方。在沟通中，重点应放在流程对外部相关方的利益上，而不是员工或组织的利益。

建立沟通子小组

与步骤四（试点测试）中的子小组类似，在这一步骤使用子小组也十分有效。子小组也可用于与相关方群体沟通。被任命为沟通子小组的项目团队成员应具有以下技能：

- 有效沟通的能力——口语的或书面的强。
- 聆听能力强。
- 鼓励他人参与对话的能力强。
- 在组织中人际关系强。
- 能够处理员工间的争议或安抚焦虑的员工。
- 掌握多种沟通方法。

BPI 项目团队成员需要掌握多种技能，这些技能对于未来流程的实施非常重要。

沟通子小组的团队成员人数应根据相关方的人数及他们的所在地来确定。最理想的状态是，每个有相关方的地方都配备一名小组成员。但是当相关方人数较多或分布较分散时，作用并不大。

沟通子小组应配有一至两名小组负责人，负责协调小组工作。此外，小组应采用统一的沟通方案。这两项工作能够为 BPI 项目团队提供持续的支持。如果项目涉及外部相关方，最好确保他们在组织内部有主要的联系点，便于解答他们对流程的疑问，并为他们提供流程指导（见图 8.5）。

相关方跨越 3 个部门，但在 1 处办公室	沟通子小组成员不应少于 3 人，每个部门 1 个，成员间相互支援。
相关方来自全美多个部门，主要在东岸、西岸和中西部	沟通子小组成员应代表相关方所在的地域：东岸、西岸、中西部。各个地区的人根据当地相关方数应为 2～4 名。
相关方分布在国内外且存在语言问题	沟通子小组成员应集中在相关方最多的地方。例如，大部分相关方都在伦敦，其他分散于巴黎、比利时，那么沟通子小组应集中在伦敦，但同时确保在巴黎和比利时也有成员，应掌握相关方语言。
相关方皆在美国国内家中远程工作	每 4 名远程员工配备 1 名沟通子小组组员，确保支持系统正常运作、正常沟通。要让每位员工参与项目，让他们觉得自己并不是被独立于之外。

图 8.5　配备沟通子小组示例

利用试点组成员

如之前所提，试点组的成员是流程的支持者。他们是从相关方中挑选出来的，讨论流程的益处和分享他们的经验。试点组成员也可作为沟通小组成员，或作为相关部门专家，负责解答关于流程的问题。

▶ 展示培训计划和激励措施

在第 3、4 章曾经提到过培训。与此相似，BPI 项目团队需要向相关方预先公布培训方案，这样可以减少相关方对学习流程的顾虑。

> 项目团队没有制订培训方案，且没有向相关方公布，这是个错误。在这个步骤的第二天，50 名相关方询问 BPI 项目团队，他们会得到培训，还是需要自己学习？

无论是流程的日常用户，还是偶尔使用流程的人（例如，提供支持服务的员工，一个季度使用流程一次）都要接受新流程的培训。毫无疑问，培训的扩展会增加流程的复杂性。一些微小的流程改进并不要求掌握新技能，这样就只需要制定简单的流程操作表，或开展网上授课即可。对于较复杂的项目，则需要制订一个完整的培训方案。该方案既要包括对实际操作的培训，也要包括参考文件。项目团队应提供多种培训组合，例如讲义资料、虚拟课程及面对面培训，让员工可以根据自己需要选择。然而，这不代表可以完全依赖员工的选择，因为员工往往会选择最简单的培训方式。此外，项目团队应制订培训的计划和时间安排表，计划中包括相关方的姓名，并根据他们的职位安排培训。图 8.6 是一个培训计划和时间表的例子。

之前收集的关于培训需求的资料有利于制订综合性的培训方案，这种方案更符合相关方的需要，并且能够确保新流程成功实施。毫无疑问，当试点组测试新流程时，会产生新的信息，这时也需要对培训方案进行修改。

培训方法	参加人员	开始时间和长度
讲义资料、虚拟课程	管理人员及其他流程监管人员	按需，15 分钟（虚拟课程）
虚拟课程	行政支持人员	按需，15 分钟（虚拟课程）
面对面培训、虚拟会议	日常使用流程的人	按计划安排，2 小时
虚拟课程、虚拟会议	部分使用流程的员工	按需，30 分钟
跟进资料：文档、内部网上按需虚拟课程、指南、快速参考指南	流程的全部用户及管理人员均应可以访问或获得	在所有计划的培训结尾，均配上后续参考资料

图 8.6　培训计划和时间表示例

激励措施

激励措施通常用于鼓励员工弃用旧流程，转用新流程。激励项目包括以下几种：

- 来自管理层的认可。
- 现金或嘉奖。
- 休假。

- 奖金。
- T 恤、奖章或其他物品。

使用激励措施时注意项目预算，项目预算应包括激励措施的支出。

建立人际关系和实施培训

即使假定所有人都愿意参加培训，学习如何运作新流程，仍有必要就培训建立人际关系，展示流程的优越性，这样有利于鼓励相关方参与。实施培训时，应将培训会议安排在不同的时间段。例如，会议要持续 2 小时，那么就可以将其安排在不同日期的上午、中午及下午。若相关方无法参与面对面的培训，项目团队要为他们安排同样时长的虚拟课程。

培训课程和虚拟课程应设置签到，这有利于 BPI 项目团队了解相关方的参与程度。

在一个 BPI 项目中，吉娜负责一个咨询组。她负责帮助行政小组跟进相关方的培训报名情况。在刚开始的时候，只有一部分相关方参与了培训。一周后，报名的人数也很少。行政小组决定与每个相关方单独联系，鼓励他们参与培训。

尤其在一些复杂的 BPI 项目中，每场培训的人数应控制在 10 ~ 12 人。小班培训能够保证员工得到足够的重视，对流程的掌握程度会更好，甚至会提高流程实施的成功率。新流程的培训不足，会增加 BPI 项目的风险，甚至会导致新流程在长期运作中出现问题。

提高用户舒适度和信心

关于如何提高用户舒适度和信心的知识已经在前面章节中讨论过。如果新流程的培训不足，会增加 BPI 项目的风险，甚至有可能在新流程的长期运作中出现问题。

表 8.2 列出了一些方式，可用于提高相关方对新流程的舒适度和信心。

表 8.2　提高相关方舒适度和信心的方法

方　法	描　述
各种学习方式	如前面所提，学习可以有多种方式：工作坊、虚拟教室、虚拟课程、讲义资料等，这些方式为每个人提供了学习机会。由于每个人的学习和吸收能力不同，采用多种方式组合可以增加学习流程的成功机会
项目门户网站的问答栏（FAQ）	定期更新 FAQ，让相关方使用新流程的疑问得到回复。除对 FAQ 的问题进行详细回答外，也可以借助其他辅助方式（支持小组、虚拟课程、其他文件等）。随着新流程的疑问不断增加，要加快更新 FAQ 的频率
过渡阶段	项目团队应设置一个过渡阶段，尤其在复杂项目推行时，可增加相关方的舒适度。相关方会感觉自己有更多时间适应和学习新流程。但需要注意的一点是，过渡阶段要有明确的时间界限，让相关方熟悉新流程，但要避免他们一直使用旧流程
手把手练习/模拟	尽管安排了各种形式的培训，但同时也需要让相关方在安全环境下实际操作流程，这就需要建立一个完善的测试平台。该平台需配备系统及其他工具。在该平台上，员工可以操作流程，且不用担心因犯错而对系统或客户造成影响
行动规划	作为学习新流程的一部分，行动规划可以让相关方描绘如何运用所学（如何使用新流程）。行动安排包括：所需支持、额外所需或期望的培训、使用新流程的时间段、检查和报告流程运作情况的时间点

形成培训的黏性

相关方接受培训后回到工作岗位，能够更成功地运作新流程。流程的成功使用会增加员工舒适度，并且他们会更愿意继续使用新流程。

表 8.2 所列的方法有助于形成培训的黏性（Stick）。此外，这还有利于保证企业有可供下载的文件、流程说明书，或 10～15 分钟的简单虚拟课程。

项目团队应指导相关方使用流程。试点测试小组的团队成员就是很好的导师，因为他们已经使用过流程，可以为他们的同事提供指导，让大家都迅速掌握并成功操作流程。当然 BPI 项目团队的成员也会对新流程的用户进行指导。

▶ 定期检查

无论流程是简单的还是复杂的，检查新流程的使用状况都非常重要。我们会集中讨论较复杂的项目。BPI 项目越复杂，就应该制定越多的检查，以便在多个部门中进行监督。表 8.3 列出了多种正式与非正式检查。

表 8.3　正式与非正式检查

正式检查	非正式检查
• 定期会议	• “走廊”对话
• 网上调查	• 相关方办公室拜访
• 项目门户网站的问答栏	• 相关方导师的检查

正式检查固然重要，但 BPI 项目团队发现：通过非正式检查，他们能够得到更多的流程信息。一般来讲，一个非正式的面对面谈话，比一个正式环境下的谈话有效。

> 在一个制造业的项目中，作者在咖啡厅与员工聊天，询问“流程运用得如何”，获得大量信息。在咖啡厅的环境里，相关方更愿意与他人分享自己的看法和所遇到的问题。相反，当相关方聚在一起时，他们往往不愿意讨论。

▶ 共享评估和衡量方案

共享评估和衡量方案是新流程全面推行的一部分。在这时，项目团队应再次强调 BPI 项目的目标，尤其是如何判断新流程的成功，这就需要回到项目实行的最初原因，是为了减少生产新产品的成本、适应部门内新使用的技术，还是希望在客户呼叫服务时，能够更快反应？

作者曾与一家软件公司的客服代表讨论过一个流程改进项目。该项目的目的是改进顾客打进咨询电话的方式，这个要求既来自顾客，也来自客服代表。在原有流程中，电话接通至客服代表之前需要按 7 个按键，现在项目团队将其缩减至 3 个。毫无疑问，这会增加顾客的满意度，减少投诉。在这个例子中，评估项目的标准就是按键的个数，或问题的解决是否提高了顾客满意度。根据测试小组的反馈，这一切都达到标准。顾客服务小组全面实现新流程之前，要对流程进行测量。

项目实施小组要保证新流程按预期进行。为了达成这个目标，就需要制定一个收集相关方反馈的系统，该系统还要包括能够保证流程有效性的相关工具。

评估流程是否满足预期目标，可以运用以下方式：

- 网上调查。
- 跟进相关方。
- 与相关方定期召开会议。
- 观察。
- 专题组。
- 来自财务、管理或其他部门的报告。

项目团队应采用一种以上方法收集数据。关于收集流程反馈信息的更多内容将会在第 9 章中讨论。

衡量标准

如前面所提，BPI 项目的目标是根据企业长期战略制定的，这些目标可能有：

- 缩短新产品或新服务的上市时间。
- 减少工作步骤，提高效率。
- 改进技术。
- 缩短回复顾客的时间。
- 缩短运输时间。
- 减少单位产品的成本。
- 减少运输成本。
- 提高运输的及时到达率。

回顾第 2 章中图 2.6 中 BPI 项目目标：

- 缩短人力资源从外部培训供应商收到发票的时间。
- 增加企业与供应商的沟通，增加客户满意度。

新流程将会实现以下目标：

- 在 30 天内付清供应商发票对应的款项。
- 将审核、批准发票的时间缩至 3 天。

为了评估新流程的有效性，BPI 项目团队可以追踪供应商的付款情况，记录发票由人力资源部到最终付款所用时间。观察人力资源部并不是评估流程的最好方法。BPI 项目团队可以定期与相关方召开会议，向他们询问流程的使用情况。此外，也可以对企业内财务部门发出的发票进行追踪。

评估需要花费多少时间，以及新流程是否符合目标，都要根据流程来判定。像之前提到的简单项目，评估可以在几个月内完成，但部分复杂的项目可能要花费 6 个月、9 个月甚至 1 年的时间。

第 9 章将会详细介绍 BPI 项目的评估和衡量。

▶ 向维护和运营转移

当流程已经按预期运作时，项目团队就可以向流程的维护和运营阶段转移。回顾前面提到的案例——人力资源付款流程改进，新流程已经全面推行，相关方也已经开始使用，一切都按预期进行，在这时，项目团队就应该将项目移交给负责流程的两个部门——人力资源部和会计部。如果流程需要再次修改，则新开一个项目，并重复之前的步骤。

作者曾为一家大学负责一个建筑管理的流程改进项目，项目并没有得到定期的维护和管理。例如，校园内一栋建筑物内的系统被改造，在项目的结尾时，系统应该进行移交，转向维护和管理。然而，负责维护的部门在项目最初开始时并没有介入，所以并不知道项目将要结束，而且他们没有得到任何培训或实施维护的文件。为了项目的有效性，BPI 项目要对流程进行维护直到流程完全顺利运转为止。

负责流程维护的相关方应该在 BPI 项目的开始阶段就参与进来。有许多企业都会忽略负责维护流程的人。在一些案例中，受过培训的流程使用者也能对流程进行维护（如人力资源付款流程的例子）。但在一些情况下，流程的维护人员必须接受其他独立培训，例如学习安装新系统等。IT 支持（维护）也需要接受培训，学习如何更新系统并进行维护。

▶ 获取经验总结

对 BPI 项目进行经验总结，可以促进业务流程的持续改进。因此，应该尽可能向更多的相关方收集经验，包括：

- 赞助人及高层领导。
- 管理人员。
- 员工。
- BPI 项目团队成员。

在项目的结尾，应安排至少 1.5 小时的经验总结会议。如果不能召开面对面会议或虚拟会议，可以考虑使用网上调查的方式向相关方收集信息。

作者在项目步骤六（详见第9章）之后都会进行经验总结。他们发现，在大部分的案例中，尤其是复杂的BPI项目，应尽早向相关方收集信息，以免他们忘记。在某些案例中，他们会在每个步骤的结尾进行总结，最后在项目结束时再召开一次综合的经验总结会议。

与BPI项目团队开会时，可通过以下3个简单的问题来了解项目团队的工作：

- 从项目团队成员的角度，项目哪部分做得比较好？
- 项目团队成员希望看到什么改进？
- 他们还有什么想要分享？

在经验总结会议上，项目团队想要知道和了解自己在某些方面的表现如何，这时可以利用图8.7。通过图8.7所列的问题，可以充分了解项目团队的表现。

以下内容是否在经验教训总结会上得到充分讨论？

BPI 项目团队表现	
□	是否使相关方理解BPI项目的价值和收益？
□	是否利用多种方式收集现有流程的数据？
□	现有流程文档化是否得到相关方的支持？
□	是否考虑相关方的参与时间和共享BPI项目的时间表（制订相关方参与的时间计划）
□	相关方是否参与流程重新设计（"可能的"流程方案）？重新设计流程是否充分考虑了相关方和流程使用者？是否考虑如何实现目标？
□	对未来流程是否达成共识？
□	是否选择合适的试点小组成员参与试点测试？
□	是否每个步骤都从相关方处收集反馈？
□	沟通是否贯穿BPI项目全生命周期？
□	是否提供充分的、各种方式的新流程培训？
□	是否为流程的全面推行创造了舒适环境？
□	是否与相关方协作解决问题和争议？

图8.7　经验总结检查表

项目团队还应该对会议上收集到的经验进行总结，并进行展示。此外，还应保留项目门户网站的信息，以供其他项目使用。为了方便使用，可以对信息进行以下分类：

- 相关方。
- 流程。
- 技术。
- 试点测试小组。
- 资源。

除此之外，还可以根据企业具体情况进行分类。

作者曾使用 Microsoft SharePoint® 来追踪所有的 BPI 项目，包括经验总结。通过各种分类和关键词，他们能够有效地搜集到过去 BPI 项目的信息，这有利于作者改进以前负责过的每个项目。

为步骤六做准备

步骤六——评估和衡量，将会集中讨论 BPI 项目的评估。尤其是，项目是否按预期进行？是否实现原定目标？这是整个 BPI 项目的最后步骤。在这一步骤，重点应是，在项目移交维护/运行前，展示 BPI 项目的业务影响。BPI 项目的部分成员会停留在这一步骤。当然，拥有分析能力和能够凝聚相关方的员工在这一步骤至关重要。

本章介绍了在流程全面推行之前，做好准备的重要性。项目团队应采用各种正式和非正式渠道与相关方进行沟通。为了让相关方的疑问得到及时解答，项目团队应进行定期检查。流程的评估标准在这一章也有提及。在下一章中将会介绍更多有关 BPI 项目评估的细节。

第 9 章

评估 BPI 项目成功

BPI 项目的评估流程可以是一个简化的流程，也可以是一个详细的流程，实际上它就是一个新的项目。较小的 BPI 项目可能只影响一个工作小组或一个部门，为确保最终流程令人满意，可以通过调查或简单的观察，评价流程简单化。

然而对于复杂的 BPI 项目，做稳健的评估、确定其对业务的影响，将有益于真正显示流程重新设计的价值。

无论是哪种类型的 BPI 项目，都应该评估项目是否成功。

▶ 步骤六概述

图 9.1 描绘了六步法管理 BPI 项目的最后步骤——评估和衡量。

这一步骤重点是评估 BPI 项目实施是否成功，以及确定最新的重新设计的流程是否完成了最初提出的目的和目标。

要从使用流程的相关方及管理或监督流程的相关方处收集反馈。

步骤六达成的目标有：

- 确保 BPI 项目与组织战略性业务目标相符。
- 衡量 BPI 项目对业务盈亏的影响。
- 向高管阐明 BPI 项目的收益。
- 支持做出决策，将 BPI 项目推行到组织内其他部门。

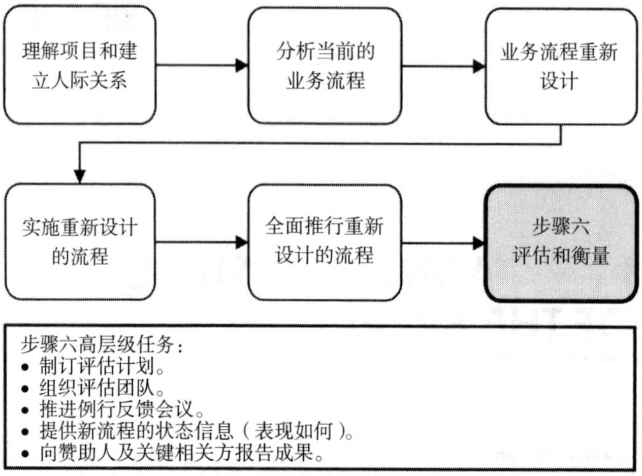

图 9.1　六步法之步骤六

▶ 衡量成功：评估基础

1959 年，唐纳德·柯克帕特里克提出了评估的 4 个层次。在 1975 年对这一模式进行优化。最终在 1994 年完成了修改。评估 BPI 项目应以这个 4 层次为基础，如图 9.2 所示。

关于评估的第 1 层（新流程培训满意度）的争议是没有必要的，这一步骤对 BPI 项目团队还是有价值的。如果相关方对培训不满，他们就不会继续使用流程。这是因为他们在使用流程时感觉不适，缺乏改变工作模式的信心。然而，如果他们对此感到满意，但没有将新流程运用于工作中，此时，BPI 项目出现的问题不在于培训，而应考虑其他，思考为什么没有将新流程运用到工作中。让我们先来看一个案例。

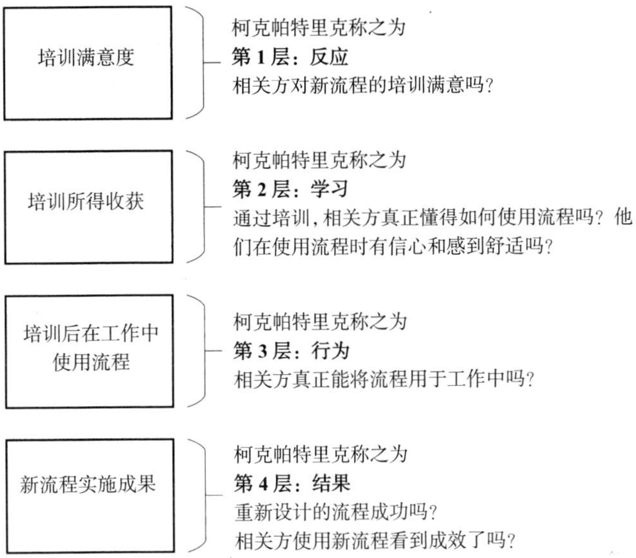

图 9.2　利用柯克帕特里克的评估层次对 BPI 项目进行评估

作者之一的吉娜，最近在研究零售客户流程改进项目。在完成新流程培训后，她对所有相关方进行询问，问他们是否满意培训方案（第 1 层），相关方都表示非常满意。此外，相关方显然在实践中了解流程，并乐于使用流程（第 2 层）。然而，他们并没有将流程运用于工作中（第 3 层）。这既不是培训问题，也不是因为相关方对流程缺乏信心。所以，吉娜需要看看工作中到底发生什么了。通过分析，她发现，每当相关方准备将流程应用于工作中时，由于工作时间紧迫，经理会要求他们保持原有的工作方式。通过这一案例，我们了解到，在早期就应对经理进行培训，这样，在其他相关方完成培训后，经理就能监督和支持新的流程。

在评估过程中，我们不仅要联系这 4 个层次，还要考虑图 9.3 所示的 3 个步骤。这 3 个步骤能协助 BPI 项目团队衡量新设计及新实施的流程的效率。在图 9.3 中，还介绍了该如何根据图 9.2 制定这些步骤。

表 9.1 介绍了关于图 9.3 中步骤的详细信息。在本章的后面将会详细介

绍这些步骤。

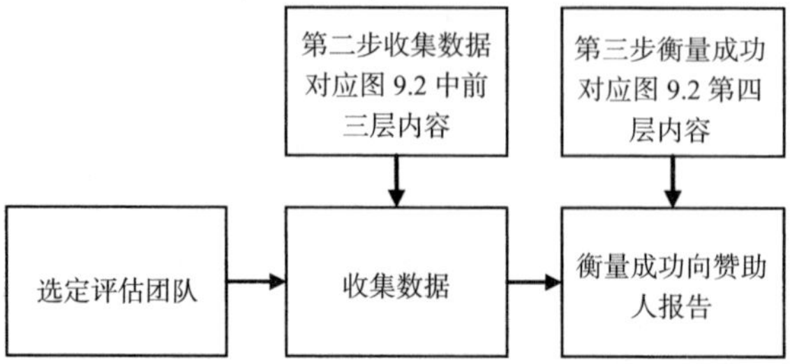

图 9.3　BPI 项目评估的三步流程

表 9.1　BPI 评估过程步骤描述

评估步骤	简要描述
步骤一：选定团队，做好评估准备工作	• 选定评估小组成员 • 相关方参与评估 • 制订评估计划
步骤二：收集数据	• 决定新流程使用中的数据收集方法 • 分析数据的差异及模式
步骤三：衡量成功，进行报告	• 评估 BPI 项目实施成功与否 • 向赞助人及关键相关方成功报告

向高管宣传正式评估的收益

前几章曾说到，完成了对 BPI 项目实施成果评估，也就实现了步骤六的目标。

这些目标能更有利于向赞助人和其他关键领导宣传项目这一步骤。评估实际上能成为一个全新的项目，因而也需要 BPI 项目经理向高管宣传正式评估的收益。

正式评估并非与经验总结分享截然不同。进行正式评估，除了要展示 BPI 项目实施成果，还要展示其带来的学习机遇。例如，下一次要怎么做才能在组织内有效推行新流程。除此之外，对于复杂的 BPI 项目，还要考虑新流程会给组织带来的财务影响。例如，由于流程进行了变革，开发新产品只需原来的一半时间。先前在 1 月开发产品，产品直到 10 月中旬才能上市，并在 11—12 月进行销售，在这两个月共获得 20 000 美元的收入。但现今新流程产品开发时间较短，即在 1 月开发产品，在 5 月中旬发布上市，6—12 月进行销售，共获得 70 000 美元的收入，销售收入增长了 50 000 美元，这得益于新的产品开发流程，因为上市时间的缩短，可以将上市销售期提前。

评估流程所带来的财务影响，让高管印象深刻，从而增加他们对 BPI 项目的兴趣及支持。

制订正式的评估计划

通过正式的评估计划，所有相关方和其他参与评估的人员能清楚了解新流程将会发生的事、发生的时间、所耗时间及参加评估所要履行的义务。正式评估计划中应包括表 9.2 所示的几个关键信息。由于相关方是评估过程中的关键成员，所以还要积极与他们合作。

表 9.2 评估计划内容

计划内容	简要描述
评估目的	• BPI 项目评估的理由 • 期望、预期及结果（成功的目标）
参与的相关方	• 参与评估的相关方（流程使用者、流程经理们）
数据收集方法	• 如何收集 BPI 项目实施和培训信息（调查、观察、小组会议等）
评估会议	• 期望会议次数，对相关方收集及分享的数据进行评估（包括开工会）
评估小组联络员	• 评估团队的关键成员（BPI 项目团队成员）及联系信息
评估预算	• BPI 项目执行评估的开销
报告时间	• 高层级时间表及里程碑

可以从 Web Added Value™（WAV）下载中心 www.jrosspub.com/wav（以下简称 J. Ross 网站）下载评估计划的模板。

组织评估小组

评估队伍中会有 BPI 项目成员，但并非每个 BPI 项目成员都要成为评估小组的一员，这没必要。

评估成员应具备以下技能，包括：

- 鼓励他人参与和人际交往的能力。
- 分析技能。
- 沟通能力。
- 与各级别相关方互动的能力。
- 评估经历。

步骤六中团队角色和职责

表 9.3 中描述了在 BPI 项目实施评估过程中团队成员的角色与职责。

每个角色的数量并不确定。团队成员人数取决于 BPI 项目的复杂度，也与参与的相关方人数以及是不是远程相关方有一定关系。

在美国的某个项目中共有 25 位相关方，分别来自 4 个不同的城市，其中也包括 4 名沟通主管，每名沟通主管负责各自地点的联络。他们负责协调相关方会议的所有日程表，并协助其他组员收集有关 BPI 项目执行的数据。

表 9.3　团队成员分工及职责

团队成员分工（人数）	关键职责
BPI 项目经理（1 人）	• 监督项目评估阶段 • 担任赞助人/关键领导的联络员
引导者（1 人）	• 引导与相关方的会议（引导技巧熟练的项目经理也能履行这一角色）

续表

团队成员分工（人数）	关键职责
沟通主管（1～2 人）	• 制订步骤六的沟通计划 • 在评估步骤中，担任相关方的联络员
小组成员（4～6 人）	• 向使用及监督流程的相关方收集数据
有分析能力的 1～2 个团队成员	• 分析、收集信息
技能开发调查：1 个团队成员	• 与评估组长合作，撰写报告给赞助人/领导

▶ 评估流程改进项目是否成功

在 BPI 项目评估过程中，仍需额外的“牵手”保持一些相关方对流程感到舒适。最成功的 BPI 项目执行，莫过于不断地提供支持、培训、教程，直到相关方对流程使用感到满意为止。BPI 项目小组应鼓励这些满意流程的相关方，让他们扮演部门指导员，从而提高他们同事对项目的满意度。

成功的流程改进基于以下两个方面：

- 流程成功离不开相关方的参与，离不开他们对新流程的使用。
- 流程成功意味着新流程实现了 BPI 项目开始时设定的目标。

▶ 流程评估的沟通

应在 BPI 项目早期就对沟通做好准备，至少在高层级的总览中就有，在步骤五中更新信息。在本步骤中，应该从上面所提及的两个方面来评估流程——让相关方做好使用流程的准备工作，保证新流程达成预期目标。

沟通计划中应为相关方涉及以下重要信息：

- 发放问卷，收集培训及其他资源的相关信息。
- 举行会议，理解新流程用于工作后的效率。
- 利用所设定成功标准，评估新流程。

同时，不要忘记提醒，相关方在使用流程中如果有问题要及时提出。

使用调查、访谈及专题组

在第 5 章中，我们曾讨论过调查、访谈及专题组的应用，而在 BPI 项目的最后一个步骤，会经常运用这类方法来确定流程推行的成功，以及目标的达成。

相关方如何在工作中成功运用新流程？针对这一问题，我们应将重点放在是否提供了流程培训，跟进资料、其他资源及支持是否充足，即使没有监管，也要确保相关方不会重走旧路仍使用以前的旧流程。

图 9.4 是问卷调查的例子，用来衡量相关方执行新流程的准备工作效率。可在 J. Ross 网站下载更强大的调查问卷模板。

如图 9.4 所示，将 BPI 项目应用于工作中会面临各种挑战及障碍。只有解决这些问题，克服障碍，才能确保流程使用者明确自己的分工，做好分内工作。面临的主要障碍如下：

- 缺乏管理支持。
- 流程培训不够充分。
- 旧系统使用方便。
- 缺乏新系统培训。
- 使用新流程能力不足（因为这不是相关方的主要职责）。

若想获得更充分的数据，多在问卷中用开放性问题，让被调查者提供细节。

BPI 项目实施时衡量相关方准备工作有效性的问题示例

问题类别	问题示例
培训	• 流程培训内容是否充足？ • 对培训是否满意？（能满足你的要求及期望吗？） • 在培训时，能练习使用流程吗？ • 回到工作中，运用新流程有信心吗？
其他资料	• 在培训后，是否能通过额外资料、手册、门户网站获取新流程信息？ • 还有什么其他信息有助于理解和使用新流程？
支持	• 当流程用于工作中时，你觉得是否能获得足够的支持？ • 你认为哪种支持对你来说最有用（网站、联络员、跟进培训）？
流程使用	• 你是否将新流程用于工作中？如果没有，请说明原因。 • 在新流程使用中，你面临哪些挑战或障碍？

图 9.4　调查问卷问题示例

用指标衡量进展

在第 8 章中我们曾讨论过衡量指标。接下来，我们将对这一话题进行延伸。

并非所有的指标都能立即被衡量，一些则需要耗费较长时间，尤其对于复杂的流程来说。例如，如果要通过 BPI 项目提高生产线的生产效率，效率的衡量需要从生产产品开始一直到结束来回几次。又例如，调整生产流程，在一年内减少生产线事故的发生。虽然在生产中可以间隔衡量，3 个月，或 6 个月，或 9 个月，但是无论多久，流程评估团队要等一年，才能看到整个流程改进项目的最终结果。

对赞助人和其他高管来说，了解流程中的硬指标是极为重要的。硬指标直接来源于盈亏结果，主要集中在公司的产出（例如，员工完成的任务数）、提供产品及服务的时间（例如，因维修而关闭生产线的时间）、业务所需开销（例如，销售产品的花费），产品及服务的质量（例如，生产线发生的事故数量）等方面。图 9.5 列出部分常用的影响流程改进的硬指标。

业务中还有许多影响流程改进的地方，这些都需要衡量。图 9.5 只是衡量硬指标类别中的一小部分。

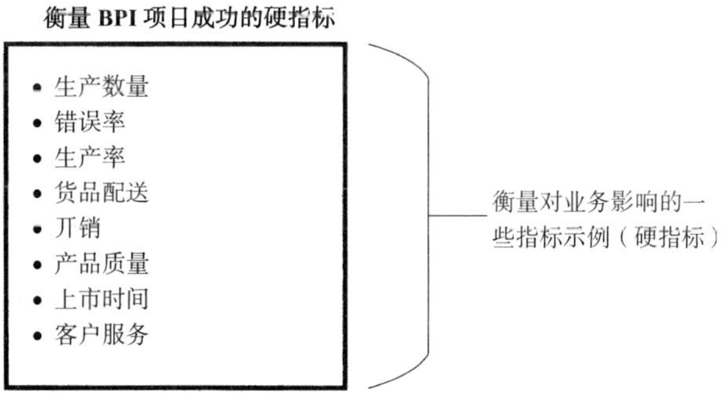

图 9.5 常见硬指标示例

软指标也是衡量流程改进项目是否成功的一个重要工具。人们误认为软指标是不可衡量的，这并不正确。几乎所有东西都可以衡量。然而，不管是否可以衡量，软指标主要偏重流程改进项目的人员方面，图 9.6 是一些软指标的示例。

有一家生物科技公司，作者在工作时与其财务部保持紧密联系，优化了组织内的许多流程，并达成以下目标：

- 增加关键合伙人的资金筹集。
- 减少可变开销。
- 处理 FDA 申请时间减少。

由于还没有做好向 FDA 提交任何申请的准备工作，减少处理 FDA 申请的时间仍需花费更长的时间。

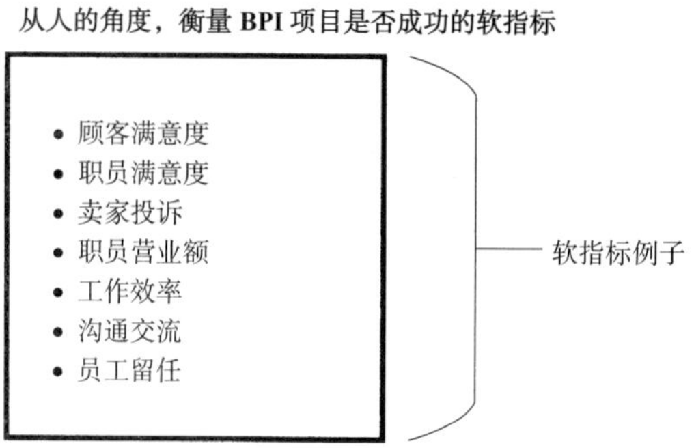

图 9.6　常见软指标示例

衡量这些内容当然也能展示 BPI 项目对盈亏的影响。以员工留任这一项为例，任何一个组织都知道失去优秀员工带来的损失。这可以通过对新雇员招聘、面试、雇用和培训，直到他们完全承担责任所耗费的时间进行衡量，每一处都需要成本。例如，通过中介机构雇用员工，可能需要员工工资的 20%，培训成本可能是每人 5 000 美元。经理们在正常工作之外对有潜力的候选人进行面试的工资及额外福利也应计算在内。也可以用硬指标对员工留任进行衡量。例如，减少完成任务的步骤，缩短设备停工期。

基于 BPI 项目的衡量或关键标准，从系统中或对个体相关方进行调查、观察、收集数据，也能用于跟进进展。

向赞助人及关键相关方进行报告

对于任何正在进行的项目，项目经理都要汇报项目状态。在这一阶段，主要向赞助人及关键相关方报告 BPI 项目取得的成效及其优势。必须回答以下这个问题：项目是否实现了其设置的目标？虽然相关方（流程使用者）对流程执行的满意度十分重要，但高管更关心公司盈亏问题。BPI 项目报告应围绕赞助人所认可的衡量标准。图 9.7 描绘了向赞助人及关键相关方提交的一份最终报告，主要讨论了 BPI 项目的成果。

展示给赞助人的 BPI 项目结果报告大纲

☐	概要
☐	BPI 项目总览及项目商业论证
☐	现有流程图，突出标示重点变化之处
☐	最终流程图
☐	实施计划（在并未实施所有流程内容时尤为重要）
☐	参与流程实施的相关方（小组/部门/分部）
☐	如何实施（高层级实施计划）
☐	推行流程中衡量指标总览
☐	之前的指标/衡量，与当前实现的指标/衡量进行比较
☐	业务影响结果
☐	有待处理的挑战/障碍（旧系统退出机制，增加管理支持等）
☐	下阶段准备和总结（包括项目下阶段的未实施部分和实施计划）

图 9.7 最终报告大纲

除了向赞助人及关键相关方上交书面报告，还要召开面对面会议或虚拟会议，进行当面报告，加强沟通。

然而，有时事情并非如预想的那般顺利，对话也并非一帆风顺，所以要在对话前提前做好准备。以下案例是作者同事的亲身经历。

我的主管要求我接管另一项目，暂时替代正在休假的项目经理。我的客户是一家大型的国际连锁酒店，他要求我们立即为他们电话系统的一个问题提供解决方案。我请求主管将详细资料发给我，并承诺尽力去做这一项目。客户不满意我一小时后才介入，于是我迅速查找客户电话系统的问题所在，发现是多种通信产品集成上的一个缺陷引发的。从本质上来说，两种产品信息不兼容，这样会导致信息流错误。

首先，我打电话给这家酒店的 CEO 兼创始人，并简单介绍了自己，说明了代替原因。当 CEO 知道另一名项目经理是因为休假而停止处理状况时，他很不满，认为项目经理不负责任。我努力保持冷静，对他说："我大致明白了事情的状况，我认为问题源于方案 X 而不在方案 Y。今天我已要求 Z 改正这一问题。Z 将于东部时间下午两点到达，预计下午五点问题就解决了。"

CEO 的态度立马发生了转变，相对于抱怨项目经理，他更关注问题的解决方案。我以恰当的方式向他说明情况，清晰列出解决方案及时间，让他知道我已经做了充足的准备。在谈话前，你要弄清自己谈话的对象，懂得该如何传递信息，这是成功的关键。早期作为项目经理时，我就明白了一个道理，不要因为对方头衔和威望而感到怯懦。无论他多么不耐烦，永远都要清晰地传递信息，并保持冷静，扭转局面，让他将注意力放在眼前的问题上。

面对逆境时，保持冷静是 BPI 项目经理应具备的能力，尤其在流程改进项目中，相关方感到失望，不满意变革，认为这样会影响他们及他们的工作方式。若 BPI 项目要想取得成功，项目经理必须保持冷静，进行调查，找出更好的解决方案。

管理负面评价（也就是项目不成功）

并非所有的 BPI 项目都能获得成功。在 BPI 项目实施过程中，都需做出继续进行或不进行的决策。如果该项目对流程作用不大，或者得不到支持，项目可能在中途被中断。在这一节中，我们将集中讨论未达标的 BPI 项目。

一家培训公司实施 BPI 项目，却未实现其预定目标。在项目开始时，这家公司要求培训班减少 40%的运营成本。而培训班的花费主要在于：场地、给学生提供的食物及饮料。公司会依照参加人数，决定是否继续开培训班。最终这一项目仅得到少数相关方支持，这是因为销售人员认为场地更改、减少食物及饮料供应会影响销售业绩。除此之外，由于开班 /不开班的决策时间较长，导致原本想参加的客户临时改变主意，从而影响销售目标及佣金。同时，要实现 BPI 项目目标，仅仅对场地、食物及饮料方面更改是不够的，还需考虑开班 /不开班决策的时间。最终，运营成本仅仅减少了 25%，没达到高管所期望的 40%。虽然也有所改进，但仍不被高管认可。

上报未达标的 BPI 项目时，要从总体和局部出发，清晰指出其中的原因。对于所有项目，无论成功与否，项目经理都须对其负责。无论什么类型的项目，无论 BPI 项目是否 100%成功，都要向赞助人例行报告需要警示的风险。在最终报告里，BPI 项目经理要明确失败缘由（对失败的反省），依据失败原因，向高管提出相应解决方案，改进或纠正现状。

然而，BPI 项目经理最好在报告项目失败前，为了在整个 BPI 项目中减少失败风险，应考虑以下问题：

- 发现危险信号，并及时处理。提前制订风险计划、规划风险管理，有助于降低项目中的风险发生率，避免影响项目成果。
- 降低期望值。看看培训公司的案例，这一公司的目标是减少运营成本。当销售出现问题时，BPI 项目经理应提醒赞助人，告诉他们问题所在，并提出相应的可能选择的方案，即要么克服障碍，要么降低对 BPI 项目的期望值。

总结 BPI 项目的六步骤

在介绍最后几章前，我们先来总结一下 BPI 项目的六个步骤吧。

如图 9.8 所示，这里是目前为止我们所讨论过的六个步骤。每一步层层递进，并且要求相关方参与其中。在本书开头我们曾讨论过，流程改进，无论对项目经理来说，还是对主管来说，都是一项极具挑战性的任务，这一任务要求项目经理具备鼓舞他人参与和改变的能力。但是，并非每个人都能轻易接受改变。成功改变流程并促进大家使用新流程，需要改变他们的习惯和思维方式，这需要项目经理及其小组成员能让相关方参与流程改进。只有当相关方参与流程重新设计的过程，他们才会更乐于接受新流程。所以提高参与度是项目经理所需必备的技能。

无论 BPI 项目规模多大，内容多复杂，都必须遵照每个步骤要点执行。由于项目类型不同，所以每个步骤所花费的时间也不同。例如，对于简单的流程只需召开会议，就能完成流程更改，即将步骤二、三合而为一，如果流程只涉及一个工作小组或部门，而不是整个组织，就可将步骤四、五合而为一。

依据这六个步骤，从而在组织内更好管理 BPI 项目。可在 J. Ross 网站下载每个步骤的检查表。

本章中，作者阐明了深入评估 BPI 项目的最佳实践。BPI 项目的评估和衡量程度，不仅仅取决于项目的复杂程度，还取决于管理层的要求。如果赞助人及其他高管想了解评估详情，这一章的最佳实践能指导项目经理，以满足他们的要求。

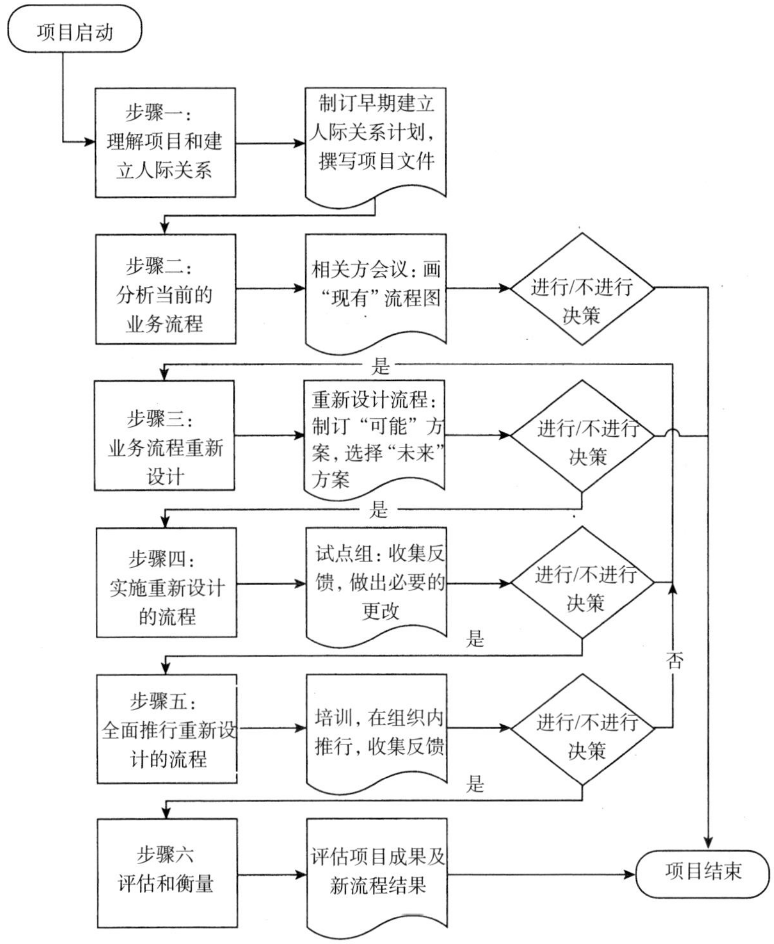

图 9.8 六步法过程总览

在接下来几章中，我们将不再集中讨论这六个步骤，但对成功领导 BPI 项目仍是必要的。在第 10 章中，我们将介绍项目经理如何影响组织，使其适应持续改进。在第 11~12 章，我们则会讨论管理技能方面知识，不仅管理相关方对变革的理解，还包括管理多元化的流程改进，虚拟化的流程改进团队。

第10章

持续评估的最佳实践

随着组织不断发展壮大，流程也需得到持续改进。所以，必须不断对流程进行衡量、分析和改进，从而使业务发展更有效率和效果。持续微调流程加强了企业在全球市场的竞争优势。

前面曾提到过，太多组织通常在无计可施时，才会对流程进行改进。只有最优秀的组织才会不断地评估工作，改进流程，维持竞争力，保持在行业的前沿。

持续改进也许并非适用于所有的组织。制造企业也许定期对产品开发进行改进，而一家室内设计企业也许不会如此，这一切取决于组织内部的工作方式。

在这一章中，我们将主要讨论组织内部的持续评估及其最佳实践方法。持续改进有许多理论及变种，其中包括六西格玛、全面质量管理、改善（Kaizen）、精益（Lean），光名称就好几个，但我们主要将重点集中在最佳实践这一方面，从而推动持续改进这一企业文化。

在组织内构建持续改进文化的好处

流程改进是一种战略，也是一种工具。对组织内外而言，协助组织实现长期目标、满足客户需求是所有组织的主要目标。由于各种经济因素的影响，如新产品引进、公司兼并、收购、扩张或萎缩，客户需求随时会发生变化。所以，就要不断改进流程，从而挖掘流程潜力，提高工作效率，协助企业适应客户不断变化的需求。

当然，进行持续改进也会面临挑战，稍不留神，流程中的改进就会影响流程的其他方面。例如，假设某公司改变了流程中的销售方式，随之而来，将会给制造部门造成订单积压。但如果采取项目管理措施，对流程进行持续改进，就可以避免冲突发生。在评估风险计划及订单执行项目时，作为销售订单这一项目的延伸环节，BPI 项目经理应该领导持续改进的相关工作。还有一种选择是做出不改变销售订单流程的决定，否则就会在其他方面耗费巨额投资，这在当前是不可行的。

图 10.1 描绘了流程改进项目的生命周期，即持续优化的周期环境。在设置 BPI 项目之后是例行运营，可能造成混淆，所以应把它分离出来，将它视作独立的项目。监控流程是运营，一旦需要改进，就应定义新项目的始末，制定明确的目的和目标。

对于相关方来说，在组织内对流程进行持续改进没什么大不了的。在组织内，这已经常态化了。相关方认真完成工作，并分享他们各自的观点及想法，定期对流程进行优化。

本书的流程改进项目中，我们通常会关注工作效率及效益的提高，但有时，仅仅关注这些，容易忽视其他方面。例如，在追求工作效率时，我们通常会走偏，脱离流程，这是不可取的。让我们来看以下这一案例。

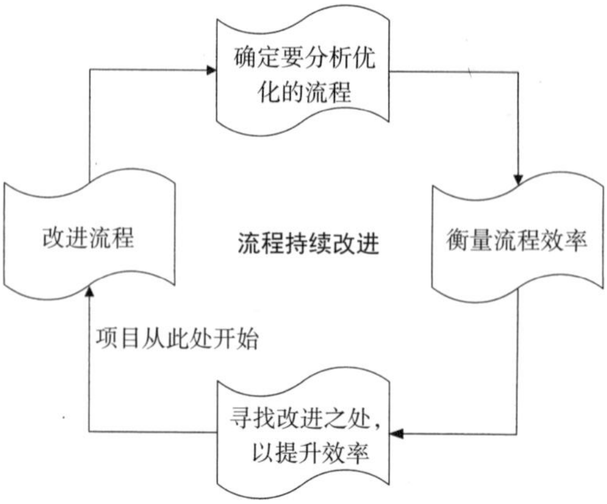

图 10.1　流程持续改进的生命周期

亚历山大领导组织中的一个持续改进团队，目前正在评估一个流程。这个流程是从客户关系管理系统中每月收集信息，汇编成报告，提交给高管。此流程已经持续了 3 年。起初是因为新的高管加入组织，需要迅速掌握客户，创建了这一流程。从那以后，将各种系统的信息，利用仪表板，传递到高管的桌面。团队会见了好些高管并进行了访谈，得知高管已经有一年半不看报告了。与其改变流程，不如消灭流程。他们可以利用空出来的时间完成其他更加重要、顾客更需要的工作。

得到高管的认可和支持

由于需要不断采取各种措施，高管的认可及支持对于构建持续改进的企业文化显得尤为重要。关注在经济盈亏方面能给组织带来的好处，以获得高管的认可是很有必要的。表 10.1 中，我们列出了它带来的好处。

表 10.1 所提及好处的潜在影响就是组织的关键绩效。通过改善工作方式（持续改进），能促进业务发展，实现长期战略目标，因此，取得高管的认可及支持必须关注经济盈亏影响。

表 10.1 持续改进带来的盈亏影响

构建持续改进的企业文化带来的好处	
类　别	潜在影响
财务	• 营收增加 • 利润率上升 • 现金流增加 • 花费/成本减少
客户	• 市场占有率增加 • 已有客户业务增加 • 拓展其他行业 • 公司定位准确/品牌知名度上升 • 竞争力增强
人力资源	• 留住精英 • 提高解决问题的能力 • 增加团队凝聚力
外包商及供应商	• 维持良好的伙伴关系 • 提高谈判能力，相互协商
产品及服务	• 加强存货管理 • 提供更好的产品及服务（依据客户需要） • 削减边缘产品及服务 • 加快上市时间

发展持续改进的企业文化

持续改进并非工程巨大，面面俱到，相反，改进可以是微调或改善，从而给流程带来更好的绩效。持续改进要为增值而努力。

如图 10.2 所示，持续改进的组织文化促进了公司全员积极工作。公司支持持续改进的组织文化，公司的员工就会提出更多建议，更乐意改善工作方式，从而更好地为客户服务，获取额外利润，增加盈利，减少开销。

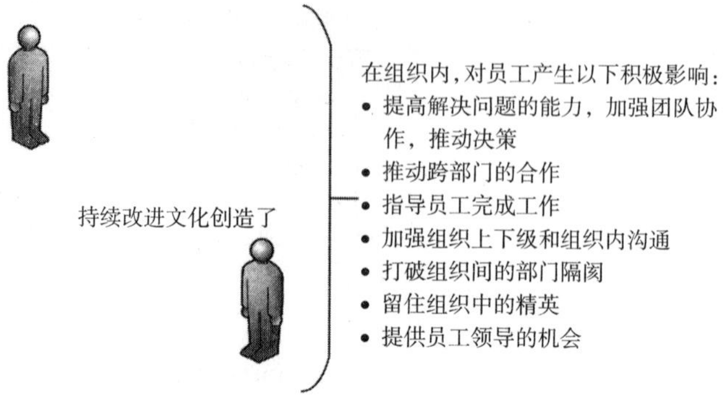

图 10.2　持续改进文化对员工产生的积极影响

策划持续改进

项目经理可以在组织内继续参与持续改进。通过领导持续改进团队，利用过去管理项目的最佳实践方法，推进持续改进。如其他项目一样，要向组织内员工宣传其价值，策划让员工参与并体会到持续改进的好处。

找出可以改进的关键业务是出发点。图 10.3 简要介绍了相关业务流程衡量标准，从而评估绩效改进。我们可以从这些地方入手，寻找可以改进的地方。

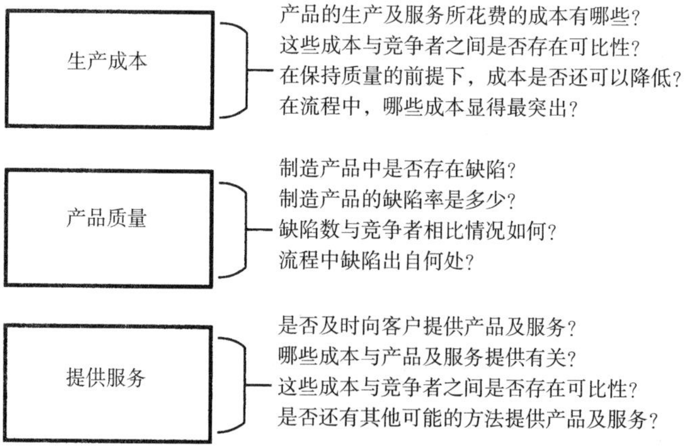

图 10.3　业务流程衡量示例

如图 10.3 所示，通过回答一系列问题，对衡量标准（如生产成本）进行评估，以找出改进机会点。在生产成本评估中，要留意所有与产品生产相关的开销，找到可以减少开销的地方，这样可以决定是否能进行改进。然而，仅仅减少生产成本是不够的，还应在保证质量甚至提高产品质量的情况下减少生产成本。

在评估流程改进的过程中，要注意以下 3 个问题：

（1）是否需要修正流程？是否因为流程有断点而对业务产生很大影响？

（2）是否需要改进流程？流程总体运行正常，但是否仍需要进行微调，以使其运行得更好？

（3）是否需要创建新流程？

在评估流程的过程中，作者常从客户那里得知没有流程，所以就增加了第 3 个问题。事实上，作者很少遇到没有流程的情况，仅见过一次，就是公司第一次做某事。而在其他案例中，都会有流程。要做好工作就得有流程，只不过没有将流程文件化，而是停留在做事人的脑袋里。

制订持续改进的计划时，应从整个组织筛选出对这一项目感兴趣的员工。这一举措能让他们明确自己扮演的角色，懂得如何做好分内的工作，这对所有员工都是很有吸引力的。

计划—执行—检查—行动（PDCA）循环（见图 10.4）是确定流程改进的另一种方法。PDCA 循环图也称戴明循环，它的重点就是围绕着持续改进。

如图 10.4 所示，PDCA 通过不断地对流程进行评估及改良，从而提高工作效率，促进流程持续改进。在表 10.2 中，我们将会详细介绍 PDCA 循环的每个步骤。

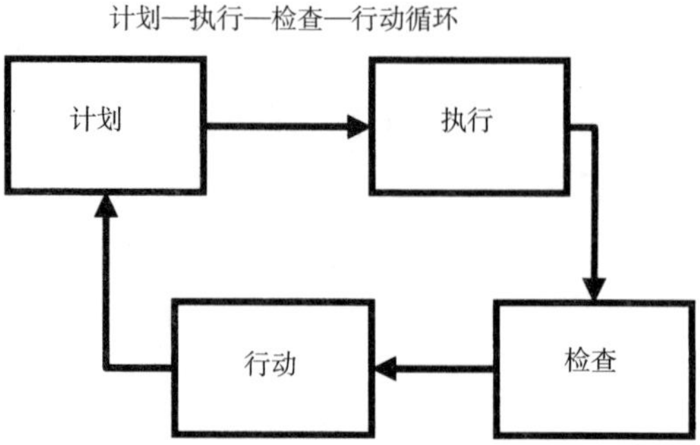

图 10.4　PDCA 循环图

表 10.2　PDCA 循环步骤说明

步　骤	说　明
计划	持续改进小组识别问题所在，并进行分析，以确定根源，评估流程中与问题相关联的地方（“现有”流程）
执行	持续改进小组总结出一系列解决方案（“可能”方案），依据标准，缩小范围，选出最佳可改进之处，实现流程改进（“未来”方案）
检查	评估试点组测试的未来流程，看其是否能解决问题，必要时可进行调整，开启另一项试点测试
行动	推行解决方案（未来流程），进入下一阶段的评估，寻找其他可能改进的地方

PDCA 循环是持续改进过程中比较流行的工具之一。进行公司业务评估时，这一工具能促进关注并提高工作的效果和效率，帮助达成公司的目标。

▶ 使用跨职能持续改进团队

持续改进团队应代表整个组织，团队成员来自财务部、运营部、市场部、人力资源部、销售部及其他各个部门。成员应拥有不同的教育背景、经历及技能，既包括普通员工，也包括领导。还有一些跨职能团队会招纳组织外部的人员，如供应商、外包商甚至客户。如果想让持续改进团队影响组织外部成员，则这些成员是不可或缺的重要角色。

某一企业的跨职能持续改进团队中，包括了长期客户和货运供应商。在进行有关客户订单履行和发运流程评估时，这些外部人员会在团队里待几个月，团队可以从长期客户和货运供应商两个方面了解他们对当前流程很有价值的评估。

跨职能团队通常是自主的团队。他们依靠专业能力和来自组织里各类员工的输入来完成任务。

由于跨职能持续改进团队汇集各种主意、看法和意见，能给组织带来巨大好处。这样的多元化能激发出更好的解决方案，提升整体的创造性和创新。

促使跨职能团队获得成功

无论什么小组，经理在领导跨职能的持续改进小组时，都必须给予小组成员充足的时间，让他们互相了解。在第 3 章中，我们也曾讨论过积极建设团队的好处和意义。

对于跨职能的持续改进小组来说，尤其当涉及任务分工及职责时，给予成员充足时间，让他们互相了解各自的经验及背景，可以为后续工作打下强有力的基础。跨职能团队成员不仅要完成自己每天的本职工作，还需履行自己在跨职能团队里的义务。为了保证他们的工作顺利进行，企业要提供支持和所需资源，例如，提供会面场所、会议食品和饮料的预算等，让成员能接触组织高管和接受指导。

领导力在跨职能改进小组中通常是一种挑战。由于小组是以自我为导向的，成员之间通过合作达成目标，因此，必须制定清晰明了的过程和程序——如何决策、如何解决冲突、如何实现信息共享。

某跨职能持续改进小组已经工作一年多了，他们评估关键业务流程以提高工作效率。组员轮流担任组织中的领导，每人两月一次。除此之外，小组还建立决策制定程序，这样，每个成员依靠他们的专业技能，充分参与决策的制定。

为了能使跨职能持续改进团队成功完成项目，高管要保证组织里其他人知道该团队的存在和使命，让所有人都清楚他们需要履行职能的各类信息，因此要根据需要，帮助做问卷、回答问题、提供文件等。

▶ 鼓励员工参与持续改进

相比组织，个体能从持续改进过程获得更多的好处，正因为如此，员工更乐于参与这一过程。持续改进会给个体带来如下好处：

- 培养团队精神，加强团队合作。
- 学习新技能，持续积累知识。
- 体验领导工作。
- 确定组织内的工作方式。
- 影响经济盈亏。
- 协助达成组织长期战略目标。
- 加深对组织的认识，在组织里协作分工。

在与员工的对话中，说明上述优点，他们会更乐于加入持续改进的队伍里来。

持续改进是职业发展的组成部分

对于员工来说，在持续团队中工作，相当于赐予了他们一次可以得到专业发展的机会。不仅有上述列出的好处，还能得到职业发展的机会。这种机会对于小型组织里的员工，显得尤为珍贵。他们一般一直停留在原位，除非上级主管离开组织或升迁了。持续改进团队与个人发展机会相关联，公司就可以留住更多精英。

一家市场营销及公共关系的企业，拥有 300 名职工。作者吉娜在组织内协助成立跨职能持续改进小组，通过评估及改善流程，在组织内实现了重大的变革。组员利用各自对职能的了解及丰富的经验，负责不同的流程评估，并制订计划，优化相应流程。这些工作对员工又有什么好处呢？他们可以获得各种新技能、新体验，并给组织的盈利带来积极的影响。

在组织中，虽然项目经理并非一手包办持续改进组织文化的创建，但在一定程度上，他们对流程发展方向会产生重大的影响。他们积极寻找可进行改进的地方，只要对流程发展有利，即使很小的改进也不放过。项目经理将改进业务提案上交给高管，关注高管所关心的经济盈亏。回顾表 10.2，你会发现构建持续改进的企业文化，能给各个业务领域带来好处。

第 11 章

变革管理中人的问题

许多项目经理会从业务流程项目的角度管理变更，包括在现有流程文档化的过程中，有时候会有新的发现，又或者为适应更多相关方的信息需要，调整进度，这些情况都会引起项目范围的扩展，但项目经理一般不大会留意到变革对人员的影响。

变革管理并不能只看项目所需的变更（想想项目变更管理），从人员的角度出发，考虑他们对流程变革的看法同样重要。BPI 项目经理若能够充分考虑流程变革对员工的影响，为什么有些员工可以适应新流程而有些人不行，那么在管理 BPI 项目时就会更加有效和顺利。

本章会大致介绍如何理解人和变革，同时也提供了让员工参与聚焦变革的项目（如 BPI 项目）的最佳实践。

▶ 了解对变革的看法

所有的业务都会经历变革，这是企业成长、提高竞争力与创新力的必然要求，也是进行 BPI 项目的原因。这种变革同时还是一种情感上的经历，因为在变革实施的过程中，人的情绪会经历多次起伏。BPI 项目的目的就是改变员工的工作方式。如果某个相关方已经使用原有流程很多年，实际上他也是流程的设计者，在这时流程发生变革，他会有什么感受呢？这恰恰就是一种情感经历！

仅仅因为流程进行变革后能够更好地完成任务，这一点并不足以让相关方接受新流程。BPI 项目需要的是行为方式的改变——相关方必须开始采用不同于以往的做事方式。

> 阿曼达的主管告诉她，部门将进行一项流程改进项目，该项目会对数据传输到 CRM 系统的方式进行改造。主管想要阿曼达参与到 BPI 项目中，并成为项目团队与部门间的联系人。阿曼达很乐意接受这项任务，但是她同时也意识到这是一项非常艰巨的任务，因为部门同事使用旧流程已经很多年了。流程改进意味着他们要做出改变，以适应新流程。但选择安逸，是人们的本性。

影响人们看待变革的因素

有许多因素会影响相关方对流程的看法。表 11.1 列出了许多影响相关方看待 BPI 项目的因素。

本章接下来会介绍如何配置变革管理团队。变革管理团队会为对 BPI 项目持有意见的相关方进行更有效的安排。除了表 11.1，以下因素也可能对 BPI 项目造成影响：

- “还能用，就不要修改”的观点。
- 组织内已有太多事，员工无法专注更多的事。
- 过分担忧流程变革的风险。
- 不了解 BPI 项目发起的原因。

鼓励相关方参与变革，了解他们对变革的看法，这对相关方真正使用新流程非常重要。

表 11.1 影响相关方看法的因素

影响因素	变革预期反应（积极或消极）
新流程要求掌握新技能	积极（对新技能感兴趣）或消极（安于现状）
对未知的担忧	消极（不了解新流程，因此产生忧虑）
在过去 BPI 项目中的个人经历	积极（过去项目成功，员工受益） 或消极（过去项目引发裁员或巨大的改变）
企业外部因素	积极（个人生活顺利，倾向接受变革） 或消极（个人生活不顺，不欢迎变革）

▶ 制订人员变革管理计划

人员变革管理计划应着重于相关方参与项目的方式。计划应包括以下文件：

- 相关方评估模板。此模板用于收集受 BPI 项目影响的相关方信息。
- 沟通计划。计划应着重于相关方对于成功的 BPI 项目的需求及 BPI 项目团队如何与这些相关方沟通。
- 相关方会议的准备模板。模板应包括相关方在项目早期准备阶段提出的常见问题。这有助于给出答案，让人们更好地接受新流程。

这类文件能让 BPI 项目团队了解相关方在 BPI 项目早期的参与程度。相关方的态度越积极，项目团队花费在提高流程舒适度与信心上的时间就越少。但不要误以为相关方就无须参与项目，即使他们都支持和拥护新流程，也有必要为他们提供新流程的信息，保持他们的参与度。

这些模板都可以在 WAV 资源下载中心下载（J.Ross 网站）。图 11.1、图 11.2、图 11.3 是这些模板的图片节选。

图 11.1 是相关方评估模板，该模板可用于制订人员变革管理计划。

相关方群体	BPI 项目对其影响	对 BPI 项目成功的重要程度（高/中/低）	改变工作方式的程度（高/中/低）	期待或疑虑
市场部	需要参与审核过程，顾客数据收集流程需要改造	高	中	• 安于当前流程 • 新产品发布会增加工作量
销售部	外出时，使用系统的方式需要改变	中	中	• 经常外出，难以连上系统 • 想要达到年末营业目标，可能不会支持项目

图 11.1 相关方评估模板节选

相关方群体（或其中的个人）	变革带来的影响	可能的疑虑	需要获取的	团队如何与之沟通
市场部 （分析员角色）	将要改变数据输入 CRM 系统的方式	• 涉及其他项目 • 大多分析员已经习惯用旧流程多年了	• 协助绘制“现有”流程图 • 在全面推行新流程前进行测试	• 召开面对面会议，讨论 BPI 项目，消除疑虑并获取支持 • 用电子邮件跟进进度，安排时间测试新的未来流程

图 11.2 沟通计划节选

疑问/顾虑	针对相关方疑问/顾虑的响应
优化或更新流程实施后我们期望有什么不同?	• 将会把更多的时间用于市场部的战略方案上 • 采用新技术包括升级 CRM 系统，该系统将会与其他系统连在一起以便“拉动”信息，减少现在手工输入数据的工作量
BPI 项目会对我们现在的角色和职责带来什么影响?	• 市场分析员的职责会更倾向于市场部的战略方案，在市场部领导下更新岗位描述
如何让相关方舒适地使用新流程?	• 提供新 CRM 系统的升级培训及新流程输入数据的培训 • 能够参与未来流程的设计工作 • 在全面推行新流程前会进行试点测试 • 提供精简的虚拟基础课程，用于回顾流程及提供对输入数据的培训

图 11.3 相关方会议的准备节选

在图 11.1 中，有两个部门——市场部和销售部，受到 BPI 项目的影响。这些部门都涉及其他项目，这会影响他们支持 BPI 项目的能力和愿望。在下个例子中，图 11.2 利用沟通计划模板来展示如何管理这些部门。

图 11.2 集中考虑市场部，尤其是部门内的市场分析员。这些分析员已经使用已有流程多年，且对流程非常满意，因此可以假定他们不愿意变革。一般来讲，沟通会通过电子邮件或较大群组的形式（例如销售部和市场部一起）来进行。但在这个案例中，最初的沟通采用面对面会议，这有利于 BPI 项目团队与市场分析员建立良好关系，从而消除他们对流程的疑虑，提高他们对 BPI 项目的舒适感和信心。

图 11.3 则是一个相关方会议的准备模板。在 BPI 项目早期的计划阶段，该模板可用于解答相关方的问题，消除他们的疑虑。

在充分了解原因（项目的商业计划）及其带来的影响后，BPI 项目团队可以列出可能的问题和疑虑，并准备好合适的答复。这有助于所有相关方从不同项目团队成员那儿得到同样的信息。

在 J. Ross 的网页上有更多完整的模板可供下载。

评估变革影响，确保充分了解变革的必要

如前面章节所提，BPI 项目团队要充分了解项目的需要，项目应从高层、各个部门及员工多个角度出发考虑。

如果相关方了解以下内容，他们会增加对项目的参与度：

- 从 BPI 项目角度——为什么需要变革。
- 变革对各个相关方的影响。
- BPI 项目涉及的有关事宜——新流程要求的技能、培训及测试，测试新流程的时间。

早期与相关方的会议都应该就这些方面进行讨论。

某家零售企业想要对它的许多业务流程进行变革。在全员会议上，相关方对流程的改造提出了他们的顾虑。由于企业正值年末结算期，以及销售部正在努力提高销售额，因此他们担心流程变革会对工作带来影响。BPI 项目团队与相关方进行沟通，表示高层领导已经考虑过这些情况，并且决

定财务部在 2 月（1 月年末结账后）才开始进行项目，而销售部在 1 月（年尾 12 月后）才开始进行项目。

让相关方参与变革，为变革做好准备

一家制药公司想要对企业内的许多业务流程进行改造，吉娜为此与相关方召开了数次部门会议。在会议上，他们会对某个问题进行思考和头脑风暴。“我们身边将会出现许多变化，你希望这些变化会是怎样的？”这个简单的问题能够让相关方以一个积极的、从未来机会的角度看待 BPI 项目——这是一个非常重要的变革。

图 11.4 列出了六步法中每个步骤中管理 BPI 项目的方法，这些方法有利于为变革做好准备。

让相关方以一个积极的角度看待项目，能够提高他们的参与度，从而为即将到来的 BPI 项目做好准备。鼓励相关方参与的最佳时间在前面章节已经提及过，应该集中于“可能是什么”，而不是“相关方认为会失去什么”，这样更为乐观。

信息就是力量。BPI 项目团队分析的信息越多，相关方对项目的舒适感和信心就越高，他们会觉得自己能够控制现状。这也是为什么相关方需要参与项目的整个过程——图形化现有流程、设计可能的流程、提供信息帮助定案未来流程，这些会让相关方觉得一切都在他们的控制和预想之内，他们就会支持和拥护 BPI 项目。

推广 BPI 项目的最佳方法之一就是宣传问题而不是解决方法。只有当相关方了解流程存在的问题后，才会参与到 BPI 项目中，为找到解决问题的方案做贡献。

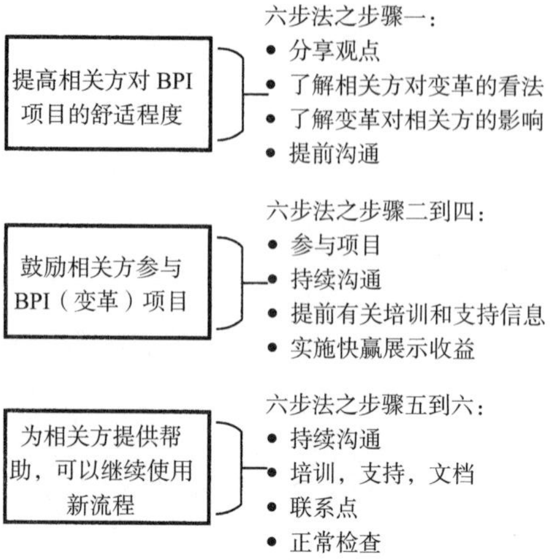

图 11.4　变革准备模型

使用变革管理团队

变革管理团队和之前提到的子小组一样，会为项目带来许多好处，例如：

- 为受流程变革影响的相关方提供联系点。
- 帮助相关方克服影响能力发挥的个人障碍。
- 为 BPI 项目提供信息，为相关方提供支持。

变革管理团队与相关方紧密联系，提高他们对 BPI 项目的支持度。因此，团队成员应具备以下技能：

- 能够与相关方建立良好关系。
- 全面了解组织，并清楚进行变革的原因。
- 清楚变革对员工的影响。
- 在组织内能够有效沟通。
- 优秀的聆听技巧（相关方对 BPI 项目会发生什么的真正看法）。
- 能与他人产生情感共鸣。
- 有 BPI 项目的相关经验。

这些都是 BPI 项目团队及其子小组在实施 BPI 项目过程中通常所需具备的相似技能。

作者曾建议一些员工担任变革管理小组组员，这些员工都曾经以相关方的身份参与过 BPI 项目。不仅项目团队想要他们担任小组组员，那些经历过失败的 BPI 项目的相关方也有同样的想法。这些员工会与相关方产生共鸣，而且他们能够更好地理解为什么相关方不适应变革，这些都对项目非常重要。

及早和经常有效地沟通

每个 BPI 项目，如同其他项目，都需要定期频繁地与相关方进行沟通。因为相关方决定了项目的成败。然而，在 BPI 项目中，由于流程与原有流程很不相同，甚至是全新的，因此相关方必须做出变化。在沟通的过程中，这一点应该要得到特别注意。

BPI 项目经理会让变革管理团队与相关方定期召开会议，说出他们的顾虑，并向项目团队报告。这样做能够让相关方更多地参与到项目中去。在这里，变革管理团队有效地充当了一个桥梁的角色——连接 BPI 项目团队和受项目影响的相关方。

图 11.5 用于检查 BPI 项目中相关方是否主动经历项目的有关变革。

是	否	问　题
□	□	为了保证相关方与 BPI 项目状态、将要实施的变革保持同步，沟通是否有效和足够？
□	□	相关方是否清楚实施变革的原因、方式及如何支持 BPI 项目？
□	□	相关方是否觉得自己的意见、建议得到重视？
□	□	在 BPI 项目中，各部门间的对话是否足够？
□	□	确保未来受 BPI 项目影响的员工的需要得到重视，他们是否接受过单独或小组的谈话？

图 11.5　相关方登记检查表

跟进受变革影响的人

一旦 BPI 项目开始，就必须持续与受变革影响的人进行沟通。如果不能让受变革影响的人参与到项目中去，那么他们就有可能退回到原有的做事方式。变革不会一蹴而就，是一个需要不断付出毅力和耐心的过程。变革管理团队相互团结，共同支持 BPI 核心团队实施变革。这样做也会让相关方也坚持变革。另外，流程持续改进团队可对受 BPI 项目影响的相关方进行跟进。

相关方参与后续沟通的时间长短取决于 BPI 项目的复杂程度，以及个体相关方对项目变革的需求数量。

在一家培训公司里，流程持续改进小组与变革管理小组合作，在 BPI 项目实施后的 6 个月内，对相关方进行检查。最初的检查是通过小组会议，后来慢慢过渡到公司内部互联网上的问答区域。

本章集中讨论了变革中人的问题。从人的角度进行变革会增加 BPI 项目的成功率。若 BPI 项目团队能够关注员工，以及变革对他们的影响，那么就更容易让相关方参与到项目中去。当相关方参与到项目中后，他们就会被激发出对变革的热情，从而更加支持项目。为了提高变革的舒适感，相关方必须清楚“为什么要进行变革？”“为什么与他们有关？”项目团队必须知道这些问题的答案，这一切都要回到了解 BPI 项目的具体情况中。当理解了商业计划，并向相关方展示后，就能提高他们对 BPI 项目的支持度和参与度。

第 12 章

管理虚拟化、多元化的流程改进团队

在当今社会，几乎每个 BPI 项目团队都有虚拟化和多元化的成员，这些成员可能来自全国各地、世界各地，又或者来自几个州外的另一个办公室。相关方——作为团队的扩展，来自项目的各个组成部分，尤其当项目较为复杂、涉及大型组织内多个分部时。

虚拟化的团队成员和相关方会为 BPI 项目带来更多挑战，增加项目的复杂度。例如，在全球化的团队中，会面对文化差异、语言障碍、多样的商务活动、技术基础设施及时区差异等，要想有效地管理团队，实现项目目标，项目经理就需要应对这些挑战。

能够有效地管理虚拟化、多元化项目团队和相关方，是当今项目经理所要必备的技能。为了有效管理团队，在 BPI 项目团队开始工作之前，项目经理要将各项程序实施到位，如解决问题和争议等，在前面章节已经讨论过。

本章将会介绍各种最佳实践，以供 BPI 项目团队应对挑战，并且能够充分利用虚拟化项目团队的多元性优势。

理解及欣赏多元化

艾伦负责的金融流程项目刚刚开始，团队员工主要来自美国中西部及西部海岸地区。艾伦在首次会议上，通过电话介绍了自己。他马上意识到这是一个非常多元化的项目团队。他发现，项目团队成员的种族背景十分复杂。索菲亚生于意大利，20 岁来到美国；拉弗生于美国，但童年在德国度过，大学时回到美国；德米特在美国出生和成长，但与希腊的家族非常亲密。

BPI 项目团队在美国，并不意味着项目经理就无须考虑多元化的问题。人口分析揭示，在美国，新移民的数量不断增多，而且他们渴望得到理解。这种价值观、文化的多元化就存在于我们的身边。

然而本书的重点并不在于讨论文化的多元化，作者想要分享多元化的一些常见阻碍，它们会影响 BPI 项目实现目标，而且还影响项目经理对多元化团队的领导。表 12.1 是 4 种常见障碍及其简介。

表 12.1　4 种常见的文化障碍

多元文化的障碍	简　述
民族优越感	民族优越感，指个人认为自己的思想、行为方式优越于他人。有民族优越感的人会根据自己的思想习惯来判断他人
成见	成见，指对某一群体的人做出过于片面的概括。成见通常是通过与家庭、朋友在一起形成和学会的
偏见	偏见，指基于对文化和价值观的有限认识，对个人或群体做出不公正的评价。在家庭、朋友及附近环境的早期影响下形成的成见，就是偏见
歧视	歧视，源于偏见，是指根据某些因素，如口音、穿着等，对个人做出的不公正对待

当项目经理了解存在的阻碍及如何克服时，他们就能更好地理解和拥抱团队内存在的文化差异。一些团队建设活动能够展示出 BPI 项目团队多元化

的作用。做到这一点后，他们就可以更好地互相支持，共同办事。

杰尔米难以与他的一位同事萨米共同办事。萨米想要承担更多职责，有效提升他的领导力色。杰尔米则认为领导者必须具备大学学历，而萨米没有。杰尔米认为大学学历是个人智商的重要指标，而且他非常自豪自己拥有大学学位。在他看来，萨米没有大学学位就无法胜任领导者的角色。杰尔米的障碍就在于他对萨米的成见：萨米没有大学学位，无法胜任领导者这角色。

团队文化认同差异的挑战

项目团队内对于文化认同的差异越大，成员之间就越难共同合作。项目经理要确保组内不会形成小集团。

根据团队成员的文化背景，可能面对的挑战有许多，例如：

- 在解决问题和决策会议上，团队成员舒适感如何？

由于文化背景和教育的差异，一些团队成员更乐意在正式的领导会议上与他人合作，共同制订方案，然后实施。他们不愿意也不会在领导不在场的情况参与决策。

- 在面对不确定的情况时，团队成员的舒适度如何？

某些团队成员认为他们必须掌握项目的具体信息。在不确定的情况下，他们不愿意参与其中。

- 团队成员希望团队内的沟通有多少？

某些团队成员想要足够的详细文档——历史背景、对话概括、团队成员意见等。若他们想要在参与决策之前，对数据进行评估，这些文档就发挥作用了。然而，有些团队成员认为只要了解的事实足够，信息应尽量少，并不是所有人的意见与建议都与事实相关的。

- 对团队成员的激励措施如何？

每个人都能被不同的事情激励。让我们看下面小例子。

丹娜负责激励相关方参与 BPI 项目，她需要与对流程改进项目不满的相关方接触。这些相关方认为现在企业内事情太多，并不是流程改造的好时机，而且这些相关方的职位都比丹娜高。

由于丹娜要在全国各地来往，她通过虚拟的方式参与启动会议。在会议上，她被分配了这个任务。她并没有明确地表明接受还是拒绝。

让我们往前看，两个星期过去了，丹娜即将要在会议上报告。但她始终没有行动。她不知道自己该干什么。

有许多因素会造成这种状况。第一，BPI 项目经理从未主动了解组成项目团队的个体。项目经理并不了解丹娜的职位和工作情况，就将任务交给了丹娜。第二，丹娜性格内向、文静，难以迅速与他人建立关系，她不知道要如何完成任务。第三，丹娜认为职位低的员工无法说服及改变职位高的人的看法。

阻碍丹娜完成任务的因素有两个：

（1）该目标对于丹娜来讲难以实现。她认为自己无法完成该任务。这不仅仅是因为目标过高，还因为她不具备这种能力。

（2）丹娜不愿意完成任务。这不是因为她懒惰，而是因为完成任务意味着她要跳出舒适区，劝说职位高的人参与项目。

聪明的项目经理会花费时间去了解团队成员，而且会认真选择负责沟通的人员，因此，项目经理往往会让团队成员以团队的形式共同合作。这样做，整个项目团队的工作效率会大幅提高，BPI 项目也能尽快完成。通过对团队成员的了解，主管可以依据每个团队成员的技能、习惯及知识来分配任务，团队成员也能更顺利地完成任务。当然，以人为本的项目经理会帮助团队成员扩展舒适区，从而提高他们合作的效率。评估问卷可以在 www.jrosspub.com/wav 下载。

多元化流程改进团队的作用

第 3 章中我们讨论过 BPI 项目团队所需要具备的技能、经验和资历。在这里，重点放在以下方面：人们的文化背景、互动方式、工作方式、分享观点的方法及思考方式。

另外，BPI 项目团队的多元化不仅仅会提高创造力和创新，以下的作用也相当显著：

- 产品和服务的创造力。这些创造力可以迎合不同相关方团体的需要。当 BPI 项目团队的成员拥有这些产品或服务的创造力时，就能够提高他们团体的利润。
- 打开产品或服务的新市场。当 BPI 项目团队内有代表大众顾客的员工时，就能更清楚顾客的需求和期望。

> 一家家庭用品的制造商已经打入中国市场，并建了新工厂。CEO 启动了一个项目，根据现有的两家工厂（一家在美国，另一家在德国），制定流程和程序，期望这些流程在 9 个月内能在中国工厂开始运作。然而，项目中的成员全部来自美国总部，没有一个来自中国。在这种情况下，项目经理很难，甚至没有可能在中国运行这些流程。在美国、德国可行的流程，在中国不一定可行。

一位成功的项目经理会寻求具有文化多元性的团队成员。这不仅仅能提高 BPI 项目的成功率，而且会超出赞助人的预期。考虑一下制造商拓展中国市场的案例。即使团队没有来自中国的成员，业务流程设计团队也应该通过其他途径了解中国文化，从而让业务顺利实施，这样做才能使团队设计的流程在中国有效使用。

影响虚拟化、多元化流程改进团队成功的因素

> 作者的一位同事讲过这样一个故事：

我曾经作为项目经理参与一个大型无线供应商的项目。该全球化项目是设计一个交互式语音应答应用程序，大型企业会将这个程序应用在电话代理中心。当你呼叫的时候，你会收到提示，指导你下一个步骤，例如，应付账款请按“1”，账单问题请按“2”。这种应用程序就是带有语音识别的交互式语音应答。所有的工作都会由在阿根廷和巴西的软件开发商来完成。我从未和他们合作过。此外，虚拟化团队运用敏捷 Scrum 方法工作，以保证产品的快速迭代。项目的赞助人在发布前对增量进行检查。

所有的事情都十分顺利。我通过即时通信与阿根廷和巴西的软件开发商沟通。相对敏捷 Scrum 方法中优先使用电话亲自询问，我宁愿使用即时通信向所有开发商询问进展。将近一周后，首次交付就要完成，我认为所有事情都正常。那周的每一天，我都会通过即时通信提出问题，如“模块三进展如何”，他们都会用“好”或“正常”来回复我。我非常高兴，觉得成果将会准时交付。在这周里，我向客户的赞助人报告“一切顺利”，他也非常高兴。

当可交付的编译代码送达时，我收到与预期相反的产品，什么都没有完成。我非常惊恐（尤其是我要向项目赞助人交付产品原型）。我发了疯地拨打巴西开发商的电话，询问原因。“你并没有问产品是否完成，而是问进展，于是他们回复你‘好’或‘正常’。”我被语言上的差异误导了。不用说，我们向项目赞助人的首次交付就像鸡蛋砸在脸上。但那之后，我成功地交付了后续的每项成果。从这件事，我学会了在虚拟化团队里，需要判断“好”或“正常”是否意味着“完成”。我现在会尽量避免沟通上的失误。

成功的虚拟化流程改进优化团队，尤其是全球化的团队，会受到很多因素的影响，如表 12.2 所示。

或者，更深一层来讲，虚拟化团队的成功取决于项目经理的有效沟通和所有团队成员的工作能力。成功不会自然发生，它要求专门的关注，通过各种不同的有效沟通方式，在项目中互相沟通。

表 12.2 影响虚拟化流程改进团队成功的因素

员工当地办公室有不同规则和流程	缺乏有效的合作工具和沟通技术
项目团队中各种文化的表达有误解	缺乏有效的团队领导
对个人角色和职责在项目团队整体中的位置缺乏理解	不适应与不同文化的人工作和相处

虚拟化团队经常会面临许多沟通上的挑战。若不能有效沟通，团队就无法有效完成职责，很有可能导致项目出现问题。当虚拟化 BPI 项目团队全球化时就有更多挑战。由于各位成员缺乏合适的技术或期望，团队成员的沟通通常不畅。在项目早期计划时，有必要与虚拟化的 BPI 项目团队成员共同合作，建立有效的沟通渠道。若虚拟化团队成员间存在文化差异时，应考虑以下问题：

- 成员间是否存在会影响沟通的文化差异?
- 如果存在差异，沟通的最佳方式是什么?
- 从团队成员处收集反馈——口头和非口头的。

▶ 成功的虚拟化、多元化流程改进团队

如果 BPI 团队是同地办公的话，工作效率会更高。因此，应多关注分布异地的 BPI 团队。虚拟化团队很容易觉得不太需要对项目进行承诺或忽视对其他团队成员的影响，同时他们不能面对面沟通，所以很可能无法完成任务。

为了解决这一问题，团队合作文件往往十分有效。这种团队合作文件提供了团队成员互相理解工作期望的途径。当他们共同开发合作的时候，这些文件就成为他们工作的基调，引导他们相互协作，实现项目目标。这些文件需要额外添加在项目管理文件中，而且专门聚焦于团队。

使用团队章程

团队章程有利于 BPI 项目团队理解流程改进项目的目的和总体目标。例如，流程改进的目的是缩短从接受订单到发货的时间，目标就是将收到订单后的发货时间从现在的 5 天缩至 2 天或 1 天半。

团队章程应包括：

- 团队的组成部分（团队成员及其联系方式和时区）。
- 团队运作方式（基本规则、合作的程序、团队成员间的沟通）。
- 团队的评估方式。
- 团队需要实现的主要阶段目标。

毫无疑问，以上大部分信息都能在项目文件里找到，但也有必要形成一份独立的文件以有助于团队合作。团队章程及其样本可在 J. Ross 网站下载。

团队规范及运作协议

在第 3 章中已经讨论过，团队规范和在开工会上讨论的事情，都有助于引导项目团队走在正确的道路上。J. Ross 网站上有可供下载的模板。在项目开工会上，应共同制定团队规范及运作协议。

这些协议对每项 BPI 项目都很重要，尤其对于虚拟的 BPI 团队。与团队章程类似，团队规范及运作协议能够为团队成员提供共同合作的细节，以供他们相互协作、支持。

表 12.3 是团队规范及运作协议应该涵盖的内容。这个模板将团队成员合作信息记录在一个文件里，以便查阅。

表 12.3　团队规范及运作协议需要涵盖的内容

为了提高 BPI 项目团队的效率，团队规范及运作协议应涵盖：	
运作规范	会议指南
沟通指南	决策过程
问题解决程序	冲突解决方式
团队合作方式	团队如何相互支持

确保流程改进项目有清晰的愿景

作者遇到的许多客户，在没有清晰的愿景下，就开工了一个流程改进项目。是的，在特定领域总有更有效的目标或能为客户做得更好，但这意味着什么呢？项目团队的成员必须有清晰的愿景，知道应试图完成什么。当做到这一点时，他们就能够构思出创新的方法解决问题。如果从项目一开始就明确愿景，在实施过程中，项目也更符合相关方的需要。

有了清晰的愿景能够让项目团队清楚自己要实现什么，这使项目团队更容易设定 BPI 项目的目标和整体目的。优秀的项目经理会与团队成员一起合作设定团队如何一起工作——为了实现项目目标，团队成员应采取的程序和方法。

确保虚拟化团队有效沟通的渠道

有效沟通与沟通渠道贯穿于整本书，但大部分是关于相关方沟通的。若项目团队不仅仅是虚拟化的，而且是全球化的，沟通就更麻烦了。每个 BPI 项目团队都应该清楚如何和何时与他人沟通。这对于同地工作的团队来说就比较容易，同地团队通常会采取团队会议和直接沟通的方式。协同对同地团队也比较容易实现。虚拟化的 BPI 项日团队也可以采取这些方法，但需要更多程序来确保沟通和协同的有效性。虚拟化团队的合作取决于技术，但每个国家的技术不同，甚至在同一个公司，各个地方的技术也会有差异。

为了协同办公，BPI 项目团队需要确定沟通的方式、时间和内容。图 12.1 是 BPI 项目团队沟通路径的例子。这个例子告诉我们，团队成员间如何移交工作，涉及的人员有哪些，以及移交的途径。

制定这种沟通路径（地理图或表格），能够让团队成员清楚工作是如何转移到另一人手中的。项目团队应在门户网站上一个地方保存文件，以供所有团队成员方便地查阅。

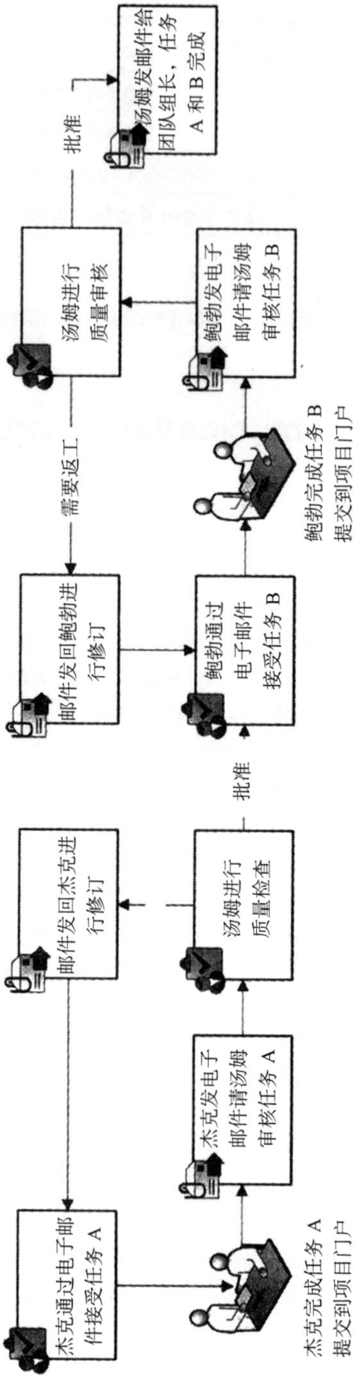
杰克通过电子邮件接受任务 A
杰克完成任务 A 提交到项目门户
杰克发电子邮件请汤姆审核任务 A
邮件发回杰克进行修订
汤姆进行质量检查
批准
邮件发回鲍勃进行修订
鲍勃通过电子邮件接受任务 B
鲍勃完成任务 B 提交到项目门户
需要返工
汤姆进行质量审核
鲍勃发电子邮件请汤姆审核任务 B
批准
汤姆发邮件给团队组长，任务 A 和 B 完成

图 12.1　沟通路径示例

利用多元化的子小组，实现更大成功

除了多元化的核心 BPI 项目团队成员，多元化的子小组也能激励全球各地的相关方参与其中和获得建议。分布在世界各地的相关方更愿意运用自己的语言来沟通，而且他们更喜欢在自己的办公室中与理解文化差异的人沟通，因此 BPI 项目核心团队也更容易得到所需要的信息。

汤姆的核心 BPI 项目团队有一个缺点——成员都来自美国，相关方来自美国或德国，应该说，一大半相关方都来自德国。他们的团队在尝试记录慕尼黑和杜塞尔多夫办公室当前流程并理解他们的挑战时遇到了困难。他们都讲英语，语言并不是问题，但他们还是不能在会议上收集到需要的信息。在与德国办公室有先前 BPI 项目经验的同事沟通后，他们发现子小组能很好地收集相关方的信息，而且相关方与他们自己办公室里的人对话都十分活跃。汤姆马上成立了子小组，成员都来自慕尼黑和杜塞尔多夫，而且他们都参加过之前的 BPI 项目。在 3 天内，他们就收集到了需要的信息，并有一些项目“快赢”的好主意。

BPI 项目可以全面受益于子小组的配置。子小组的成员可能有流程画图员、分析员、领域专家等，这些人员的加入能够增加 BPI 项目的成功率。多元化的子小组在许多方面都发挥着重要作用，例如，他们在项目实施后可以提供帮助、额外的培训或指导员工使用新流程。

然而，任何团队都可能出现挑战，尤其在虚拟化团队中成员间存在文化差异时。精明的项目经理会主动预防问题，在团队成员实际工作之前积极做好准备，在组织开工会的时候，就让团队成员相互建立关系，并在流程、程序、工作方式等方面相互合作。虚拟化、文化差异大的团队，面临的挑战很多，然而得到的回报也很多。

总　结

为了使项目成功，所有项目都需要遵循最佳实践、流程和程序，然而 BPI 项目除基础知识外还需要更多的特别关注。当然项目经理在当前项目中使用的最佳实践同样也适用于 BPI 项目。然而，最成功的 BPI 项目经理会更聚焦于相关方，超越通常意义的项目管理。

BPI 项目充满了变革。如果不聚焦于相关方——受 BPI 项目影响的人并且得做出改变才可以使项目成功的人——BPI 项目便无法获得成功。毕竟，只有相关方真正改变他们的行为和他们的工作方式，才能使 BPI 项目成功。实施好的流程，符合 BPI 项目开始时的目标，都不算真正的成功，只有相关方使用流程了，BPI 项目才是全面成功。

在本书中，为有效管理 BPI 项目提供了各种最佳实践。这包括：

- 确保完全理解为什么开展 BPI 项目——项目要解决什么问题。
- BPI 项目从一开始就着手建立人际关系，让相关方参与并使他们感到兴奋。
- 与关键相关方（流程使用者和流程拥有者）记录现有的流程，评估“可能”方案来优化或重新设计流程，并设计最终的未来流程，加以推广。
- 与相关方协作，找到当前流程与 BPI 项目目标之间的差距，以获得最终的未来流程。
- 使用各种子小组帮助通过该项目的各个阶段——主要是帮助相关方保持项目向前推进。

- 通过协作的方法解决团队出现的冲突和问题。
- 在团队成员间及 BPI 项目团队和相关方间建立多种沟通渠道。
- 使相关方成为试点小组成员，在真实状态中参与测试未来流程。
- 以各种方式使相关方参与到整个 BPI 项目的生命周期中。
- 评估和衡量 BPI 项目成功——BPI 项目实现目的了吗?

此外，也包括关注人的技巧，这对于 BPI 项目经理有效领导项目是非常必要的。

不管读者在项目管理和业务流程改进上的技能如何，本书提供了许多用于提升工作绩效的最佳实践。当从相关方——他们才是最受 BPI 项目影响的人员——的角度来看 BPI 项目时，保持相关方在项目中的参与度和承诺度，BPI 项目团队将会做得更好。记住，没有相关方就没有 BPI 项目的成功。

可在 J.Ross 网站下载调查、评估、工具和模板。这些文件将有助于更有效地管理你的下一个 BPI 项目。谢谢你阅读本书!

专业词汇解释

业务流程改进（Business Process Improvement，BPI）项目：

管理者除了改进生产流程，也需要对发生在办公室和会议室里的业务开展过程进行改进，这也是全面质量管理、生产力和竞争力的突破性战略，可以采用专业的项目管理（Project Management）来进行。

最佳实践（Best Practice）：

所谓最佳实践，是那些已经在别处产生显著效果并能适用于此处的优秀实践及良好做法。

相关方（Stakeholder）：

相关方是指能影响项目决策、活动或结果的个人、群体或组织，以及会受或自认为会受项目决策、活动或结果影响的个人、群体或组织。

赞助人（Sponsor）：

赞助人（也称发起人）是为项目提供资源和支持的个人或团体，负责为成功创造条件。

现有（As-is）流程：

经过信息收集、分析和验证的当前业务实际开展的过程。

可能（Could-be）流程：

基于对现有流程的分析而提出的改进方案，这样的改进方案会有几个，在形成未来流程的过程中，还需要进行筛选和决策。

未来（To-be）流程：

通过工作坊的分析讨论、优化当前流程并规划设计、经赞助人认可批准、可以在将来实施的业务过程。

项目章程（Charter）：

由项目启动者或发起人发布的、正式批准项目成立，并且授权项目经理使用组织资源开展项目活动的文件。

商业计划（Business Case）：

解释清楚为什么要开展项目的原因和目的的文件。关注要解决的问题、改进目的和目标，以及如何开展。

项目范围说明书（Scope Statement）：

对项目范围、主要可交付成果、假设条件和制约因素的描述。项目范围说明书是项目文档中最重要的文件之一。它正式明确了项目应该产生的成果和项目可交付物的特征，并在此基础上进一步明确和规定了项目利益相关者希望达成共识的项目范围，为未来项目的决策提供一个管理基准。

流程拥有者（Process Owner）：

流程拥有者指的是负责设计、改进并执行流程的人，他们还同时负责在组织内协调与整合这些流程。

流程引导者（Process Facilitator）：

流程引导者或引导师是一个帮助流程团队理解他们的共同目标、协助团队摆脱各持己见的讨论、共同做出行动计划并实施未来流程计划的人。引导者或引导师应用引导技术来协助团队讨论和处理会议中出现的各种不同意见，促成团队达成共识，此共识将成为未来流程实施行动的基础。

快赢（Quick Wins）：

在短期内快速实现改进效果的方法或一系列方案，通常无须正式的过程，易于快速实施见效，从而提升士气和增进领导层的认识。

工作坊（**Workshop**）：

是多人共同参与的场所与过程，且让参与者在参与的过程中能够相互对话与沟通、共同思考、进行调查与分析、提出方案或规划，并且一起讨论如何推动这个方案，采取实际行动。换句话说，工作坊就是利用一个比较轻松、有趣的互动方式，将上述事情串联起来，成为一个有系统的过程。

咨　询

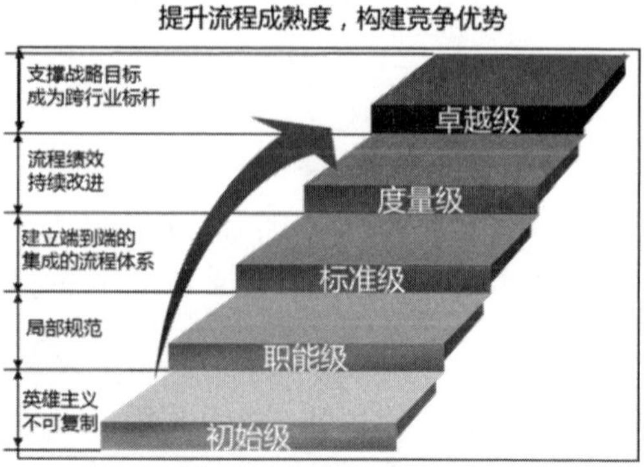

流程变革咨询项目服务：

- 流程成熟度测评；变革规划；
- 流程架构规划与流程设计辅导；
- 流程治理机制设计；
- 流程绩效对标服务；
- 流程优化、流程再造。

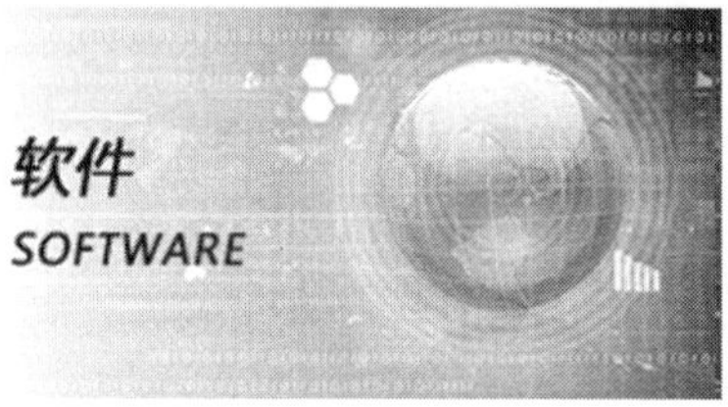

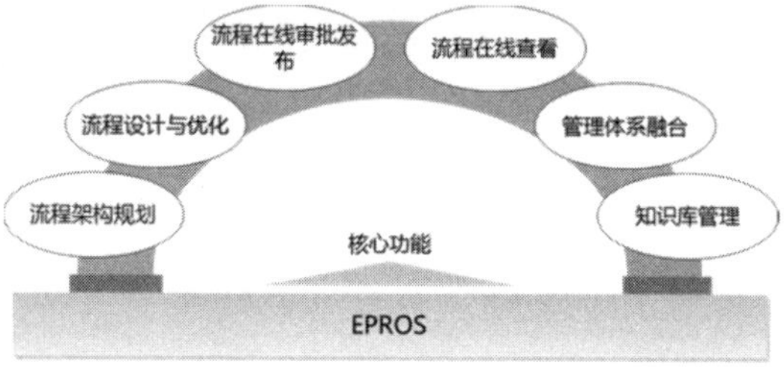

流程与制度体系管理平台：

EPROS 平台软件于2012—2019年连续8年获得流程管理信息化最佳产品等奖项，实现：

- 流程架构可视化设计；
- 流程图绘制、流程文档开发与发布；
- 按岗位精确查询学习关联流程及业务规则、模板；
- 制度、流程、标准、风控、法规一体化融合；
- 流程持续优化。